LÜBECK UND SEIN THEATER

DIE GESCHICHTE EINER LANGEN LIEBE

WOLFGANG TSCHECHNE

LÜBECK UND SEIN THEATER

DIE GESCHICHTE EINER LANGEN LIEBE

WOLFGANG TSCHECHNE

HERAUSGEGEBEN VON DER
GESELLSCHAFT DER THEATERFREUNDE LÜBECK

DIALOG-VERLAG

Die Deutsche Bibliothek — CIP-Einheitsaufnahme

Tschechne, Wolfgang:
Lübeck und sein Theater : die Geschichte einer langen Liebe /
Wolfgang Tschechne. Hrsg. von der Gesellschaft für
Theaterfreunde Lübeck. — Reinbek bei Hamburg : Dialog-Verl.,
1996
ISBN 3-923707-29-0

Impressum:

Herausgeber:	Gesellschaft der Theaterfreunde Lübeck
Grafische Gestaltung:	Prof. Michael Goden, Lübeck
Gesamtherstellung:	DrägerDruck GmbH, Lübeck Schwertfegerstraße 7 D-23556 Lübeck

© Copyright 1996 by Dialog-Verlag GmbH, Reinbek bei Hamburg
ISBN 3-923707-29-0

Danksagung:

Der Verlag dankt dem Autor Wolgang Tschechne für das über das
Übliche hinausgehende Engagement bei Buch und Theater.

Inhalt

Auch sie waren in Lübeck . . .

Im Ensemble

Dritter Teil

Das sind ja schöne Geschichten

Vierter Teil

Die Freunde des Theaters

Bildnachweis

Der Autor

Wolfgang Tschechne, Jahrgang 1924, war viele Jahre Leiter der Kultur-Redaktion der „Lübecker Nachrichten" und ist ein kritischer Begleiter des Lübecker Theaterlebens geblieben. Er gesteht seine Liebe zum Theater gern ein. Sie ist in vielen LN-Künstlergesprächen zum Ausdruck gekommen.

Als Buchautor hat er u. a. eine Reihe von Kultur-Reiseführern geschrieben und sich besonders mit Lübeck befaßt — so in „Lübeck und seine Künstler — Die Geschichte einer schwierigen Liebe" (1987), „Thomas Manns Lübeck" (1991), „Das Haus der Buddenbrooks" (1993).

Auf ein Wort zuvor

Im Gegenwärtigen tätig sein, aufs Künftige hoffen, sich ans Vergangene erinnern – das ist eine im menschlichen Bewußtsein angelegte Dreieinigkeit, mit der sich das Leben bestehen läßt. Uns allen, die wir Theater als einen Teil unseres Glücks empfinden, ist klar, daß wir ein Stück Theatergeschichte miterleben – Lübecker Theatergeschichte, hoffend, erinnernd. Was da geschieht, paßt ins Bild der Stadt. Es entsteht Neues, aber dieses Neue ist zugleich etwas Altes. Etwas schönes Altes: Unser erneuertes, modernisiertes, auf den heutigen Stand gebrachtes Theater ist – im großen und ganzen jedenfalls – so wiederhergestellt, wie es vor neun Jahrzehnten gebaut worden ist. Es zeigt sich im Jugendstil, und wir erkennen, daß dieser Stil nicht alt geworden ist. Darüber wird in diesem Buch geschrieben, doch das Buch zeigt bereits in seinen Abbildungen einiges von der immer noch wirkenden Schönheit des Jugendstils.

Die Geschichte einer langen Liebe wird erzählt, in reichen Dokumenten der Vergangenheit, mit einer Würdigung vieler Künstler, die an der Geschichte auf den Bühnen ihren Anteil hatten und haben, und mit Geschichten zum Schluß, in denen sich die uns immer wieder faszinierende Welt des Theaters zumeist sehr fröhlich zeigt.

Seit mehr als zweieinhalb Jahrhunderten wird in Lübeck Theater gespielt. Wie groß der Wunsch war, im Spiel auf der Bühne sich selbst, seine Probleme und die Probleme der Zeit zu erleben, stellt sich in der gewachsenen Größe der Spielräume dar, vom kleinen Haus eines Zimmermeisters bis zum Theater der drei Spielstätten heute. Der Wunsch, gerade im Zeitalter einer zur Industrie gewordenen Unterhaltung dem spielenden, singenden, musizierenden Menschen zu begegnen, hat auch der modernen Stadtgesellschaft Kraft gegeben.

Im Zeitraum weniger Jahre konnte sich Lübeck einen großstädtischen Konzertsaal neu bauen und ein Theater gründlich und aufwendig erneuern. Hier ist auf die inneren Antriebe der Bürgergesellschaft hinzuweisen, mit denen beides möglich werden konnte. Es ist eine Freude, in dieser aktiven Kulturstadt Lübeck zu leben.

Theatergeschichte ist nicht nur an und mit den Bauten zu erleben, in denen Theater geschieht. Die Zeit, in der sich das Spiel Ausweichstätten suchen mußte, hat herausgebracht, daß sich zwei Drittel der Besucher nicht scheuten, Theater auch in einem Bullenstall oder übern Hof zu erleben. Auch das ist ja ein ungewöhnliches, beispielhaftes Kapitel Theater- und Sozialgeschichte (Spielzeit 1992/93 noch in alten Räumen: 165 000 Besucher; Spielzeit 1993/1994: 110 000 Besucher).

Und ganz gewiß kann es spannend sein, im Theater auch einen Generationswechsel zu beobachten. Ob bei übersättigten Bildbedürfnissen neue mutige Stücke und veränderte Inszenierungsmöglichkeiten der Bühne in die Zukunft helfen, soll sich zeigen. Dies zu beobachten wird spannend sein.

Der Vorhang öffnet sich, das Buch öffnet sich. Viele haben mit

11

geholfen, damit es so entstehen konnte. Vor allem ist Frau Marianne Schubart-Vibach und Herrn Krafft-Georg Schulze zu danken, die beide ein Stück Theater leben und viel Freude daran haben, die Glanzlichter ihres Lebens in Geschichten aufleuchten zu lassen. Frau Ingeborg Diedrich, lange als Leiterin des künstlerischen Betriebsbüros in verantwortlichem Amt, hat ihre Erinnerungen eingebracht. Frau Anneliese Welge, Frau Käthe Möller-Siepermann und Frau Illa Hedergott öffneten ihre privaten Archivschätze. Frau Hella Wohlrab holte ihre gesammelten Theaterprogramme aus dem Keller. Herr Dr. Rolf Sander stieg gern in den Brunnen der Vergangenheit. Herr Eberhard Zell griff in seine Archivregale. Bei Treffen in kleinerem Kreis, von Marianne Schubart-Vibach liebevoll arrangiert, kamen Theaterleute von weit her, um der schönen Tage von Lübeck zu gedenken. Ihnen allen ist zu danken. Dank gebührt auch der Verlegerin Frau Elke Kiene, die sich von der Theaterfreude Professor Michael Godens, der das Buch austattete, wie von der des Autors anstecken ließ. Und daß sich die von Frau Katja Tollgreve-Beutin mit so viel Schwung geleitete „Gesellschaft der Theaterfreunde Lübeck" bereitfand, das Buch herauszugeben, ist ein ebenso glücklicher Umstand wie die Tatsache, daß der Deutsche Verband Frau und Kultur mit diesem Stück Lübecker Kulturgeschichte seine Verbindung mit dem Theater dokumentiert. Nicht zuletzt ist der Possehl-Stiftung und ihrem Vorsitzenden, Herrn Dr. Robert Knüppel, für Hilfe zu danken.

Lübeck bietet ein Beispiel. Noch immer werden in Deutschland mehr Theater gebaut als geschlossen. In Hof, Kaiserslautern, Dresden, drei Neubauten im Land Brandenburg — sie alle entstanden, als in der Beckergrube renoviert wurde. Ermutigend ist auch die Statistik, wonach die Besucherzahlen in den deutschen Theatern 1993/94 deutlich gestiegen seien. Und war es nicht ein Zeichen der Zuneigung, daß bei einer fröhlichen Sessel-Aktion der Gesellschaft der Theaterfreunde am 23. Oktober 1995 im bereits halbfertigen Großen Haus innerhalb einer Stunde 223 Sessel für je 500 Mark ihre symbolischen Be-Sitzer fanden?

„Uns alle lockt der Reiz des neuen Hauses", sagte Generalintendant Dietrich von Oertzen am Beginn der Spielzeit, die in die erneuerte Beckergrube zurückführt, „— dies wird mit Sicherheit ein Ereignis!" Darauf hoffend gesteht der Autor, daß das Buch auch ein Zeichen seiner langen Liebe zum Theater sein soll.

Wolfgang Tschechne   Katja Tollgreve-Beutin

Erster Teil

Theater in Lübeck —
wie es entstand,
wie es wuchs

Theater in Lübeck —
wie es entstand, wie es wuchs

Als die Wanderbühnen kamen

„Die befreyte Unschuld an dem Beispiel der keuschen Susanne", „Die neueste Mode, Schulden zu bezahlen", „Pickelherings Kurtzweil" — Stücke mit so geschraubt-verlockenden Titeln möchte man gern mal sehen, spaßeshalber. Das aber ginge nur, wenn man die Zeit um 200 bis 300 Jahre zurückdrehen könnte. Denn sie sind in Lübeck gespielt worden, gewiß zur Freude der Theaterbesucher damals.

„Lübeck und sein Theater" — das Buch dieses Titels bietet im folgenden einen kulturgeschichtlich reizvollen Rückblick. Mit ihm läßt sich etwas für die Gegenwart Wichtiges beweisen — die Tatsache, daß Theater für Lübeck immer ein geliebtes Ereignis war. Blick zurück in eine Zeit, in der es noch keine festen Theater in der Hansestadt, wohl aber die Sehnsucht nach dem Spiel auf der Bühne gab.

Lübeck ist für Kulturhistoriker, die auf den Spuren des deutschen Theaters sind, ein hochinteressantes Forschungsfeld. Die freie Stadt bietet Beispiele dafür, wie sich Theater aus dem Leben einer selbstbewußten Gesellschaft entwickelt. Hier gab es keinen Herzog mit Ambitionen, keinen fürstlichen Liebhaber der Bühnenkünste, keinen hochherrschaftlichen Mäzen, der sich ein Orchester zur Erbauung und ein Ballett zur Erfrischung hielt. Ein „Kleines Hofkonzert", wie es der aus Reichenberg stammende Komponist Edmund Nick 1935 in einer liebenswürdigen Operette in Musik setzte, fand im hansischen Lübeck nie statt.

Die Lübecker des 16. und 17. Jahrhunderts waren stolz auf den Rang der Stadt. Stolz zeigt man gern. Lübeck liebte prunkvolle Feste, auf denen Wohlhabenheit und Reichtum vorgestellt — besser: dargestellt — wurden. Die Lübecker schätzten es, sich aus Freude am Leben komödiantisch zu verwandeln. Feste sind gespürtes Leben.

Dokumentiert sind die Feste der Zirkelgesellschaft. Unter dem Zeichen des Zirkels, dem Symbol für die göttliche Dreieinigkeit, hatten sich seit dem 14. Jahrhundert jene Familien der Stadt versammelt, aus denen die Ratsmänner und Bürgermeister kamen. Um mitzumachen, war es erforderlich, zur Gilde der Bergenfahrer zu gehören, zu den Handelsherren, die ihre Niederlassungen in der norwegischen Stadt Bergen hatten (das deutsche Viertel dort ist prächtig erhalten). Eine christlich-geistlich determinierte Machtelite, würde man in heutigem Verständnis dazu sagen, ist typisch für die spätmittelalterliche Gesellschaft — und wichtig für unsere Beobachtung der frühen Lübecker „Theaterszene".

Die Zirkelbrüder ahmten die gesellschaftlichen Gesten des holsteinischen Landadels nach, den sie bei ihren Handelskontakten in den Herrenhäusern beobachten konnten. Sie wollten dessen ritterliches Leben ritualisiert in ihre städtischen Umgangsformen holen. Der Aufzug zu den Versammlungen des Rates noch bis ins 19. Jahrhundert ist sichtbares Zeichen dafür. Die ans Mittelalter angelehnte Kleidung der Honoratioren bei stadtpolitischen Anlässen oder größeren Handelskontakten paßt zu der unbewußten Sehnsucht nach adligen Formen und Zeichen. Man spielte Ritterschaft.

Es dauerte lange, bis das langweilig wurde. 1580 tat sich eine erneuerte Zirkelgesellschaft auf. Immer noch mußte man etwas darstellen (!), wenn man mitspielen (!) wollte. Aber die religiöse Komponente war verkümmert: Der Zirkel zeichnete nicht mehr den Kreis der Dreifaltigkeit, sondern den Freundeskreis der Mitglieder. Die Zirkelgesellschaft war zu einem Geselligkeitsverein mutiert.

Geld und Geltung gehörten zusammen. Man spielte sich selbst. Man spielte große Welt. In der Zirkelgesellschaft wurden Hochzeiten mit prunkender Ausstattung, Musik und Tanz nach den Anweisungen eines Zeremonienmeisters, eines „Regisseurs" gefeiert. Theater, Theater: Solche Hochzeiten kamen einer mittleren Oper nahe.

Eine vergleichbare Rolle spielte der Schüttingschmaus des Schonenfahrerkollegiums, der mit nachgespielten Ereignissen aus der Stadtgeschichte theaterähnliche Formen annahm. Schonenfahrer waren ebenfalls im Fernhandel — zur schwedischen Halbinsel Schonen — tätige Kaufleute, die sich in der Art mittelalterlicher Gilden zusammengeschlossen hatten. Sie halfen sich in wirtschaftlichen Dingen, fühlten sich aber auch bewußt als Kultgemeinschaft. Der Schütting war ihre jährliche Mitgliederversammlung.

Die Kringelhöge der Stecknitzfahrer, die heute noch nach traditionellen Mustern begangen wird, fand ihre Höhepunkte einst in Prozessionen der Selbstdarstellung, in denen sich die Bürger als allegorische Figuren und stilisierte Persönlichkeiten der

Wandernde Schausteller um 1740

Stadtgeschichte zeigten. Mitten im Zuge führten Schwerttänzer ihre Künste vor; sie bekamen dafür schon ein kleines Honorar. Theater? Es sind Vorformen; die Wurzeln des Wortes liegen im Griechischen (theasthai = anschauen); zum Anschauen gab es viel bei solchem theatrum (lateinisch); man stellte sich selbst zur Anschauung. Bedenkt man dieses nachweisbare Stück Lübecker Theatergeschichte, wird man der oft gehörten Auffassung, Kunst sei aus Kult entstanden und auch das Theater habe seinen Ursprung im Kultischen, nur bedingt zustimmen. Bertolt Brecht argumentierte 1948 in seinem „Kleinen Organon für das Theater" anders: „Wenn man sagt, das Theater sei aus dem Kultischen gekommen, so sagt man nur, daß es durch den Auszug Theater wurde; aus den Mysterien nahm es wohl nicht den kultischen Auftrag mit, sondern das Vergnügen daran, pur und simpel."

Zirkelbrüder und Schonenfahrer haben gezeigt, daß der Spieltrieb die Keimzelle des Theaters ist. Das zweckfreie Spielen gehört zu den Elementarbedürfnissen des Menschen. Als Schiller seinen schönen Gedanken von der „Schaubühne als moralischer Anstalt" aufschrieb, war er jung. Älter geworden, schrieb er vom „Vergnügen an tragischen Gegenständen", womit er gewiß gemeint hat, daß auf der Bühne auch der Ernst eigentlich Spiel sein darf.

Das ist das Lübecker Lehrstück: Theater hat seine Wurzeln im Bedürfnis der Menschen, sich äußere und innere Erfahrungen spielerisch sichtbar zu machen — auch schlichte Situationen: „Wo de Jungelinck de Jungfruwen kussede" hieß ein von der Zirkelgesellschaft aufgeführtes Stück. 1456, es ist verbürgt, es steht im Schafferbuch.

Dem Mummenschanz (Vermummungsschanz) entsprach die Pracht, die in den geistlichen Spielen der Kirchen entfaltet wurde. Das „Redentiner Osterspiel" wird auch jetzt noch gelegentlich aufgeführt, die „Bordesholmer Marienklage" ist überliefert, belegt ist, daß bei einer Darstellung von Mariä Verkündigung in St. Marien ein Engel am Seil hängend wie vom Himmel herabschwebte. Die Lübecker liebten es theatralisch. Aber bei den geistlichen Spielen waren sie streng. Frauen durften nicht mitwirken; der Engel in St. Marien war ein Knabe in weißen Frauengewändern.

Ob in der Ratskirche ein Totentanz aufgeführt wurde, ist nicht sicher. Die Kirchenakten geben keinen Aufschluß. Verbürgt sind Aufführungen von Totentänzen 1499 in Brügge und 1503 in Besançon. Kirchenhistoriker sehen als Urheber des allegorischen Spiels die Franziskaner; dies ist ein Grund zu der Annahme, daß der berühmte Totentanz auch in St. Marien gespielt worden sein könnte.

Mit der Reformation kamen die Schulspiele auf, aus Freude an der Darstellung, aber auch, um Latein, die Sprache der Theologen und aller Gebildeten, den Schülern eingängiger zu machen. Die Spiele von St. Katharinen, der der Kirche angeschlossenen Lateinschule, blieben bekannt; man weiß, daß sich theaterbegeisterte Scholaren zu kleinen Truppen zusammenschlossen und von Schule zu Schule zogen.

Da ist der Schritt zu den Wandertheatern nicht weit. Die ersten wandernden Truppen spielten auf dem Markt. Bretter, die auf Tonnen lagen, waren ihre Bühne, die durch einen Vorhang in einen vorderen kleinen und einen größeren Spielraum dahinter aufgeteilt wurde. Davor standen Sessel für die Herren des Rates, die Zuschauer saßen auf Holzbänken oder standen im Hintergrund. Mit Trommeln und Trompeten wurde zu den Aufführungen eingeladen. Die Truppen gingen oder ritten durch die Straßen, voran der Possenreißer, der, oft verkehrt auf einem Esel sitzend, die staunenden Lübecker zum Besuch ermunterte.

Die Vorstellungen begannen um 14 oder 15 Uhr und endeten noch bei Tageslicht. Die Bühne stellte mit wenigen Requisiten das Innere eines Hauses dar. Ortswechsel wurden angesagt oder auf einer Tafel verkündet. Die Phantasie der Zuschauer mußte mitspielen, wenn es darum ging, die Schicksale „Von dem frommen Orlando wie er durch falsche practicen rasend wird" zu erleben oder zu sehen „Vom Röm. Keyser Julio Caesare, wie er auffm Rathhause zu Rom erstochen wird".

Gespielt wurde später im großen Rantzowschen Haus, früher Kleine Burgstraße 24, im Jakobi-Kirchspiel; an seiner Stelle befindet sich seit 1902 die Ernestinenschule. Die „Comoedienmeister", wie die damaligen Intendanten genannt wurden, versprachen schriftlich, sich „nicht allein im agiren, sondern auch im Wandel der Ehrbarkeit und guten Sitten" auszuzeichnen.

Gespielt wurde auch im Haus des Malers Heinecke in der Königstraße. Die Stadtväter verlangten, daß die Theaterleute Abgaben von einem Drittel der Einnahmen nach der Zahl der Aufführungen an das St. Annen-Armenhaus entrichten mußten. Die Theatersteuern sind in St. Annen ordnungsgemäß verbucht worden. Zum Glück; so haben sich einige der frühen Stücktitel erhalten; leider sind viele der Theater-Kassenbücher 1842 bei einem Klosterbrand vernichtet worden.

Die erste Eintragung stammt von 1639, doch ist sicher, daß die Wanderbühnen schon davor gern ins reiche Lübeck kamen. In den Büchern von St. Annen ist eine der ersten Theaterkritiken zu finden, die Eintragung, daß die englische Truppe (wohl mit einer Shakespeare-Aufführung) besser gewesen sei als die des Holländers Jean Baptist van Vornenborg. Die Holländer brachten „Doris oder Der königliche Sklave" nach Lübeck, mit eingestreuten Arien.

„Die blutige Hochzeit oder die zweespaltigen Heuser" (die Geschichte einer Familienfehde), „Die 4 bestendigen Liebhaber" und „Die Enthauptung des Königes in Engellandt" sind weitere „schöne Comoedien, Tragoedien und Pastorellen" der Zeit.

Einen guten Ruf hatten sich die „Nordischen Comödianten hochdeutscher Sprache" erworben, ein Zusammenschluß von

Schauspielern aus Lübeck und Güstrow. „Eliä Himmelfahrt oder Die Steinigung des Naboth" hieß eines ihrer Stücke; danach kam Spaß mit „Pickelhering".

Stars waren die „Comödiantes" aus Österreich, Mitglieder der „Kayserlich Wienerischen Bande" von Julius Frantz Ellensohn. Sie boten einen Prolog „Die vier Teile der Welt" (zu Ehren der Stadtväter, wie sie geschickt vermerkten), dann kam „Der stumme Prinz Atis", obendrauf gab es „Hanns-Wurst, ein lustiger Brüllen-Krämer".

Eine Schauspielergruppe kam oft in die Stadt, deren eigener Name viel länger war als die Titel ihrer Stücke. Sie nannte sich „Ihre Hochfürstl. Durchlaucht Brandenburg-Culmbach & Bayreuth & Ihre Hochfürstl. Durchlaucht von Brandenburg-Anspach privilegierte Hochdeutsche Schaubühne". Auf dem Programm standen Schauspiele wie „Atalanta oder Die bezwungene Sprödigkeit" oder „Die Unmöglichkeit, ein verliebtes Frauenzimmer zu hüten". Als Nachschlag gab es Klamauk mit „Scapin & Hans Lustig". Da war man wohl zufrieden in Lübeck.

Klug und energisch — die Neuberin

Friederike Karoline Weißenborn, 1697 im nordböhmischen Reichenberg geboren, die später so berühmte Neuberin, ist mit der Lübecker Theatergeschichte mehrfach verbunden.

Das lebensmutige Mädchen verließ früh sein Elternhaus und die geruhsame Vaterstadt am Fuße des Riesengebirges. Schauspielerin wollte es werden; das war mehr als ein Jugendtraum. Das junge Ding tat sich mit dem Studenten Johann Neuber zusammen, heiratete ihn und schloß sich der Spiegelbergischen Bande an, die in Weißenfels an der Saale auftrat. Sein Talent wurde erkannt; es dauerte nicht lange, bis die kräftige junge Frau mit dem welligen Haar die beste Kraft war. Mit ihrem gezügelten Temperament leistete sie in hochdramatischen Rollen Großes. Als sie zur Hoffmannschen Truppe wechselte, hatte sie schon einen Namen, und als sie nach dem Tod der Prinzipalin Hoffmann das Wandertheater übernahm, kamen die besten Leute der Spiegelbergischen zu ihr, sogar das Ehepaar Spiegelberg selbst. Bei der Neuberin zu spielen war Freude und Ehre. In Leipzig gewann die Neuberin einen Freund, den

Friederica Carolina Neuberin.

Literaturprofessor Johann Christoph Gottsched. Der wortgewaltige Mann sah in der Zusammenarbeit mit ihrer Truppe die Möglichkeit, seine Ideen eines formbewußten deutschen Theaters zu verwirklichen. Mit ihr gab er den Schauspielern eine gediegene Ausbildung, verbesserte das Ansehen ihres Standes und wies den in seinen Scherzen immer billiger gewordenen Hanswurst energisch von der Bühne.

Seiner Neuberin verschaffte er 1727 das „Polnisch-Sächsische Privilegium". Sie war auf der Höhe ihrer Kunst. „Unter allen Banden deutscher Comödianten ist dieses die erste, die sich aus dem Schlamm der unerträglichsten Narrheit und Unflähtigkeiten herausreißen wollte", schrieb ein Beobachter in einer 1733 gedruckten Würdigung.

Verbürgt ist, daß die Truppe der Neuberin im September 1734 zum ersten Male in Lübeck gastierte, im Hause des Malers Heinecke, der an der Ecke König- und Johannisstraße einen Kaffeeausschank mit Theaterbetrieb unterhielt. „Der Applaus war befriedigend", schrieb sie an Gottsched, doch muß sie finanziell nicht zufrieden gewesen sein, denn sie lebe „mit sparsamer und mittelmäßiger Einnahme". Im Mai 1736 hatte sie mehr Glück. „Mithridates" von Racine stand auf ihrem Programm, ein Schauspiel um den Herrscher am Schwarzen Meer, der 120 vor Christus den Römern sein asiatisches Großreich entgegenstellen

wollte, aber tragisch unterlag. Ambioniertes Theater, anders als die Stücke vergangener Zeiten wie „Der lustige Schuster" oder „Das verliebte Alter".

Die Prinzipalin hatte im Norden einen Gönner, Herzog Carl Friedrich zu Schleswig-Holstein aus der Gottorfer Linie. Ihm hatte die kluge Frau zum 30. April 1736 ein Geburtstagsgedicht geschrieben, das in Lübeck von Christian Heinrich Willers gedruckt worden war:

„Deiner Grosmuth, Deiner Gnade, Deiner Weisheit ganz allein

Hab ich nun das Glück zu danken, daß ich kan beschützet seyn.

Nun bewundert mich der Neid, ich bin nicht wie sonst verlassen,

Du liebst die vernünftge Kunst, nun wird sie kein Kluger hassen..."

Eine Diplomatin. Denn wenn Carl Friedrich ihre Kunst schätzt, gebietet es die Klugkeit der Untertanen, es ihm gleichzutun. Sie wußte ihren Herzog zu behandeln.

1737, ein Jahr nach ihrem Lübecker Gastspiel, setzte die Neuberin ein Signal. Die damals Vierzigjährige verbrannte im Bose'schen Garten zu Leipzig auf einem Holzstoß eine lebensgroße Harlekin-Puppe — eine Wendemarke des Theaters in Deutschland.

Adieu Hanswurst! Adieu, ihr lustigen Gesellen, ihr Spaßmacher! Aber keine Bange — ihr kommt wieder, irgendwann.

Das Theater des Zimmermeisters Hermann Hinrich Schröder

Die Freude am Theater muß wohl in den Menschen angelegt sein. Wenn kein durchlauchtigster Fürst da ist, der sich und den Seinen ein Hoftheater baut, das auch Untertanen betreten dürfen, schaffen sich die Menschen auch ohne Hoheiten einen Spiel-Platz.

Die Hansestadt Lübeck ist ein hervorragendes Beispiel. Lübecker Theater ist Bürgertheater. Es entstand nicht, weil sich ein Herrscher schmücken wollte. Es blühte auf, weil die Menschen das Weinen und das Lachen in Gemeinschaft erleben wollen, weil sie die Kräfte des Geistes und die alten Regeln des Herzens im Spiel neu erleben wollten.

Die Vorstufe zum ersten richtigen Theater ist das Werk des Zimmermeisters Hermann Hinrich Schröder. Der Handwerksmeister besaß ein Haus in der Königstraße, Ecke Wahmstraße, in dessen großer Diele er mit Fleiß und Geschick Bühne und Zuschauerraum einrichtete. Am 10. Dezember 1751 erhielt der Meister vom Rat der Hansestadt auf 30 Jahre das „Privilegium", daß „alle hieselbst concessionierten Schauspiele" aufgeführt werden sollen.

Schröder hatte als erster Theaterdirektor Lübecks eine

21

glückliche Hand. Um es in der Sprache heutiger Theaterchefs zu sagen: Das Schrödersche Haus „brummte". Es war so gut besucht, daß der Zimmermeister bald auf Erweiterung aus war. Ihm schwebte ein Haus vor, wie er es bei benachbarten Fürstlichkeiten gesehen hatte, in Gottorf, Braunschweig, Schwerin. Er wollte Großes, er wollte ein Großes Haus.

Da bot sich der „Lüneburger Hof" in der Beckergrube zum Kauf an. Das war kein Gasthof, wie man vermuten könnte; das geräumige Haus mit elf Fenstern zur Straße war lange im Besitz einer Familie Lüneburg.

Schröder kaufte und investierte die hohe Summe von 12 000 Mark, um es zu einem Theater, ja zu einem Opernhaus umzubauen. Platz war vorhanden, das Grundstück der Familie Lüneburg erstreckte sich weit zur Fischergrube hin. Nach eigenen Plänen errichtete Schröder mit seinen Gesellen eine geräumige Bühne, sogar mit Platz für ein kleines Orchester davor, und in das „entkernte" Haus baute er den Zuschauerraum mit „Parterre" (Eintritt 20 Schilling) und „Gallerie" (8 Schilling).

Der Meister, als guter Kaufmann in der neuen Branche anerkannt, erreichte im Rat, daß sein „Privilegium" von der Königstraße auf die Beckergrube „extendiret" und auf 40 Jahre erweitert wurde. Dazu durfte er im Vorderhaus eine Kaffeeschenke eröffnen: Ein Rundumgenuß für Besucher. Ein eigenes Ensemble war nicht vorgesehen. Es gab reisende Truppen von Format, die gern auch länger blieben. Am 19. Februar 1753 bestritten die „Hochfürstlichen Hessencasselschen privilegierten Hofacteurs" von Johann Gottlieb Stoll und die „Hochfürstliche Weimarsche Hofcomödiengesellschaft" des Johann Friedrich Lorenz gemeinsam die Eröffnung. Direktor Schröder wußte, wie er seinem Theater zum Stadtgespräch verhalf.

Stolls Truppe begann mit einem erschütternden Schauspiel „Die durch klugen Rath der schwedischen Königin Disa abgewandte Hungersnoth". Dann wurde es lustig mit „Arlequin, einem närrischen Zeitungsträger" (Zeitung gemeint als neue Nachricht), es folgte eine Nachkomödie um Arlequin und einen „listigen Dorffrichter". Die Weimarsche Gesellschaft hatte „La vilie captain oder Der weibliche Hauptmann" im Programm und bot darauf „Scapin Corporal per Hazard, lustiger Exercirmeister eines verliebten Haasen-Fusses". Es folgte ein Ballett, und weil der Jubel groß war, gab es von den Lorenz-Leuten als Nachschlag „Arlequins singenden Hochzeit-Schmauß".

Für Montag nach Ostern wurde die erste Oper angekündigt. „Nachdem die Operisten von Kopenhagen allhie angekommen", hieß es in den „Lübeckischen Anzeigen" vom 22. April 1753, „wird 'L'Innocenza diffesa nell' Inganno' nebst dem Intermezzo 'La Turba eloscioccо' aufgeführt". Am 14. Mai folgte die opera seria „Il Re pastore" des Wiener Hofkomponisten Giuseppe Bonne, danach das heute noch gelegentlich aufgeführte Intermezzo „La serva Padrone" von Giovanni Battista Pergolesi; gespielt wurde bis zum 26. Mai.

Beliebt war auch die „Schuchische Gesellschaft Deutscher Schauspieler", eine von dem Österreicher Franz Schuch geleitete Truppe mit der „hochedlen Frau Christiana Sophie Schuchin". Die uns heute fremde, aber reizvolle Atmosphäre des Theaters im 18. Jahrhundert soll ein kleiner Vers zeigen, den der Schauspieler Carl Theophilus Doebbelin zum Ruhme der allgemein verehrten Frau Direktor auf der Bühne vortrug — die Chefin nämlich hatte einem Knäblein das Leben geschenkt und sich eben vom Wochenbett erhoben:

„Ich sehe schon, o welch Vergnügen!
Komm, edle Schuchin, tritt hervor.
Zeig Dich in hoheitsvollen Zügen,
Entzücke, rühre jedes Ohr.
Verlaß Dein Lager, zier die Bühne,
Nimm an erhabner Seelen Miene,
Stell Dich in einem Bilde dar,
Das Ehrfurcht, Mitleid, Lust erwecket,
Wovor auch ein Tirann erschröcket.
Dies wünscht der Hörer, mach es wahr."

Mehrere Vorstellungen hat Lessing besucht. Man dankte es ihm. Am 3. Februar 1757 wurde in Lübeck sein Trauerspiel „Miß Sara Sampson" auf-

geführt, ein Jahr nach der Uraufführung in Braunschweig. Nachdem das verführte Bürgermädchen Miß Sara zu Grabe getragen worden war, gab es als Nachspiel die Pantomime „Die von Arlekin betrogenen Pantalone und Pierrot". Die Besucher sollten nicht mit Tränen nach Hause gehen.

Sehr geschickt, dieser Franz Schuch. Eine seiner Opern avisierte er auf dem Theaterzettel so: „Rechter Seite zeiget sich das Himmelsauge nebst einem Cornu Copiae, welches allerhand Früchte aus den Wolcken über die Stadt Lübeck ausschüttet, mit der Unterschrift ‚Der Segen zeigt hier bey,/ wie werth daß Lübeck sey'". Er wußte zu schmeicheln.

Es gäbe viel zu erzählen vom „Glück der Comoedie", wie ein 1755 aufgeführtes Stück hieß (von einem unbekannten Autor „zur Ehre unserer Väter der Stadt" geschrieben) — zu erzählen gäbe es vom Glück des Theaters vor und hinter der

Mandat des Lübecker Senates wider Feuers-Gefahr von 1784

Bühne. Dem heutigen Theaterbesucher soll jedenfalls eine Ahnung davon vermittelt werden, daß er sich in der Bekkergrube auf theaterhistorischem Boden befindet.

Das stadtgeschichtliche Ereignis war, daß sich Hermann Hinrich Schröder nach einem Vierteljahrhundert als Theaterdirektor zur Ruhe setzte. Er verkaufte sein Lebenswerk am 29. Juli 1776 den Brüdern Hinrich und Johannes Ebbe. Acht Jahrzehnte, bis 1857, gab es Oper, Schauspiel, Ballett im Ebbeschen Theater. Immer wieder Beckergrube.

Bei den Brüdern Ebbes in der Beckergrube

„Schöne Zeit, als mit dem Karren
Thespis fuhr, der Possen Vater!
Schwer ist's, einen Staat regieren,
zehnmal schwerer ein Theater."

Wie wahr, werden Intendanten aller Zeiten seufzen und den Vers des vergessenen österreichischen Dramatikers Eduard von Bauernfeld (1802-1890) bestätigen. Hinrich und Johannes Ebbe und die folgenden Hausherren des Ebbeschen Theaters in der Beckergrube mußten zusammen mit den Prinzipalen der reisenden Truppen, denen sie das Theater vermieteten oder verpachteten, die Erfahrung ebenfalls oft machen.

Die acht Ebbeschen Jahrzehnte sind ein bewegtes Auf und Ab. Truppen und Schauspielergesellschaften kamen und gingen, schufen volle Häuser, brachten Skandale, spielten Simpelspäße und dramatische Kunst.

Die Ära Ebbe läßt sich in zwei Abschnitte teilen. Bis 1799, 23 Jahre seit dem Verkauf 1776 an die Brüder, kamen Fahrende ins Haus (statt mit Thespiskarren meist per Postkutsche); am 7. Oktober 1799 wurde eine stehende Bühne ins Leben gerufen — 58 Jahre Ensembletheater bis zum Abriß 1857 folgten.

Die Ebbes erlebten bald nach der Übernahme einen handfesten Theaterskandal. Die Schauspielergesellschaft von dem in Gautsch bei Leipzig geborenen Peter Florenz Ilgener führte ein Stück mit dem reißerischen Titel „Der Teufel ist los" auf; Autor war ein Herr Standfuß. Das Werk machte manchen Besuchern Spaß, bei anderen erregte es Unwillen. Das Seltene geschah, daß sich die bedachtsamen Hanseaten im Theater die Meinung sagten und die Vorstellung auspfiffen.

Die Stadtwache mußte eingreifen. Da die lautesten Streithähne zur Wache geführt wurden, lassen sich aus dem Protokoll deren Namen feststellen. Zu den Störenfrieden gehörten die Herren John, Poel, Carl Ludwig Moeller, Friedrich Küsel, Johann Wilhelm Pauli und Johann Peter Groot. Auf der anderen Seite standen die Herren Mentz, Klicks, Gylrol, Garlieb und der Fuhrmann Hertot — sie verfolgten die Pfeifer schimpfend bis ins Kaffeehaus.

Da war man böse aufeinander. Die Pfeifer wurden als Urheber des Tumults angeklagt. Ihre Aussage ist protokolliert: „Dieser elende Schauspieler (gemeint ist Ilgener) hatte das gantze Publicum folglich auch uns durch die falschen selbstgemachten Titel seiner Spiele betrogen und wider ihren Willen zu sich gelockt — über diese Geldschneiderei bezeugten wir unseren Unwillen mit pfeifen." Die aufgebrachten Theaterfreunde wurden zu Geldstrafen verurteilt.

Ein Spaß für sich war im Theater ein geschicktes Zusammenspiel zwischen dem Prinzipal und seiner Gattin. Madam rief den Anti-Pfeifern zu: „Haben Sie auch Pfeifen meine Herren? Sonst will ich Ihnen welche leihen!" Direktor Peter Florenz Ilgener kommentierte alles pantomimisch. Er drehte sich um, beugte sich und zeigte dem Publikum seinen verlängerten Rücken. Der Teufel war los, nicht nur im Stück. Die Truppe war das erste und zugleich das letzte Mal in Lübeck.

Besseren Zuspruch erreichten die „Deutschen Schauspieler" unter Johann Friedrich Stöffler. Sie kamen so gut an, daß sie für mehrere Jahre blieben. Ihre Stärke waren Singspiele, Opern und Dramen mit Musik. Die Stöfflerschen brachten ihren tüchtigen Musikdirektor mit nach Lübeck, Herrn Franz Anton Weber, der sich bei seinen Wanderfahrten in irgendeinem kleinen Fürstentum ein „von" vor den Familiennamen erdient hatte. Der Meister führte am 11. April 1778 sogar ein von ihm komponiertes Oratorium auf, das den etwas umständlichen Titel „Gott in den Gegenständen der Natur" trug.

Der Musikdirektor trennte sich nach einiger Zeit von der Stöfflerschen Truppe. Er wurde am 7. April 1779 zum Kapellmeister des Fürstbischofs Friedrich August in Eutin ernannt, da der dortige Hofdirigent Hesse gestorben war. Ein Gehalt von 400 Thalern jährlich lockten den Herrn von Weber von den unsicheren Einkünften der Theaterleute weg. In Eutin fühlte er sich abgesichert und freute sich, als er am 18. November 1786 (oder 19., man weiß es nicht genau) Vater eines Söhnleins wurde. Dem gab er die Namen Carl Maria und spazierte mit dem kleinen Menschen gern durch die Wälder, durch die Auen.

Freude machte den Lübeckern später die Truppe von Jean Tilly. Die Programmzettel weisen u.a. „Die Lästerschule" von Sheridan, „George Dandin" von Moliere und das Ballett „Die Zauberinsel" nach Musik von Deller auf. Gefragt waren 1785 vor allem die Schauspiele „Die Seelenverkäufer" und „Die Gefahren der Verführung".

Es hört sich wie ein Vorgriff an, daß die zum Theater fahrenden Wagen der Besucher die Beckergrube verstopften. Ein Unteroffizier und zehn Soldaten der Stadtwache bekamen „Ordre", den Anordnungen der Obrigkeit Nachdruck zu verleihen; noch waren es Pferdedroschken.

Festzuhalten ist ein Gastspiel der reisenden Gesellschaft des Johann Christian Wäser. Am 9. Februar 1786 spielten Wäsers Wanderer ein Lustspiel von Johann Christoph Brandes „Hans von Zanow oder Der Landjunker in Berlin" — die stets gern gesehene Geschichte von den Landleuten, die in der Stadt ausgenommen werden sollen, aber den Städtern bauernschlau ein Schnippchen schlagen. Die Hauptrollen, Hans von Zanow und sein Bursche Gürge Speck, wurden erstmals in niederdeutschem Platt gesprochen. Wenn die Niederdeutsche Bühne Lübeck nach dem Geburtstag ihrer herzhaften Art des Theaters fahnden sollte — es war der 9. Februar 1786, und wieder geschah es in der Beckergrube.

Und immer wieder Tilly. Seine Gesellschaft brachte im Januar 1788 zwei künstlerische Ereignisse heraus, Lessings „Nathan der Weise" und Schillers „Don Carlos". Im Februar folgte Lessings „Emilia Galotti". Die Vorstellungen mußten zwei- bis dreimal wiederholt werden — wenig im Vergleich zu dem Lustspiel „Henriette oder Der Husarenraub" mit Madam Louise Caroline Tilly und der beliebten Schauspielerin Keilholtz in den Hauptrollen. Da gab es 24 Vorstellungen.

Bunt wie das Leben. Die Tillyschen spielten Shakespeares „Othello" und „Der lahme Husar", Ifflands „Herbsttag", von dem Schauspieler selbst verfaßt, und „Die Heirath durch das Wochenblatt", Martins Oper „Der Baum der Diana" und das Singspiel „Hocus Pocus" von Karl Ditters von Dittersdorf. Am 17. November 1794 wurde Mozarts „Zauberflöte" zum ersten Male in Lübeck aufgeführt; der Erfolg war so, daß die Oper zehnmal wiederholt werden mußte — ein für Opern seltenes Ergebnis. Der rastlos tätige Direktor Tilly starb am 2. Februar 1795, als er in Braunschweig gastierte; mit ihm ging eine Lübecker Theater-

„Die Zauberflöte"
Bühnenbild der
Uraufführung 1791
von den Theater-
malern Gayl und
Reßlthaler
im Theater
an der Weiden
in Wien

26

epoche zu Ende. Der Braunschweiger Stadt-Wundarzt Mayer setzte sich zum Verwalter der Truppe ein, da Madam Tilly in St. Petersburg engagiert war. Die Ebbes akzeptierten ihn — das Spiel mußte weitergehen.

Daß Tillys Witwe damit nicht einverstanden war, läßt sich denken. Sie versuchte, sich im Herbst 1796 an die Spitze eines Teiles der Truppe zu setzen, bekam aber vom Lübecker Rat keine Spielerlaubnis mit der realistischen Bemerkung, daß die Tillysche Gesellschaft ja bereits angefangen habe, in der Saison 96/97 zu spielen. Sie war Künstlerin genug, um nicht im Schmollwinkel zu bleiben. 1797/98 wurde Louise Caroline Tilly als hervorragende Mütterspielerin der immer noch Tillyschen Truppe in Lübeck gefeiert.

Irgendwie geht das Spiel immer weiter.

Der erste Lübecker Theaterleiter

Lübeck ist eine Stadt mit weit über 200 000 Einwohnern und einem Einzugsgebiet, das einige Mittelstädte aufweist — da läßt sich Theater machen. Wenn ein Blick auf das Theater mit dem ersten festen Ensemble geworfen wird, muß die damalige Einwohnerzahl mitgedacht werden.

Zur Franzosenzeit — napoleonische Soldaten hatten am 6. November 1806 die Stadt besetzt — ergab eine 1807 angeordnete Volkszählung 22 500 Lübecker, zu denen 11 339 Bewohner des Landgebietes kamen, sodaß im Stadtstaat 33 839 Menschen lebten. Fürs Theater kamen weitgehend nur die Stadt-Lübecker in Betracht. Die Land-Lübecker hatten keine für den Theaterbesuch zu nutzenden Verkehrsangebote.

1812 wurden 22 772 Lübecker gezählt (Stadtstaat 35 035); die nächste Volkszählung, 1845, ergab 25 360 Stadtbewohner (Stadtstaat 42 162).

Zum Vergleich: Der Stadtstaat Hamburg wies 1841 schon 189 476 Einwohner auf. Bremen hatte 71 968.

Sucht man Gründe für die langsame Lübecker Entwicklung, ist zu bedenken, daß sich die Kaufmannstadt der industriellen Entwicklung nur zögernd öffnete. Dem Theater fehlte lange das große Publikum. Es gehörte Mut dazu, das Haus in der Beckergrube nicht länger reisenden Truppen zur Verfügung zu stellen, sondern 1799 ein festes Ensemble zu bilden, Schauspielerinnen und Schauspieler, Sängerinnen und Sänger an den Ort zu binden und ein Orchester aus Berufsmusikern zu formieren. Bei — man muß es immer mitdenken — knapp 23 000 Einwohnern.

Bei den Tillyschen gab es seit 1789 den Schauspieler Johann Carl Löwe, der seine Kinder Amalia (12) und Friedrich August Leopold (13) mit ins Engagement genommen hatte. Kinder der Bühne, wie man gern sagte, hochbegabt. Am 23. Oktober 1790 gaben sie in Lübeck ein eigenes Konzert mit Arien und Duetten. Sie kannten Freuden und Sorgen des Theaterlebens, da ihr Vater früher als Direktor einer kleinen Truppe mit ihnen von Stadt zu Stadt gezogen war.

Tillys Leute hatten sich zerstritten und zerstreut. Um den Querelen ein Ende zu setzen, kam im Rat der Wunsch auf, ein festes Ensemble in der Beckergrube zu bilden. Die Stadtväter taten zum ersten Male, was sie später wiederholen sollten — sie gaben einem jungen Mann die große Chance. Sie setzten auf Friedrich August Leopold Löwe.

Der junge Löwe war 23 Jahre alt. Organisationstalent, musikalische Begabung und Begeisterung gaben den Ausschlag. Zur Vorsicht setzte ihm der Rat den Advokaten Heinrich Christoph Samuel Niemeyer als Geschäftsführer an die Seite.

Der 7. Oktober 1799 war der Tag, an dem eine stehende Bühne eröffnet wurde. Direktor Löwe behielt aus dem Tilly-Theater die begabtesten Künstler. Dazu holte er sich junge Talente. Er versammelte ein tüchtiges Ensemble um sich. Zur Eröffnung hielt er vor dem Vorhang mit großer rhetorischer Gebärde eine Festrede, in der es hieß:

„Hier steht der Jüngling voll glühender Dankbarkeit und wirft sich von Neuem in Ihre Arme — entschlossen, seinen eifrigsten Fleiß und seine ganze Kraft für eine Anstalt zu verwenden, die der Unterhaltung und dem Vergnügen seiner Wohltäter gewidmet ist. Sie werden seinen Anstrengungen patriotisch entgegenkommen und seinen ersten Versuchen Nachsicht und Geduld schenken, denn nur mit der Zeit reift die goldene Aussaat zur Frucht. Und so segne der Himmel, der ja durch alles sittlich Schöne und Gute geehrt und verherrlicht wird, unsere Kunstübungen in diesem Haus und das edle Vergnügen edler Menschen."

Geschickt, dieser junge Theaterchef. Das Publikum mochte ihn, so wie er das Publikum mochte. Zur Eröffnung hatte er das Schauspiel „Das Epigramm oder Der Augenarzt" von August von Kotzebue inszeniert. Kotzebue war ein mit den menschlichen Schwächen ebenso wie mit der Bühnenpraxis vertrauter Mann. Ein Vielschreiber. Als Advokat machte er in seiner Geburtsstadt Weimar so von sich reden, daß er es bis zum Präsidenten des Gerichtshofs in Reval brachte. Die Juristerei reichte ihm nicht. Er wollte nicht richten, sondern gestalten. Hoftheaterdichter in Wien, Direktor des deutschen Theaters in St. Petersburg, Intendant in Königsberg waren seine Stationen. Mit über 200 Stücken wurde er zum meistgespielten Unterhaltungsdramatiker des frühen 19. Jahrhunderts. Er kannte die Gesetze der Wirksamkeit. Doch er wird unterschätzt, wenn man ihn als Theaterhandwerker bezeichnet. Goethe spielte 90 seiner Dramen, als er 1791 bis 1817 das Theater in Weimar leitete.

Das Publikum kam gern zu Kotzebue. Beim Durchblättern der Lübecker Theaterzettel sind viele seiner Stücke zu finden, so „Die beiden Klingsberge", „Papagoy", „Die deutschen Kleinstädter", „Die Hussitten vor Naumburg", „Die Stricknadeln", „Oktavio", „Der Vater Ungefähr", „Eduard von Schottland", „Sultan Bimbambum"- alles in der Beckergrube. Löwe wußte das Haus zu füllen.

Aber nicht nur mit Kotzebue. Es wäre falsch, seine Theaterzeit von den Kassenschlagern her zu beurteilen. Der junge Direktor setzte auch Lessings „Nathan der Weise" aufs Programm, spielte Schillers „Wallenstein", „Jungfrau von Orleans", „Wilhelm Tell", Shakespeares „Heinrich IV.", Goethes „Geschwister" und „Götz von Berlichingen".

Alles für ein Zehntel der heutigen Einwohnerzahl. Sein Theater bot Zerstreuung und regte dazu an, über Kunst, Leben, Natur, Freiheit nachzudenken und Probleme des Menschen im Spiel zu erleben. Löwes Liebe galt dem Musiktheater. Er hatte Geschmack. „Doktor und Apotheker" von Karl Ditters von Dittersdorf, oft gespielt in der Beckergrube, hält sich bis heute auf Opernbühnen, Giovanni Paisiellos „Il Barbiere di Siviglia" gefiel so wie der spätere Barbierkollege Rossinis, auch Conradin Kreutzers „Paul und Virginie" gehörte zu den Erfolgen; sein „Nachtlager von Granada" ist immer noch beliebt. Mehrere Opern von Antonio Salieri finden sich. Löwe wagte sich auch an Mozarts „Zauber-

flöte" und an dessen „Entführung aus dem Serail". Daneben zogen Singspiele Publikum ins Haus, so „Das Donauweibchen" von einem Herrn Kauer, „Der Tyroler Wastl" eines Herrn Haibel und „Der Teufelstein in Mödling" eines Wenzel Müller — Vorformen der Gattung Operette.

Löwe bewies auch als Komponist seine Liebe zum Theater. Seine Oper „Die Insel der Verführung" nach eigenem Textbuch war das, was man heute als Renner bezeichnet. Der Applaus war groß, sie wurde häufig nachgespielt. Das Orchester seines Hauses bestand aus 20 festengagierten Musikern, zu denen bis zu 10 weitere bei besonderen Anlässen geholt werden konnten. Man war bescheiden, aber erfolgreich.

Um die Einnahmen zu stabilisieren, führte Löwe 1800 ein Abonnement ein — zweimal wöchentlich zu ermäßigten Preisen ins Theater. Wie klug er Theaterpolitik machte, zeigt sein Aushebeln des Sonntagsverbotes. Sonntags nie, hieß die Lübecker Regel; am Sonntag mußte der Vorhang geschlossen bleiben. Löwe und sein Ensemble wollten den am 5. Mai 1805 gestorbenen Schiller ehren; für eine Gedenkaufführung bot sich kein besseres Datum als der 10. November, Schillers Geburtstag — ein Sonntag. Gegen das Vorhaben, dem Dichter zu huldigen, konnte der Rat nichts einwenden. Also durfte am Sonntag in der Bekkergrube Schillers „Braut von Messina" gegeben werden. Kurz darauf bat Löwe erneut um die Sonntagsgenehmigung und wies darauf hin, daß er ja seinen Schiller auch sonntags gespielt habe, daß damit also ein generelles Verbot nicht bestehe. Im Senat war man so verblüfft über dieses schlüssige Argument, daß Sonntagsvorstellungen für alle Zeiten gestattet wurden.

Die Franzosenjahre waren schwere Jahre. Kontinentalsperre, Zusammenbruch des Seehandels, die Tatsache, daß Lübeck und der Küstenstreifen zwischen Ems und Elbe ins französische Kaiserreich eingegliedert wurden, Kriegssteuern — das reicht, um den Niedergang des Wirtschaftslebens zu kennzeichnen. Bezeichnend, daß das jahrhundertealte Ratssilber im August 1811 verkauft werden mußte.

Da mochte der Spielplan noch so effektvoll sein — das Publikum, dem das Geld fehlte, blieb aus. Die Direktion brachte französische Stücke heraus, um so wenigstens die Besatzung ins Theater zu holen. Löwe aber mußte betrübt dem Rat berichten, daß nur wenige Franzosen — „und auch diese nur bisweilen" — Eintrittsgeld zahlten. Die Collegien des Rates sahen die ohne eigene Schuld eingetretene Notlage des Theaters und bewilligten der Direktion eine kleine Entschädigungssumme.

Die Befreiungskriege wendeten zwar das Schicksal Mitteleuropas, brachten aber keinen Aufschwung. Das Theater dümpelte dahin. Da gab Direktor Löwe, selbst am Rande des Ruins, enttäuscht auf und verließ Lübeck. In einer Abschiedsvorstellung dankte er nach 26jähriger Bühnentätigkeit mit der Bitte ans Publikum, „sich dessen mit Wohlwollen zu erinnern, der, indem er glaubt, seine Pflicht gegen die Seinigen zu erfüllen, das gute Lübeck mit Wehmut verläßt, mit Zuversicht aber hofft, auch in der Ferne sich seine hiesigen Freunde zu erhalten."

Das ist ein Wunsch, mit dem wohl mancher Intendant seither aus Lübeck geschieden ist, und bei manchen hat er sich erfüllt.

Friedrich August Leopold Löwe war eine der bedeutenden Persönlichkeiten des Lübecker Theaterlebens. Er hatte Phantasie und die Kraft, seine Träume umzusetzen. Er schied 1815. „Die Abendstunde", wie schon zum Auftakt ein Kotzebue, war seine Abschiedsinszenierung. Er zog zu seinem Bruder ins damals preußische Bromberg an der Weichsel und erlangte dort bald das Amt des Stadtkämmerers.

Er ist nie wieder in seinem weiteren Leben zum Theater gegangen.

Ein Besessener — der Theatergraf

Unser Buch möchte Lübecker Theatergeschichte erfahrbar machen u.a. durch eigenwillige Persönlichkeiten. Zur Geschichte des frühen 19. Jahrhunderts gehört ein faszinierender Mann, der Hauptfigur einer Komödie sein könnte. Er ist keine Theatererfindung. Es gab ihn. Liebenswerte Sonderlinge finden ja im normalen Leben kaum Platz. Das Theater läßt sie gewähren — Käuze, Komiker ihrer selbst. Sie zeigen, daß sich die Menschen nicht allzu ernst nehmen sollten. Sie beweisen uns die Leichtigkeit des Seins. Es blieb Lübeck vorbehalten, zu zeigen, daß es sie auch in Intendantenzimmern geben kann.

Wir blättern um mehr als anderthalb Jahrhunderte zurück. Schwere Jahre fürs Theater, wie aus der Biographie des Direktors Löwe zu erfahren war. Befreiungskrieg gegen Napoleon, der sein Waterloo erlebt; der Wiener Kongreß versucht, Europa neu zu ordnen; Dänemark erwirbt das Herzogtum Lauenburg im Tausch gegen Vorpommern und Rügen; Polen erhebt sich vergeblich gegen Rußland — bewegte, schwierige Zeiten. Da rückte die Freude am Theater in den Hintergrund. Anno 1821 übernahm Carl Friedrich Graf v. Hahn-Neuhaus die Leitung des Hauses. Er liebte das Theater und setzte dem Publikum Stücke in üppiger Ausstattung vor. Der „Theatergraf" brachte Webers „Freischütz" am 29. April 1822 in echten Waldkulissen gleich nach der Berliner Premiere heraus. Der Komponist erklärte später, Graf Hahn-Neuhaus sei der erste Direktor gewesen, der ihm aus freien Stücken ein anständiges Honorar gezahlt habe.

Der Theatergraf war von Haus aus begütert. 1782 kam er auf Gut Remplin zur Welt, „auf Remplin", wie man beim Adel sagte. Durch Heirat kam er in den Besitz des adeligen Gutes Neuhaus im Kirchspiel Giekau (Kreis Plön), neben Emkendorf eines der größten Güter in Holstein. Alter Adel. Die älteste Tochter der auf Neuhaus sitzenden Brockdorffs wurde 1732 Gattin des Grafen aus dem Mecklenburgischen. Da es auf Neuhaus keine männlichen Nachkommen gab, gelangte das Gut an das Geschlecht v. Hahn. Besitz kam zu Besitz. Weil er stolz darauf war, nannte er sich fortan Hahn-Neuhaus.

Als junger Mann gelangte Carl Friedrich nach Stockholm. Ein Onkel, Gesandter am schwedischen Hof, brachte den Neffen als Leibpagen des Königs unter. Das gefiel dem jungen Mann. Der Schwedenherrscher liebte es üppig. Er wollte nicht hinter Versailles zurückstehen. Carl Friedrich bekam die Aufgabe, sich um des Königs Theater zu kümmern. Die Begeisterung für die Bühne blieb lebenslang lebendig.

Wieder daheim, richtete er sich auf Remplin ein Privat-Theater ein. Große Mimen genossen seine Gastfreundschaft und bezahlten mit kleinen Vorstellungen. Als August Wilhelm Iffland 1805 von Schwerin aus bei ihm auftrat, bekam er eine Ritterrüstung.

Das ist vielleicht nichts Besonderes. Aber die Rüstung war aus reinem Silber.

Graf Carl Friedrich begann später als stiller Teilhaber am Altonaer Theater, avancierte bald zu dessen künstlerischem Leiter, und als er von der Lübecker Vakanz hörte, trat er am 30. September 1821 das Amt des Direktors in der Beckergrube an.

Geld war vorhanden, wenn es um sein Theater ging. Daß er 99 Güter besessen habe, war freilich ein Gerücht. Indes wurden die Schauspielerinnen und Schauspieler nicht nur fürstlich bezahlt, sondern bekamen ebenso fürstliche Geschenke. Mit Einladungen war er nie knauserig. Er konnte prächtige Feste feiern.

Das gefiel den Theaterleuten. Der Familie gefiel es weniger. Das Vermögen schmolz. Es wurde auf die schönste Weise — verspielt. Die Familie erreichte, daß Graf Carl unter Kuratel gestellt wurde. Er bekam kein Geld mehr. Irgendwie kann man das verstehen; man will das Seine auf gut mecklenburgisch-holsteinische Weise zusammenhalten.

„Das ist das Los des Schönen auf Erden", rief er pathetisch, als ihm der Kassierer eines Morgens meldete: „Herr Graf — wir sind am Ende. Die Kassa ist leer, und der Unger, die Bachmann und die Bessel sind diese Nacht durchgegangen, man sagt, ans Hoftheater nach Schwerin." Es war das Ende der Ära Hahn. Am 12. April 1824 legte er sein Amt nieder. Der Schauspieler Friedrich Adolf Meyer hat viel über die gräflichen Jahre aus eigenem Erleben berichtet.

Die Familie war nicht inhuman. Verhungern lassen wollte sie den Theatergrafen nicht. In einem der besseren Gasthöfe Lübecks standen ihm Herberge und Mahlzeiten zur Verfügung; der Wirt mußte mit der Gutskasse abrechnen. Der Graf wollte den Umgang mit seinen Künstlern nicht entbehren. Sie einzuladen ging nicht, da der Wirt Weisung hatte, nur für die Bedürfnisse des Grafen selbst zu sorgen. Der Ausweg beweist rührend seinen Hang zur Bühne. Er sagte dem Wirt, daß er sich unwohl fühle und in nächster Zeit mit schlichten Süppchen zufrieden wäre — die nachträgliche Lieferung seiner Mahlzeiten inklusive des Weines behalte er sich aber vor. Hatten sich durch Enthaltsamkeit Speisen und Getränke angesammelt, bat er die Freunde vom Theater zu Tische und ließ alles auftragen, was er sich entzogen hatte — und war glücklich, allerlei vom Theater zu hören und die Freundschaft der Menschen zu genießen, denen er sich nahe fühlte. Gern half er auch im Souffleurkasten seines alten Theaters aus.

Gut Neuhaus, dessen älteste Bauten zwischen 1409 und 1501 errichtet wurden, ist noch im Besitz der Grafen v. Hahn. Ein herrlicher Besitz. Hinter dem Schloß breitet sich ein großzügig angelegter Park aus, mit Eichenalleen, die in grünem Schwung zum Selenter See hinunterführen — eine wundervolle Theaterkulisse, so, als hätte Graf Carl alles für den „Freischütz" entworfen.

Guter Theatermaler, guter Direktor

Lübeck wuchs geruhsam. Seine Zuwachsraten lagen unter dem deutschen Durchschnitt. 1845 wurden 29 234 Einwohner gezählt (Stadtstaat 42 162); 1857, als die Ebbesche Zeit ablief, waren es 30 847 (43 225). Gespielt aber wurde mit jenem munteren Optimismus, den Theaterleute zu allen Zeiten auf die Bretter brachten. Für die Stadt ist bezeichnend, daß ein handfester Mann die Geschicke des Hauses in der Beckergrube wieder ins Positive lenkte — ein Praktiker.

In den Residenzstädten drängte im 19. Jahrhundert der Adel in die Intendantenzimmer, oft ohne die flammende Begeisterung des Theatergrafen Hahn-Neuhaus. Die hochherrschaftlichen Hausherren, die vor allem ihrem Souverän dienten, gehören zur Theatergeschichte. In Lübeck aber blieb das Bürgertheater näher am Bürger. Bühnenleiter wurde der langjährige Theatermaler Gotthold Friedrich Engel.

Er übernahm 1827 die Intendanz und tat dem Theater gut. Nach dem Abgang des armen Grafen (1824) hatte das Ensemble „auf Teilung" gespielt. Es versuchte, mit allerlei Effekten die Freude am Theater wachzuhalten. So stellte eine ländliche Reitergesellschaft für Schillers „Räuber" ihre Pferde plus reitendem Personal auf die

Bühne; die Leute achteten mehr auf die Tiere als auf den Text. Musikdirektor Santo übernahm kurzfristig auf eigenes Risiko die Direktion. Das Haus aber füllte sich nicht. Am 10. Januar 1827, mitten in der Spielzeit, erklärte Santo seinen Bankrott, und alle ließen die Köpfe hängen.

Was hatte man nicht alles angestellt! Ein Regisseur Hinze schrieb ein Schauspiel „Die schlaue Rettung oder Der Elephant von Singapore", eigens um damit einen Elephanten auf die Bühne zu bringen. Vergeblich: Die Bühnenbretter hielten das Schwergewicht nicht aus. Dies alles sei hier aufgeblättert, um zu zeigen, was sich auf diesem kleinen Stückchen Beckergrube hin zur Engelsgrube schon alles ereignet hat.

Es war mal wieder Endzeitstimmung. „Ebbe", sagten die Leute, „das Wort paßt schon gut zu unserem Theater!" Das war die Stunde für Gotthold Friedrich Engel. Das Merkwürdige geschah, daß das Ensemble bereit war, Streitereien zu beenden, engagiert mitzuarbeiten und dem Theater und sich selbst aus der Notlage zu helfen. Der neue Direktor lebte nur für seine Aufgabe, war sparsam, aber geschickt, und er schaffte es, mit populären Zugstücken wie der „Pfeffer-Rösel" der vielschreibenden Schauspielerin Charlotte Birch-Pfeiffer, aber auch mit Opern wie Rossinis „Othello" wieder Publikum ins Haus zu holen.

Ermutigend war, daß sich namhafte Kollegen benachbarter Häuser den Bitten Engels nicht verschlossen und bei kleiner Gage gastierten, schöne Stimmen vor allem vom Schweriner Hoftheater; es gab aber auch Hamburger Helfer. Das Beste, was Direktor Engel tat, war, seinen Sohn Friedrich mit allen Fragen des Theaters vertraut zu machen.

Ein Blick in die Programme zeigt, wie das Haus bemüht war, sich mit Qualität durchzusetzen. Engel liebte von seinen Theatermalerzeiten her die gut ausgestattete Oper. Heute vergessene, aber auch immer noch beliebte Werke standen auf den Spielplänen — Meyerbeers „Robert der Teufel", Webers „Oberon", Marschners „Templer und Jüdin", Donizettis „Liebestrank", Spohrs „Faust", Lortzings „Hans Sachs".

Trotz allem: Geld fehlte. Als Vater Engel verzagte, versuchte ein aus Altona kommender Theatermann namens Carl Schütze erst allein, dann gemeinsam mit dem Schauspieler A. Drechmann, das Theater zu steuern. Doch es fehlte der Schwung. Es ging gefährlich bergab.

Wo Gefahr ist, da ist das Rettende auch. Glück für Lübeck, daß der Direktor seinen Friedrich hatte. Der Junior trat am 7. Oktober 1838 die Leitung an. Daß er Erfolge hatte, muß den Vater gefreut haben

Friedrich Engel holte mit Flotows neuer Oper „Martha" einen Publikumserfolg ins Haus und führte mit dem Schauspiel „Jürgen Wullenwever" von Karl Gutzkow ein Stück aus der Lübecker Geschichte vor, dem die Besucher dankbar zuliefen.

Es muß einen Theaterkrach gegeben haben. Welcher Art die Verstimmung des Chefs war, weiß niemand; fest steht, daß die Spielzeit 1849/50 von den Schauspielern J. Steiner und A. Brunner geleitet wurde. Die liebten verständlicherweise das Sprechtheater, suchten für sich selbst die schönsten Rollen aus und ließen die Oper sanft entschlafen.

Das lief nicht. Friedrich Engel wurde gebeten, wieder im Intendantenstuhl Platz zu nehmen. Das tat er nur zu gern und blieb noch volle 14 Spielzeiten. Er war, die Unterbrechung großzügig eingerechnet, 26 Jahre lang Leiter in der Beckergrube. Ein Vierteljahrhundert. Kein Intendant nach ihm hat diese Zeit erreicht. Hans Thoenies (1978-1991) kommt ihm mit 13 Spielzeiten am nächsten.

Zu Engels Zeit gehört eine attraktive Erweiterung des Angebots. Er engagierte einen Ballettmeister und eine Solotänzerin. Pepita de Oliva füllte das Theater. Sie bezauberte das Publikum, und es machte ihr und dem Direktor wenig aus, daß der

Rezensent der „Neuen Lübeckischen Blätter" schrieb, an ihrem Erfolg hätten „ihre körperlichen Vorzüge größeren Anteil als die Kunst Terpsichores".

Es ging wieder aufwärts mit Lübeck. Die Gründerzeit hatte auch die Hansestadt erfaßt. Am 15. Oktober fuhr der erste Zug der Lübeck-Büchener Eisenbahn, 1853 entstand als Gesamtvertretung der Kaufmannschaft die Handelskammer. Man war wieder wer, und das wollte man zeigen. Man ging wieder ins Theater, Engels hatte es erreicht.

Da paßte das doch recht kleinstädtische Haus nicht mehr ins Bild. Am 3. März 1857 schloß sich der Ebbesche Vorhang für immer. Und damit beginnt ein neues Kapitel in der Theatergeschichte – unter altem Namen. Weiterhin Glück mit Engel.

Wegen des Baues der Lübeck-Büchener Eisenbahn wurde das äußere Holstentor um 1850 abgerissen

35

Das Haus der Casino-Gesellschaft

Können wir uns die Faszination vorstellen, die von dem Wort Eisenbahn ausging? Eisenbahn — das war der schnelle Fortschritt, die neue Art, Handelsgut rasch und sicher zu transportieren, die nähergerückte, rasch zu erreichende Nachbarschaft. Eisenbahn von Lübeck nach Büchen auf dem alten Handelsweg in den Süden, nach Hamburg an den Elbehafen, nach Kleinen (heute Bad Kleinen) ins Mecklenburgische, nach Eutin zur Verbindung mit Kiel.

Der Verleger Christian Marquard Ed, einer schwedischen Familie von Edman entstammend (Vater von Ida Boy-Ed, der ersten Freundin Thomas Manns), gab seiner Lübecker Zeitungsgründung den Namen „Eisenbahn-Zeitung" — nicht, weil sie per Schiene in die Umgebung gebracht wurde, sondern weil Eisenbahn das Symbolwort war. Schnell, modern, aufgeschlossen, aktiv, unglaublich kräftig.

Theatergeschichte ist immer auch Wirtschaftsgeschichte und Sozialgeschichte. Auch da ist Lübeck ein besonderes Beispiel; Theater zeigt sich hier so deutlich als ein Stück allgemeiner Geschichte, wie es die Hoftheater so nie vermitteln können. Die durch die Eisenbahn angeregte Gesellschaft wollte ihr Theater so modern wie die Eisenbahn und in neuen Formen des wirtschaftlichen Zusammenlebens, auch wie die Eisenbahn. Theater war keine Privatsache mehr. Um es auf eine neue Grundlage zu stellen, wurde eine Aktiengesellschaft gegründet. Ihr Ziel war, an die Stelle des müde gespielten Ebbeschen Hauses ein „in jeder Form repräsentatives Gebäude" zu errichten. Die AG, gebildet aus Senatsmitgliedern und Repräsentanten der Kaufmannschaft, bekam den eleganten Namen Casino-Gesellschaft. Anton Ferdinand Benda wurde beauftragt, die Pläne zu entwerfen — sicherlich kein Zufall: Er war der Lübecker Eisenbahndirektor.

Sein Theater unterschied sich äußerlich nicht von der klassizistischen Ödnis mittelstädtischer Hauptbahnhöfe — sparsam dekoriert, griechische Anklänge in der Dachgestaltung, mit langgestreckten Fenstern in akkurater Reihe. Korrekt, aber langweilig. Ginge ein Stadtfremder vorüber, würde er vielleicht eine stadtstaatliche Verwaltungsbehörde dahinter vermuten — nie das Theater der Hansestadt.

Über das Innere ist glücklicherweise Gutes zu sagen. Der traditionelle Logenraum war mit Parterre und zwei Rängen hufeisenförmig angelegt und bot 786 Sitz- und 252 Stehplätze, 1038 Plätze insgesamt — ein Zeichen dafür, daß die Theaterfreude gewachsen war. Das Handelsgesetz, daß Nachfrage das Angebot bestimmt, wird im Theater oft umgedreht, was übrigens alle Theaterunternehmer wissen. Angebot stimuliert Nachfrage. Daher das 1 038-Platz-Angebot.

Für den Neubau wurde der Grund des Ebbeschen Theaters genommen, wobei zwei Nachbarhäuser einbezogen wurden. Gesellschaftsräume, ein Restaurant mit Billardzimmer und zwei

Theater und Concertgebäude
des Casino zu Lübeck.

des neuen Theaters zu Lübeck

am 3. März 1858.

kleinere Konzertsäle ergänzten das eigentliche Theater. Dessen Bühne war 18 Meter breit und hatte mit Hinterbühne eine Tiefe von 18,5 Metern. Auf dem Grundstück Fischergrube wurde das Kulissenhaus errichtet.

Intendant: Immer noch Friedrich Engel. Die Rechnung der Aktionäre ging auf. Die neue Beckergrube wurde angenommen. Das wieder selbstbewußte Bürgertum hatte seinen festlichen Ort gefunden. „Die Billets zu sämmtlichen Plätzen sind verkauft", stand oft an der Kasse.

Zur Eröffnung am 3.März 1858 gab es nach einem Prolog und einer von Kapellmeister G. Herrmann eigens dafür komponierten Ouvertüre einen festlichen „Freischütz" mit Gästen aus Schwerin. Am 5. März folgte „Figaros Hochzeit", am 7. März vollendete „Martha" des mecklenburgischen Freiherrn Friedrich von Flotow den Reigen.

Zum Publikumsliebling stieg erneut die Sopranistin Louise Koester-Schlegel auf. Louise Schlegel war 1828 in Lübeck zur Welt gekommen, plapperte sich schon in Kinderrollen auf dem Ebbeschen Theaters in die Gunst der Besucher, konnte dort unter der Intendanz von Engels Vater als Pamina in der „Zauberflöte" debutieren und schafft es, über Wien, Hannover und Breslau an die Hofoper nach Berlin zu kommen. Sie gehörte zu den Spitzenkräften, vergaß aber die Vaterstadt nicht und kam als gefeierter Gast gern immer wieder nach Lübeck.

Die einst fürstliche Kunstform Oper lag auch dem bürgerlichen Publikum am Herzen. Aber eine andere Oper: Komponisten und Librettisten spürten die Wünsche des „neuen" Publikums. Realgeschichtliche und allgemein menschliche Themen lösten die antik-mythologischen Vorbilder ab. Die „Grande Opera" eines Giacomo Meyerbeer mit „Robert der Teufel", „Die Hugenotten" und „Die Afrikanerin" fand gutes Echo. Offenbachs Buffo-Opern entzückten; ein künstlerisches Ereignis war Wagners „Tannhäuser" mit dem beliebten Dresdner Tenor Tichatschek in der Titelrolle.

Im Schauspiel standen die vier Klassiker Schiller, Goethe, Lessing, Shakespeare im Repertoire, wurden aber in der Publikumsgunst oft eingeholt von den Autoren des „Jungen Deutschland", Börne, Gutzkow, Laube. Gut besucht waren die dramatisierten „Gartenlaube"-Romane der Marlitt, „Adelaide", „Das Geheimnis der alten Mamsell", „Goldelse".

Ein Vergnügen ist es, die Phantasie spielen zu lassen und sich vorzustellen, was unter den folgenden Titeln in der Beckergrube geboten worden sein mag: „Das Milchmädchen von Schöneberg", „Das Weib aus dem Volke", „Drei Paar Schuhe", „Die Augen der Liebe" oder gar „Fürs Theater lasse ich mein Leben".

Selbstverständlich, daß der Lübecker Emanuel Geibel mit seinen Dramen „Brunhild", „Meister Andreas" und der Komödie „Sophonisbe" gebührend gefeiert wurde. Er nahm den Premierenapplaus würdig entgegen.

Nach der Intendanz Engel konnte das Amt nicht mehr schlicht vom Vater auf den Sohn übergehen. Das Komitee der Casino-Gesellschaft — Dr. Plessing, Consul Rehder und C. W. Freese — wählte jeweils aus einer Reihe von Bewerbern die neuen Bühnenleiter. Interessant ist es, die Herkunft der Lübecker Intendanten zu erfahren. Leopold Riel, Engels Nachfolger, hatte sich bereits im Tivoli bewährt und dem Sommertheater an der Wakenitz Erfolge eingespielt. Ihm folgte Carl Gaudelius, Direktor des Göteborger Theaters, nach dessen plötzlichem Tode seine theaterkundige Frau bis zur Neuwahl das Haus führte; Friedrich Engel half mit. Dann kam mit Bruno Langer ein Mann, der das Theater von Chemnitz geleitet hatte. Peter Grevenberg, der nächste im Intendantensessel, war Sänger und hatte oft mit Erfolg in Lübeck gastiert. Paul Borsdorff kam von der Meininger Hofbühne, Richard Jesse war ebenfalls Chef in Chemnitz. Nach dem Hamburger Walter Hasemann und nach Sigmund Lauterberg, der aus Bremen nach Lübeck gewechselt war, begann mit der langjährigen Intendanz von Friedrich Erdmann-Jeßnitzer eine glückliche Zeit.

Das 19. Jahrhundert wird durch seine Art, Theater zu machen, eigentümlich erkennbar — Theater „als Schule der praktischen Weisheit, ein Wegweiser durch das bürgerliche Leben, ein unfehlbarer Schlüssel zu den geheimsten Zugängen der menschlichen Seele" (Schiller).

Erdmann-Jeßnitzer ist zu bewundern

Was nun berichtet wird, ist fast unglaublich. Saison 1897/98; das 19. Jahrhundert neigte sich dem Ende zu, zu Ende ging auch die Intendanz („Direktion" hieß es damals) von Friedrich Erdmann-Jeßnitzer. Zwölf erfolgreiche Spielzeiten stand er an der Spitze. Nun wollte er als Theaterleiter nach Bremen wechseln, um neuen Ruhm einzusammeln; deshalb, aber auch, um dem Lübecker Publikum zu danken, hatte er für seine letzte Saison alles aufgeboten.

Wagner — immer wichtig. Er richtete einen gewaltigen „Wagner-Cyclus" ein. Mit Kapellmeister v. Strauß schaffte er fast den gesamten „Ring des Nibelungen"; nur die „Götterdämmerung" fehlte. Dafür zierten „Lohengrin", „Tannhäuser" und „Fliegender Holländer" den Spielplan; mit den „Meistersingern" beschloß er am 2. April 1898 seine Lübecker Meisterjahre. Es war, wie in den „Lübeckischen Anzeigen" stand, „ein ruhmreicher Tag, der ruhmreichste unter vielen der Direktion Erdmann-Jeßnitzer. Nach jedem Aufzug und noch viel mehr am Schluß hatte sich der Vorhang ungezählte Male zu heben, damit den einzelnen Mitwirkenden und schließlich der ganzen betheiligten Künstlerschar mitsammt dem Direktor, Kapellmeister und Regisseur die von dem lebhaft angeregten Publikum gespendeten Auszeichnungen zu Theil werden konnten, auf welche die großartigen Leistungen ein volles und gern bestätigtes Anrecht sich erworben hatten".

Damit lange nicht genug. Neben dem Wagnerpaket gab es einen „Mozart-Cyclus": „Zauberflöte", „Figaros Hochzeit" und „Don Juan".

„Herr Borgmann, ein bei ausreichendem Fleiß zu höchsten Zielen berufener Tenor von bestrickender Schönheit des Organ, und Herr Blaß, dessen sammetweiche Baßstimme einen eigenartig fesselnden Reiz ausübte, vertraten neben den Herren v. Humalda, Strätz und Baum den männlichen Theil des Opernpersonals mit viel Geschick", hieß es im Blatt. Und über die Damen: „Zu den vollbewährten Mitgliedern der vorjährigen Spielzeit gesellten sich hinzu Frl. Nora Wachter, eine dramatische Sängerin von Temperament und großem Stimmvermögen, Frl. Adler-Hugonnet, Coloratursängerin von erheblicher Gesangsfertigkeit, Frl. Leopoldine Ullmann, mit herrlicher Altstimme begabt, ferner Frl. Hinrichs für jugendlich dramatische Partien ausreichend beanlagt, und Frl. Bella Groß, durch anziehendes Äußere und gefälligen Gesang als Soubrette sich Theilnahme ersingend." Kurz: Es gab eine gute Presse.

Vier Kapellmeister errangen sich Teilnahme am Ruhm, die Herren v. Strauß, Amadeus Neßler, Albert Conrad und Erdmann-Jeßnitzer selbst. Vier waren notwendig: Jede der großen Opern, Wagner wie Mozart, wurde bis zu 14 Male wiederholt. Die Lübecker gingen gern in ihr Theater.

1897/98 — es standen noch die Opern „Der Rattenfänger", komponiert von Hauskapellmeister Neßler, „Die Königin von Saba" des österreich-ungarischen Komponisten Kàroly Goldmark (1830–1915) und die Ausstattungs-oper „Die Jüdin" des Franzosen Jaques François Halévy (1799–1862) auf dem Programm; alles üppiges 19. Jahrhundert.

Fleißiges Theater. Denn das Schauspielpublikum brauchte nicht zu darben. 1897/98 kam mit Schillers „Braut von Messina oder Die feindlichen Brüder" eine große Tragödie ins Haus; Shakespeares „Sommernachtstraum" fand viel Zustimmung; „König Heinrich" von Ernst von Wildenbruch (1845–1909) und „Renaissance" des Österreichers Franz v. Schönthan (1849–1913), des Striese-Erfinders, gehörten zu den beliebten historischen Schauspielen. Zum Publikumserfolg wurde „Die versunkene Glokke" des jungen Schlesiers Gerhart Hauptmann (1862–1946), wobei sich ein Frl. Philine Trommsdorf als Rautendelein jubelnden Applaus holte; sie spielte auch Shakespeares Puck.

Unterhaltsamkeiten durften nicht fehlen, selbstverständlich. Immer noch 1897/98 — mit den Lustspielen „Hans Huckebein" und „Im weißen Röß'l" (noch ohne Musik) der Erfolgsschreiber Blumenthal und Kadelburg; „Helgas Hochzeit", abermals Schönthan; „Die Erste", Paul Lindau; „Gebildete Menschen", Léon; „Hofgunst", Trotha; „Fata Morgana", Damati. Oberregisseur Valdek, die Stütze der Direktion, hatte alle Hände voll zu tun. Jede Woche eine Premiere. Das Weihnachtsstück hieß „Schutzgeister" von Bethke-Truhn, und für den das Kulturleben prägenden Verein Lübecker Journalisten und Schriftsteller gab es auf Wunsch „Morituri" des Ostpreußen Hermann Sudermann (1857–1928).

Alles eine Spielzeit! Erdmann-Jeßnitzer ist zu bewundern. Unsere heutige Hochachtung gehört aber auch dem Ensemble und dem aus 36 Musikern bestehenden Orchester. Kaum vorstellbar, daß heute, bei aller Liebe, auch nur die Hälfte davon geschafft werden könnte.

Über die Zeit Erdmann-Jeßnetzers liegt uns eine schöne Erinnerung des Lübecker Rechtsphilosophen und Politikers Gustav Radbruch (1878–1949) vor. Sie macht Beachtung und Wirkung des damaligen Theaters deutlich. Er schrieb in seiner Autobiographie „Die innere Welt" (1951): „Das Erlebnis des Kunstwerks beginnt für jeden Menschen in dem Augenblick seines Lebens, da ihn zum ersten Male mit einem aussetzenden Herzschlag das Gefühl durchzucke: Das bist du, hier bist du gemeint, hier geht es um dich. Mit dem Verständnis für Gedichte befiel mich die Leidenschaft für das Theater. Es kamen zwei glückliche Theaterwinter, wir Primaner im Stehparterre waren damals gewiß die verständnis- und begeisterungsvollsten Theaterbesucher. Aber es gehört zu den Freuden mittelstädtischer Theaterbesucher, ihre Schauspieler nicht nur als Künstler

zu kennen, sondern auch in ihrem Privatleben, um ihre Spannungen und Liebschaften, ihre Eifersüchte und Streitigkeiten, kurz um den ganzen Kleinkram der Theaterwelt zu wissen. Philine und ihre Nachfolgerinnen, die Vertreterinnen des naiven Rollenfachs, schienen vom Schöpfer eigens den Primanern zuliebe geschaffen worden zu sein. Gegenüber der Darstellerin von Hauptmanns Rautendelein konnte mein Herz unmöglich unberührt bleiben. Man schickte einmal und mehrfach Blumen auf die Bühne, man wagte schließlich einen Besuch. Es sah bei ihr aus wie es sich gehört, Schminktöpfchen und Brennschere, Stöckelschuhe und Unterwäsche, ein duftiges und pikantes Durcheinander auf allen Tischen und Stühlen . . .”

1910 hat Radbruch seine noch heute vielbeachtete „Einführung in die Rechtswissenschaft” geschrieben. 1897 aber war er ins Theater verliebt. Und in Philine.

Tony aus dem Hause Buddenbrook

Wir stark das Theater der Spiegel von Hoffnung, Stolz und Ehre des Bürgertums war, zeigt sich auch in der Negativform: In der Familienchronik der Lübecker Manns gibt es eine Geschichte, die auf eigenartige Weise mit dem Theater in der Beckergrube zusammenhängt.

Thomas Manns Tante Elisabeth hatte einen Herrn Elfeld geheiratet, einen Mann starken Willens; im Zentrum seiner Unternehmungen stand das Geschäft. Elfeld ging pleite, die Ehe wurde geschieden.

Ernst Georg Anton Elfeld, so hieß er tatsächlich, war in wirtschaftlicher Not. Er fand eine Tätigkeit, die immer noch ein bißchen mit Geld zu tun hatte und mit seinem bisherigen Berufsleben — er wurde Kassierer des Casino-Theaters. Der gescheiterte Kaufmann, einst einer der wohlsituierten Herren, verkaufte Eintrittskarten, Billetts, wie man sagte.

In der Gesellschaft wurde ausgiebig darüber gesprochen. Es war eine pikante Situation. So etwas interessiert, weil man sich und anderen zeigen kann, daß man zu den besseren Menschen gehört. Man rätselte, ob der schuldlos geschiedene Mann mit dieser Tätigkeit seiner das Theater liebenden Ex-Frau einen Streich spielen wollte, ob er einfach taktlos war — oder ob es ihm so schlimm erging, daß er die für einen Lübecker Kaufmann unmögliche Arbeit annehmen mußte.

Thomas Mann hat — Leser der „Buddenbrooks" wissen es — aus Herrn Elfeld seinen Bendix Grünlich geformt, und daß Tante Elisabeth zur Tony Buddenbrook wurde, braucht in Lübeck kaum noch erwähnt zu werden.

Zurück in die Lübecker Wirklichkeit des 19. Jahrhunderts. „Der armen Tochter des Konsuls Mann blieb aber auch nichts erspart", flüsterte man sich in den Salons zu. „Gerade

Im „Buddenbrooks"-Roman als Tony und Christian: Elisabeth und ihr jüngerer Bruder Friedrich Wilhelm Leberecht Mann

das Theater!" Was tun? Tante Elisabeth fand eine elegante Lösung. Auf die geliebten Theaterbesuche wollte sie nicht verzichten. Also ging sie in Begleitung ihrer Freundin und Cousine Elisabeth Grammann ins Theater (ohne Begleitung ging eine geschiedene Frau nicht aus), hatte sich aber sagen lassen, wann ihr Ex-Gatte frei hatte. Wenn Ernst Georg Anton nicht an der Kasse saß, saßen die beiden Elisabeths im Parkett.

Bankrott machen und Billeteur werden — das wurde nicht akzeptiert. Statt mit hohen Summen zu hantieren nur noch die Groschen Wechselgeld herausgeben war zuviel für die Gesellschaft. Da mochte auf der Bühne noch so eindringlich von der Würde des Menschen gehandelt werden.

Feuergefahr — das Theater wird geschlossen

Das Signal kam aus Chicago. In der zweitgrößten Stadt der USA brannte im Dezember 1903 während einer Vorstellung das Iroquois-Theater aus. In wenigen Stunden war es zerstört. 587 Besucher kamen in den Flammen um. Nachträglich stellte sich heraus, daß es nur unzureichend gesichert war. Die Schreckensnachricht löste in Deutschland viele Aktivitäten aus. Kaiser Wilhelm II. ordnete an, die Feuersicherheit aller Theater zu überprüfen. Die Gesetze wurden verschärft.

Mit dem Casino-Theater hatte die Stadt ohnehin Sorgen. Zwischen 1880 und 1890 wurde die Zahl der Sitzplätze nach und nach von 786 auf 547 reduziert, um die Fluchtwege zu verbessern. Eine Kontrolle nach dem Feuer von Chicago erwies, daß das Haus den neuen Vorschriften längst nicht genügte. Der ganz in Holz gehaltene Innenraum hätte verheerend wirken können. Auch die verbaute Bühne wurde moniert. Besucher klagten, durch die Umbauten weder gut sitzen noch gut sehen zu können. Die Lübecker mochten ihr Theater nicht mehr so wie einst.

Das Haus in der Beckergrube hatte auch Konkurrenz bekommen. Die beliebten Sommertheater zogen mit amüsanter und kurioser Unterhaltung viele Menschen an — das Victoria-, spätere Wilhelmtheater Am Brink und das an der Wakenitz gelegene Tivoli. Possen, Pantomimen, Vaudevilles. Eine Beduinen- und Kabylentruppe gastierte, eine Sängerin mit Bierbaß ließ sich hören, der Affendarsteller Klischnigg hüpfte herum, Rodez, der Hercules von Lyon, polterte über die Bühne. Die Lübecker konnten auch manchen beliebten Künstler des

Stadttheaters sehen, der sich in der sommerlichen Theaterpause ein Zubrot verdiente.

Der Zuspruch war so groß, daß aus der leichten Sommerbühne des Tivoli schrittweise ein richtiges Theater wurde. 1856 hatte es ein Dach bekommen, um bei Regen weiterspielen zu können; 1866 wurde das Freilicht-Theater durch einen festeren Bau ersetzt. Doch die Absicht, dem Casino ganzjährig die Besucher wegzunehmen, scheiterte. Im Tivoli wurde nur einen Winter lang (1869/70) gespielt. Das Publikum machte nicht mit. Tivoli war Sommerfreude; im Winter ging man, wie es sich gehört, ins Stadttheater. Im Sommer „Flotte Weiber", im Winter „Käthchen von Heilbronn".

Im Problem Beckergrube mußte gehandelt werden. Es kam zum Senatsbeschluß vom 17. November 1904: Aus Sicherheitsgründen wurde das Theater zu Ostern 1905 geschlossen. Wie sich die Bilder gleichen: Auch damals wurde, wie 88 Jahre später, nach einer Ausweichspielstätte gesucht. Intendant Ludwig Piorkowsky hatte 1905 mehr Glück als Intendant Dietrich von Oertzen 1993. Damals war die Stadthalle eben fertig geworden und bot sich als brauchbares Provisorium an. Abriß! Neubau! Die Generallinie stand fest. Neubau, aber wo? Die Bürgerschaft setzte 1905 eine Theaterbaukommission ein. Ihr gehörten an: Dr. Th. Eschenburg, Dr. J. Meyer, Dr. G. Prieß, R. Köhn, M. Buchwald, Th. Sartori und S. Mühsam. Und nun begann eine mit Leidenschaft, in der Öffentlichkeit zuweilen mit Schärfe geführte Auseinandersetzung über den Standort eines neuen Stadttheaters.

Einig waren sich die Herren der Kommission darin, „daß unser Theater als Bildungsmittel für weite Kreise eine große Anzahl billiger, gut gelegener Sitzplätze haben müsse, um auch dem Minderbemittelten den Besuch desselben zu gestatten." Aber wohin? Man brauche, hieß ein Vorschlag, ein repräsentatives freistehendes Theater, wie es in anderen Städten üblich sei — das Theater gehöre mitten auf den Lindenplatz. Ein anderer sah die Anlagen vor dem Mühlentor als passenden Platz, dort könne sich das Theater wie ein Tempel über die Häuser erheben. Klingenberg sei richtig, sagte ein dritter Vorschlag, weil der in natürlicher Spannung zur eigentlichen Altstadt stehe.

Baudirektor Baltzer machte einen Überraschungsvorschlag und überzeugte damit die Mehrheit der Kommissionsmitglieder. Das Theater gehöre an seinen angestammten Platz, meinte er, in die Beckergrube. Die Lage sei denkbar günstig, da zwei Linien der Straßenbahn dafür sorgten, daß Besucher aus allen Stadtteilen zum Theater fahren könnten. Auch sei wegen der Straßenbreite von 18,5 Metern die Zufahrt der Wagen neben dem öffentlichen Verkehr möglich, und nach den Vorstellungen könnten sich die Droschken aufstellen, um die Besucher aufzunehmen.

Baltzer überzeugte vor allem durch seinen Kostenvoranschlag. An der Beckergrube könne eine Million für den Bau reichen, für die anderen Bauplätze seien erheblich höhere Mittel erforderlich. Zustimmung der Kommission — mit zwei abweichenden Voten. Weil die Finanzkraft den Ankauf des Grundstücks Beckergrube für 400 000 Mark nicht zulasse, wünschte Herr Buchwald den Theaterbau auf günstigerem Grund vor dem Mühlentor; Herr Mühsam wünschte, das Grundstück „vor dem Zollschuppenplatz" anzukaufen. Die Mehrheit der Kommission schlug am 15. September 1905 der Bürgerschaft den Platz Beckergrube vor.

Theater in der Beckergrube — ein fester Begriff. Ein Spiel der Phantasie ist es, sich vorzustellen, wie Theaterbauten an anderen Plätzen der Stadt aussehen würden. In ein Haus auf dem Lindenplatz könnten Besucher heute nur durch einen Straßentunnel gelangen, ein Theater an der Wallstraße wäre möglicherweise ein zu Lübeck nicht recht passendes pompöses Bauwerk geworden, an die Wallhalbinsel, den heutigen MuK-Standort, ist zwar auch gedacht worden, aber das war ein Platz für Zollschuppen, nicht für ein Theater. Ehestens am Klingenberg könnte man in der Phantasie ein Theater errichten.

Am 25. September 1905 beschloß die Bürgerschaft, dem Vorschlag der Kommission folgend, das neue Stadttheater auf dem Gelände des Casino-Theaters zu errichten; sie lehnte aber gleichzeitig einen Vorschlag ab, die Mittel für den Bau auf 1,4 Millionen Mark zu erhöhen. Bekamen die Bürgerschaftmitglieder Angst vor der eigenen Courage? Am 9, Oktober 1905 lehnte die Bürgerschaft den Senatsantrag ab, die Grundstükke Beckergrube 10, 12 und 14 sowie die in der Fischergrube 5, 7, 9, 11 und 13 anzukaufen. In derselben Sitzung hob sie plötzlich ihren nur einen Monat alten Beschluß auf: Der Vorschlag Beckergrube wurde nach lebhaftem Meinungsaustausch offenbar verärgert gestrichen. Der Senat sollte stattdessen einen Neubau in der Nähe des Holstentores vorbereiten.

Das Theater um das Theater drohte, zur Posse zu werden.

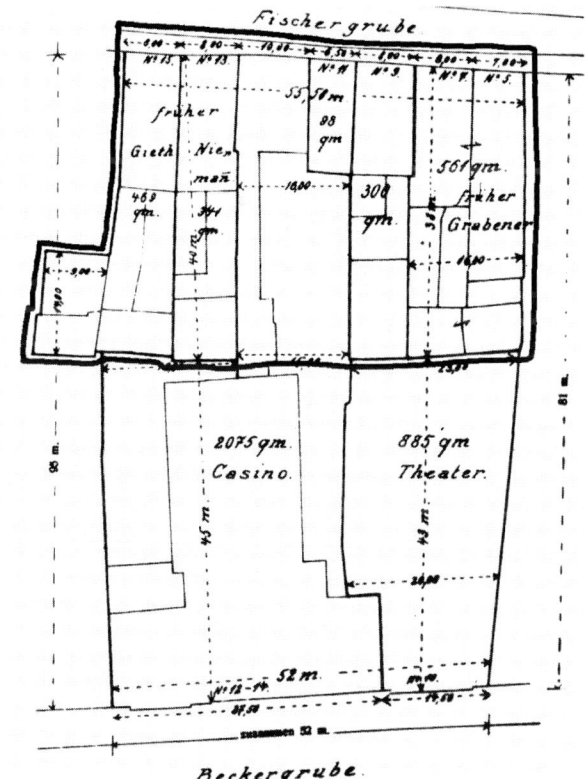

Die von Senator Emil Possehl für den Bau des Stadttheaters angekauften Grundstücke 1905

Senator Possehl bietet Rat und Rettung

Vorstellung Emil Possehl. 1850 kam er als Sohn eines Lübecker Kaufmanns zur Welt. Im väterlichen Betrieb, einer Eisen-, Blech- und Steinkohlenhandlung, und in anderen Handelshäusern lernte der junge Mann das kaufmännische Wägen und Wagen und dazu die hanseatische Ordnung in Geschäften kennen. Er war erst 23, als er 1873 die Handlung des Vaters übernahm. Mit Sinn für die Qualität der Waren und geschäftlichem Weitblick gelang es dem jungen Kaufmann, das Eisen- und Stahlgeschäft schnell und sicher auszubauen.

Die Zeit war günstig. Hermann Blohm und Ernst Voß gründeten in Hamburg ihre Werft, Berlin baute seine Ringbahn, das Eisenbahnnetz der Welt wurde enger geknüpft, Gustav Eiffel errichtete mit seinem Turm in Paris das längere Zeit höchste Bauwerk der Erde — Deutschland überholte Großbritannien in der Industrieproduktion. Eisen und Stahl waren die Materialien der Entwicklung.

Der wagemutige Kaufmann Emil Possehl wurde zum Industriellen. Er fügte seinem Unternehmen eine Reihe kleinerer und mittlerer Hüttenwerke in Schweden hinzu und beteiligte sich an schwedischen Gruben. Um die skandinavischen Erze zu deutschen Eisenhütten zu transportieren, legte er seinem Handelshaus eine umfangreiche eigene Transportflotte zu. Er erwarb zusätzlich Verarbeitungsbetriebe im europäischen Osten, ein Werk zur Herstellung von Sensen und Hufnägeln im litauischen Wilna und eine Hufnagelfabrik in St. Petersburg. Emil Possehl war 51 und auf der Höhe seiner Erfolge, als er in den Senat gewählt wurde. Er achtete sein Vaterland, er liebte seine Vaterstadt. Als in der Auseinandersetzung ums

Senator
Emil Possehl 1918
gemalt von
Carl Langhorst

Theater kein tragbarer Abschluß zu sehen war, machte er der Hansestadt ein Angebot. In einem Schreiben vom 25. November 1905 erklärte sich der Senator bereit, „für den Fall, daß bis zum 31. 12. 1905 ein Rats- und Bürgerschaftsbeschluß zu Stande kommt, der die Erbauung eines Stadttheaters in der Beckergrube bestimmt, dem Staat die für den Erwerb der Grundstücke der Casinogesellschaft und der Grundstücke in der Fischergrube Nr. 13 und 15 erforderlichen Mittel schenkweise zur Verfügung zu stellen". Emil Possehl fügte seinem Angebot den Wunsch hinzu, mit dem Theater einen Konzertsaal und ein Gesellschaftshaus zu verbinden. Er bezifferte sein Angebot — 465 000 Mark.

Von dem Wort schenkweise läßt sich jeder Kommunalpolitiker überzeugen. Possehl wußte, daß es notwendig war, bei einer offensichtlich verfahrenen Situation ein zeitliches Limit zu setzen. Es kam in kürzester Zeit zu einer Einigung. Schon vier Tage später, am 29. November 1905, stellte Baudirektor Baltzer eine neue Kostenschätzung auf:

1. Theater	=	1 170 000 Mark
2. Saalbau	=	550 000 Mark
3. künstliche Gründung	=	128 000 Mark
		1 848 000 Mark.

Die Weihnachtswochen von 1905 waren für die Politiker des Stadtstaates mit Planungen, Berechnungen und Sitzungen ausgefüllt. Das Geschenk des Senators stand nur bis zum 31. Dezember zur Verfügung. Zwei Tage vor Ablauf der Frist, am späten Nachmittag des 29. Dezembers 1905, beschloß die Bürgerschaft auf Antrag des Senats, der wenige Stunden zuvor formuliert worden war:

1. Das neue Stadttheater wird an der Beckergrube gemeinsam mit einem Saalbau errichtet.
2. Das Geschenk des Senators Possehl wird angenommen.
3. Die Kosten des Neubaus werden auf 1 628 000 Mark geschätzt.
4. Es wird ein Architekten-Wettbewerb ausgeschrieben.

Die Gabe war gerettet. Um möglichst rasch mit dem Theaterbau beginnen zu können, wurden die Architekten Seeling aus Berlin, Moritz aus Köln, die Gemeinschaft Fellner und Hellmer aus Wien und Professor Dülfer aus München gebeten, Entwürfe einzureichen.

Am Anfang des neuen (heutigen) Lübecker Theaters steht der Name Emil Possehl. Sein finanzieller Beitrag war die Initialzündung. Für die architektonische Form, die auch in der Gegenwart für ein Theater ungewöhnlich schön ist, steht ein zweiter Name:
Martin Dülfer.
Seine Aufgabe war nicht leicht. Der Neubau mußte für die Oper (wörtlich: für Wagner-Opern) wie für Schauspiel gleichermaßen verwendbar sein. Gefordert wurden etwa 1000 Sitzplätze und getrennte Rangtreppen. Die Bühne sollte für ein Mit-Auftreten von Pferden berechnet sein. Außerdem wollte man ein „erstklassiges Bier-Restaurant", einen großen Festsaal von circa 200 Quadratmetern, zwei kleinere Säle und Wohnräume für den Wirt und sein Personal untergebracht wissen. Der Architekt mußte schon ein Meister seines Fachs sein.

Handzeichnung
von Martin Dülfer
1908

Architekt Martin Dülfer

Vorstellung Martin Dülfer. Am 1. Januar 1859 kam er als Sohn des Verlagsbuchhändlers Carl Dülfer und dessen zweiter Ehefrau Marie Heym in der schlesischen Hauptstadt Breslau zur Welt. Er war drittes Kind von elf Geschwistern. Schuljahre am traditionsreichen Magdalenen-Gymnasium in Breslau, danach erste Begegnung mit der angewandten Kunst in der Kunst- und Gewerbeschule der nahe Breslau am Gebirgsrand liegenden Kreisstadt Schweidnitz.
Der junge Mann mußte in Schweidnitz zwischen seinen Neigungen zur Malerei und zur Architektur entscheiden. Die Architektur siegte. Er studierte erfolgreich in Hannover und Stuttgart.

Breslau aber hat ihn geprägt. Die Stadt spielte in der Architektur des frühen 20. Jahrhunderts eine Rolle. Ideen des Bauhaus-Gründers Walter Gropius wurden in Breslau verwirklicht, die (erhaltenen) Bauten von Hans Poelzig in ihrer Abkehr vom Historismus sind noch heute wichtig für den Charakter der Stadt, die (erhaltene) Breslauer Jahrhunderthalle von Max Berg mit ihren gerippten Rundformen war ein geglücktes architektonisches Wagnis. Dülfer hat manches in seine Bauten eingebracht. In Breslau war es, wo er bei den Architekten Brost und Großer das Entwerfen, Planen und Bauen in der Praxis kennenlernte. Hier begann er, sich sein eigenes Alphabet zu schaffen.

Als ihn 1906 die Bitte aus Lübeck erreichte, war der 42jährige auf der Höhe seines Könnens. 1902 war er zum Professor der Technischen Hochschule München ernannt worden; seine zweite Professur erhielt er, als er am Entwurf für Lübeck arbeitete, zum 1. April 1906 an die Technische Hochschule Dresden. Ungewöhnliche Bauten hatten seinen Namen international bekanntgemacht, Wohn- und Geschäftshäuser sowie öffentliche Gebäude in München, Augsburg, Zürich, Sofia, London, dazu die vieldiskutierten Bauten auf der Weltausstellung in St. Louis 1904.

Die eigenartige Verwendung von farbigen Ornamenten und rauhen Putzflächen wurde charakteristisch für Dülfer. Seine Architekturformen zeigen viel Persönlichkeit unter zurückhaltender Anlehnung an fränkische und schlesische Spätrenaissancemotive.

1899/1900 schuf er das Stadttheater in Meran, das noch heute neben der alten Pfarrkirche die Sehenswürdigkeit des südtiroler Ortes ist. Unter fünf konkurrierenden Entwürfen erhielt er den ersten Preis. Als Baumaterial diente der bei Meran vorkommende rotbraune Porphyr; für Gliederungen verwendete er weißgrauen Laaser und Sterzinger Marmor. In den Außenseiten sind bei den Fassadendetails freie Abwandlungen antiker Formen zusammen mit schwungvollen Elementen des Jugendstils zu sehen. Innen verträgt sich Jugendstil seltsam schön mit reizvollen Barock- und Renaissanceformen. Die Decke zeigt um den Leuchter in der Mitte ein mit goldenen Sternen auf blauem Grund geschmücktes Feld, dem sich

49

ein Kranz aus Blattwerk und Rosetten anschließt. In den Diagonalachsen der Decke ist zur Bühne hin je ein radschlagender Pfau in ein ovales Feld eingepaßt. Die Wandflächen sind violett gehalten und durch gelbe Bordüren mit Blattdekor senkrecht gegliedert.

Dieses Theater wird aus gutem Grund ausführlicher beschrieben: Lübecker Theaterfreunde, die in südliche Richtung reisen, sollen angeregt werden, in Meran Station zu machen und sich Dülfers gut erhaltenen Theaterbau anzusehen. Sie werden eine angenehme Überraschung erleben — sie betreten eine verkleinerte Form des Lübecker Theaters. Es ist, als hätte Martin Dülfer in Meran für Lübeck geübt.

Dülfer rückte damit in die erste Reihe der Theaterarchitekten. Das Stadttheater Dortmund folgte 1903, in freier Formensprache klar gegliedert. Es knüpfte an Schöpfun-

gen Poelzigs in Breslau an. Am 15. September 1904 wurde es eingeweiht — nach dem Urteil von Kritikern der geglückteste Jugendstilbau seiner Zeit. Vier Jahrzehnte später, im Oktober 1944, wurde es in einer Bombennacht zerstört.

„Einer der glücklichsten Pioniere der modernen Baukunst", wie es in der Fachpresse hieß, baute das Lübecker Stadttheater. Schaut man sich um unter den Theatern des Jahrhundertbeginns, kann man Erstaunliches sehen. Oft begnügten sich die Architekten, die baupolizeilichen Anordnungen zu erfüllen, und dann banden sie dem Ganzen eine architektonische Maske um, bißchen Renaissance, bißchen Rokoko; auch Theater, die vorn Rokoko und hinten altdeutsche Burgen sein sollten, kamen vor. Der so ganz andere Entwurf Dülfers bekam am 27. Juli 1906 die Zustimmung des Preisgerichts. Der Jury gehörten an: Senator Johann Hermann Eschenburg, Dr. med. Theodor Eschenburg, Senator Kulenkamp, 1. Staatsanwalt Dr. Benda, Baudirektor Baltzer, Baurat Deditius (alle Lübeck), Professor Wallot (Dresden), Stadtbaurat Kullrich (Dortmund), Geheimer Oberbaurat von Großheim, Geheimer Oberbaurat Launer, Oberregisseur Grube (alle Berlin). Nachdem auch die Theaterbaukommission dem Beschluß der Jury zugestimmt hatte, wurden die Pläne in der Katharinenkirche zur Besichtigung ausgehängt. Das Schlußwort über den preisgekrönten Entwurf wurde am

11. März 1907 im Rathaus gesprochen: Senat und Bürgerschaft billigten Dülfers Pläne mit 66 Ja- zu 26 Nein-Stimmen und stellten 1 734 320 Mark zur Verfügung. Der Vertrag mit Professor Martin Dülfer wurde am 10. April 1907 von dem Architekten und von Senator Johann Hermann Eschenburg unterzeichnet. Die Hansestadt hatte wieder einmal Geschmack bewiesen.

Martin Dülfer ist 1908 zum ersten Vorsitzenden des Bundes Deutscher Architekten (BDA) gewählt worden. Der Münchner Kunsthistoriker Dr. Dieter Klein hat sein Leben und Werk dargestellt („Martin Dülfer — Wegbereiter der deutschen Jugendstilarchitektur", München 1993). Dr. Klein wirkte auch in Lübeck mit Sachkenntnis und Engagement dafür, Dülfers Theater in der Beckergrube als Jugendstilbau in alter Schönheit wiederherzustellen.

Was ist das — Jugendstil?

Vor allem Mut, dazu Stilempfinden und Entschlossenheit — diese Eigenschaften haben eine Rolle gespielt, als sich das Preisgericht am 1. Juli 1906 bereitfand, den Entwurf des Architekten Martin Dülfer für den Neubau des Theaters mit dem ersten Preis auszuzeichnen.

Mut gehörte dazu, sich in Lübeck, in dieser so tief im Bürgertum des 18. und 19. Jahrhunderts und in den großen Epochen der Vergangenheit wurzelnden alten Stadt, mit einem bedeutenden Bau zu einer neuen Richtung zu bekennen — zum Jugendstil. Stilempfinden mußte bei den elf Mitgliedern des Preisgerichts vorhanden gewesen sein, als sie im Jugendstil mehr als eine Mode erkannten.

Entschlossenheit war vonnöten, um die Bürgerschaft von der Schönheit und der künstlerischen Kraft des Jugendstils zu überzeugen.

Sie waren mutig, stilsicher und entschlossen. Sie setzten ihren Architekten und mit ihm ein bedeutendes Stück dieses jungen Stils durch. Der Weg war frei für ein Theater im Jugendstil.

Vestibül
Großes Haus
1925

52

Der Jugendstil mit seinen erneuernden Formen und Ideen trat in eine ruhesuchende, fast gemütliche Welt ein. 1906 brachte Hermann Löns sein „Braunes Buch" („Haidbilder") heraus; Gustav Frenssen schrieb den „Hilligenlei"-Roman, Hermann von Keyserling erklärte „Das Gefüge der Welt". 1907 legte Agnes Miegel „Balladen und Lieder" vor, Carl Hauptmann veröffentlichte den Roman „Einhart, der Lächler", Ludwig Thoma erzählte „Kleinstadtgeschichten".

Der Jugendstil wandte sich gegen den so geliebten Historismus mit seiner Nachahmung geschichtlicher Stilformen, Neugotik vor allem (Lübeck kennt Beispiele). Der neue Stil wollte Freiheit und Befreiung. Jugendstilkünstler holten Muster aus der Natur, kleine Blumen, kleine Blätter, Muscheln, Seesterne. Sie liebten lyrische Stimmungen, suchten das heitere Fest, bevorzugten flutende Linien. Europaweit: Frankreich hatte seine Art nouveau, England den Modern style, Italien den Stile florale. Viel ist noch im Besußtsein; jeder Parisbesucher kennt die Eingänge der Metro mit ihrem Rankenwerk; die Vasen des Glaskünstlers Emile Galle werden hochgehandelt; schließlich sind auch die süßlichen Zeichnungen und Holzschnitte des Lübeckers Hugo Höppner, der sich Fidus nannte, eine sanft verkitschte Variante des Jugendstils.

Die Gefahr, in den Kitsch zu rutschen, bestand. Vor allem in der Literatur wurden die Grenzen oft nicht erkannt. Der sehr junge Rainer Maria Rilke schrieb einmal von der „... langen Schüssel mit blassem westfälischen Schinken, von Streifen weißen Fettes durchzogen wie ein Abendhimmel mit langgezogenen Wolken", oder er erkannte beim Teetrinken die „... großen Zitronen in Scheiben geschnitten, sie senkten sich wie Sonnen in die goldige Dämmerung des Tees, ihn leise durchleuchtend mit ihrem strahligen Fruchtfleisch". Da schüttelt man sich. Jung-Rilke sei als Beispiel dafür angeführt, daß jeder Kritiker gute Gründe finden konnte, den Jugendstil abzulehnen.

Die Zeitschrift „Jugend" in München gab den seriösen Ton an, Künstlerkolonien in Worpswede und Darmstadt blieben mit nachwirkenden Beispielen lebendig. Eine Avantgarde wollte dem Leben schwingende, beschwingende Schönheit geben und nahm in Kauf, belächelt, verlacht und verachtet zu werden. Ist es heute zu verstehen, daß es mutig war, dieses Theater für die Hansestadt durchzusetzen? Ist es heute nachzuempfinden, daß es ein Stück des Lebensmutes von Lübeck war, mit dem Jugendstil ins 20. Jahrhundert zu gehen?

Fidus:
Ausschnitt aus
Maifeier 1905

Der Prolog des Staatsanwalts

Zu einer Theatereröffnung gehört ein Prolog. Hohe Gedanken, weitschwingende Formulierungen — gesprochene große Oper. Den Prolog von 1908 schrieb Dr. Johannes Benda, 1. Staatsanwalt in Lübeck und Mitglied der Jury, die über die Entwürfe für den Neubau des Stattheaters entschied. Seine Poeterei war umfangreich. Am schönsten war der Beginn; er läßt nachempfinden, wie groß die Freude vor 88 Jahren gewesen sein muß. Selbst wenn wir heute dem lyrischen Goldschnitt seiner Verse fernstehen, empfinden wir den festlichen Ton. Die Schauspielerin Charlotte Horst trat am Abend des 1. Oktober 1908 vor den Vorhang und sprach:

> Von festlich hoher Stimmung froh bewegt
> heiß' ich willkommen euch im neuen Haus.
> Aus tausend Augen blickt erwartungsvoll
> ihr um euch hier im glanzerfüllten Raum.
> Neu ist die Halle, die euch stolz umfängt,
> doch alt geweiht die Stätte, drauf sie prangt,
> der Musen Heimat seit der Väter Zeit.
> Und leise klingt wie heimlich stilles Raunen
> in unsern Weihspruch, der der Zukunft gilt,
> die Geisterstimme der Vergangenheit.

> Nun aber hat, was zu der Väter Zeit
> undenkbar schien, die Gegenwart gewagt!
> Der Schauspielkunst die neue Bühne hier
> mit reichen Mitteln würdig zu bereiten,
> der Musen Pflege sichern Dauerstand
> freigiebig zu gewähren, hat die Stadt
> — wir danken ihr! — als hohe Pflicht erwählt,
> und eifrig fördernd dieses große Werk
> hat sich betätigt edler Bürgersinn!

> Mög' ernstes Streben froh' Gelingen krönen,
> wir weih'n dies Haus dem Wahren, Guten, Schönen!

Vorhangdetail
1994

Die erste Spielzeit

Da dem Menschenleben Grenzen gesetzt sind, ist es kaum möglich, eine Besucherin oder einen Besucher der Eröffnungsspielzeit des „Neuen Stadt-Theaters Lübeck" aufzufinden und um seine Erinnerungen zu bitten. Ausgeschlossen ist es nicht. Angenommen, theaterbegeisterte Eltern hätten ihr sechsjähriges Kind mitgenommen, dann wäre der junge Theaterbesucher von 1908 jetzt über 90 Jahre alt. Gibt es die Augenzeugin oder den Zeugen der ersten Saison?

Ein Theaterbesucher und -sammler namens Adolf Rey hat mit seiner Schwester Anna Notizen über alles gemacht, was 1908 und darauf geboten wurde, welche Künstler mitwirkten, welche Dirigenten und Regisseure beteiligt waren ("Theatersammlung Rey"). Am 1. Oktober 1908 wurde das Haus eingeweiht. Auf dem Theaterzettel der Festvorstellung lesen wir: „Direktion: Intendanzrat Georg Kurtscholz". Intendanzrat klingt so nach Hofrat und paßte besser ins kaiserliche Wien als ins republikanische Lübeck. Nachforschungen ergaben, daß Direktor Kurtscholz (bürgerlich: Kurt Scholz) die Bezeichnung mitgebracht hat. Er war vor Lübeck am thüringischen Hoftheater Gera tätig und hatte von seinem Fürsten den Titel verliehen bekommen. Das putzt ja ungemein. Er trennte sich nicht davon.

Wagner, Goethe, Schiller — das Eröffnungsfest am 1. Oktober (Wiederholung 2. Oktober) bot erhabene Klassik. Wir betrachten hier die Spielzeit

Intendanzrat
Georg Kurtscholz
1908

ab dem 3. Oktober, dem eigentlichen Programm. Was dazu geführt hat, mit Wildenbruch zu beginnen, ist nicht zu ergründen. Ernst von Wildenbruch (1845-1909), pensionierter Geheimer Legationsrat aus dem preußischen Auswärtigen Amt, schrieb viel Epigonales, nachgeahmte Klassik („Spartacus", „Die Tochter des Erasmus") und verspätete Romantik („Die Haubenlerche"); am erfolgreichsten waren „Die Quitzows". Lübeck wählte „Die Rabensteinerin", ein altdeutsches Ritterstück — genau das, was als erste Spielplan-Inszenierung am allerwenigsten in ein modernes Jugendstiltheater paßte. In Kritiken ist nachzulesen, daß Erfolg und Applaus mäßig waren.

Hatte der Intendanzrat die Lübecker unterschätzt? Auch eine der nächsten Inszenierungen brachte nur ein mattes Echo — Sudermanns Einakter-Zyklus „Rosen". Dabei war der Ostpreuße Hermann Sudermann (1857-1928) doch über seine gehobenen

Generalmusikdirektor
Hermann
Abendroth

Konversationsstücke („Die Schmetterlingsschlacht") hinausgewachsen; er schuf in „Johannisfeuer" symbolstarkes naturalistisches Theater; Jürgen Fehling hat dieses Stück noch 1943 in grandioser Inszenierung im Berliner Staatstheater kurz vor dessen Zerstörung herausgebracht. Sudermanns Einakter indes blieben 1908 hinter den Erwartungen zurück.

Die Fülle des Gebotenen in nur einer Saison, 1908/09, ist erstaunlich. Allein an Schauspielen jenseits der sogenannten Klassik gab es außerdem „Das Gastmahl zu Pavia" von Johannes Tralow, „Das vierte Gebot" von Ludwig Anzengruber, „Herbstzauber" von Rudolf Presber, „Zickendrahts Pensionäre" von dem Lübecker Otto Anthes, „Der Diamant" von Friedrich Hebbel, „Die tolle Prinzessin" von dem Lübecker Schauspieler Ernst Albert, „Der Tor und der Tod" von Hugo von Hofmannsthal, „Auf Nissenkoog" von Rudolf Herzog, „2 mal 2 gleich 5" von Gustav Wied, „Geographie und Liebe" von Björnstjerne Björnson, „Vater und Sohn" von Gustav Essmann, „Die gelbe Gefahr" von Curt Kraatz, „Wolkenkratzer" von Rösner/ Heller und „Prinzeß Tausendhändchen" von Max Möller. Dazu Klassik: „Shakespeares „Hamlet" und seinen „Sommernachtstraum", „Egmont" von Goethe, „Kabale und Liebe" und „Maria Stuart" von Schiller, „Minna von Barnhelm" von Lessing und „Sappho" von Grillparzer. Alles eine Spielzeit!

Oper war traditionell beliebt.

Vom Debut des jungen Carl Erb (1877-1958) als „Lohengrin" 1908 hat man jahrelang geschwärmt; die Wagner-Begeisterung wurde weiter mit „Rheingold" und „Walküre" bedient; zu erleben waren „Figaros Hochzeit" von Mozart, „Tiefland" von d'Albert, „La Bohème" von Puccini, „Die Jüdin" von Halévy, „Alessandro Stradella" von Friedrich von Flotow, „Der Bajazzo" von Leoncavallo, „Der Evangelimann" von Kienzl, „Hoffmanns Erzählungen" von Offenbach, „Zar und Zimmermann" von Lortzing, „Ein Walzertraum" von Oscar Straus und „Die Dollarprinzessin" von Leo Fall (weitere Operetten und Singspiele gab es in der Stadthalle).

Opernproduktionen blieben oft jahrelang im Repertoire; Kostüme und Dekorationen wurden im Fundus verstaut. Repertoire kommt vom lateinischen reperio und heißt; wieder zum Vorschein bringen, wiederfinden. Das Musiktheater lebt von der Lust am Wiederhören, Opernfreunde begrüßten gern gute alte Bekannte.

Der junge Hermann Abendroth (1883-1956), damals 25, gehörte zu den Dirigenten der ersten Stunde, zusammen mit den Kapellmeistern Carl Pfeiffer und Johannes Wilcken. Lübeck wurde für ihn, wie später für manch andere, zum Sprungbrett: Abendroth ging 1915 als Leiter der Gürzenich-Konzerte nach Köln, übernahm die Niederrheinischen Musikfeste, wechselte als Gewandhauskapellmeister nach Leipzig und war nach 1945 jahrelang Chefdirigent der Rundfunk-Sinfonie-Orchester in Leipzig und Berlin. Lübeck war sein Startplatz.

Die Regisseure damals hießen Hans Islaub, Stanislaus Fuchs, der zugleich Charakterkomiker war, Richard von Schenk, gleichzeitig für Baßpartien engagiert. Da Regie eine untergeordnete Rolle spielte, übernahmen erfahrene Darsteller oder Sänger gern „Einstudierungen". Können Erinnerungen aufgefrischt werden, wenn Namen genannt werden? Carl Erb wurde erwähnt; er ging später ans Nationaltheater München, setzte seine Karriere an der Städtischen Oper Berlin fort und machte sich einen bis heute verehrten Namen als Lied- und Oratoriensänger. Eduard Göbel (Tenor), Max Haas (Tenorbuffo), Arnold Langefeld und Alfred Fischer (beide Bariton) und Richard Höttges sowie der schon genannte Richard von Schenk (beide Baß) gehörten zu den Opernsängern. Maria Bartsch und Fanny Pracher (beide Sopran), Martha Weber (Koloratursopran), Valerie von Neuendorf (Alt) sowie Getrud Stetten und Gabriele Klerwin (beide Soubretten) waren die Stützen des Damen-Ensembles.

Im Schauspiel gab es noch die Rollenfächer, die von den typisierten Spielformen des 18. und 19. Jahrhunderts stammten. Nur einige haben sich erhalten; der jugendliche Liebhaber ist noch im Bewußtsein, der schwere Held, die Naive, die Salondame. Das psychologisch anders geartete Schauspiel des 20. Jahrhunderts besetzt nicht mehr nach Typen, sondern nach individuellen Begabungen.

Reizvoll ist ein Blick zurück. Es gab den Heldenvater (Götz, Wallenstein), den bürgerlichen Vater (Stadtmusikant Miller), und in Ritter- wie in Salonstücken kamen die Pères nobles vor, die edlen Väter; der Bonvivant, ein gut gekleideter Epikuräer, sah anders aus als der spillerige Intrigant; die Naive (Rautendelein) unterschied sich von der Sentimentalen (Gretchen)); die Salondame (Lady Milford) durfte der Heroine (Medea) nicht in die Quere kommen; am eifrigsten bewachten die Komiker ihre Reviere, der Charakterkomiker blickte auf den jugendlichen Komiker herab, und beide zusammen verachteten den Lokal-

„Fan"-Postkarte
1908

57

komiker, der über das Stadtgeschehen blödelte. Ganz unten standen die Chargen, die heute oft in den Mittelpunkt geraten und längst nicht mehr chargieren (übertreiben) — als Knatterchargen hatten sie unter Kollegen wenig zu melden. Stanislaus Fuchs, als Regisseur schon erwähnt, hatte als Charakterkomiker Erfolg; Ernst Albert spielte die humoristischen Väter und schrieb daneben Lustspiele; Conrad Holstein war als erster Held und Liebhaber stadtbekannt; Carl Friedrich Lassen übernahm die Heldenväter; Franz Ubint (Charakterdarsteller) und Franz Meynadier (jugendlicher Charakterdarsteller) begnügten sich mit kleinen Rollen.

Beliebt aus dem Damenensemble waren Lina Anthes (Sentimentale) und die Liebhaberinnen Marie Köhne, Elisabeth Walter und Gertrud Botz; Genni Scheuren unterhielt als Possen-Soubrette; das Fach der Salondame lag bei Elsbeth Riemer in eleganten Händen; Heldenmutter war Wilhelmine Brandes, Margarete Burkhard spielte bürgerliche Mütter. So hatte alles seine Ordnung. Die war nötig, da praktisch jede Woche eine Premiere stattfand. Nur in Notfällen wurde von einem Rollenkästchen in ein anderes gesprungen — bestimmt nicht so, wie es ein Theaterwitz berichtet, bei dem die Frau des Herrn Direktors einen Zettel an die Tür hängt: „Wegen Erkrankung des Herrn Klingbeil wird heute abend die Rolle des Blinden von Herrn Krummbiegel gelesen."

Was verdient ein Theaterdirektor?

Lübeck war stolz auf sein neues Theater. Von den Schwierigkeiten, mit denen der Hausherr zu kämpfen hatte, wußte das Publikum kaum etwas.

Erinnerung verklärt — man denkt an den Dirigenten Hermann Abendroth, an den Tenor Karl Erb, an den Schauspieler Ernst Stahl-Nachbaur, der als Bonvivant engagiert war, an die drei vor allem, die damals von der Beckergrube aus große Karrieren machten. An die finanziellen Sorgen des Intendanten erinnert sich niemand mehr. Es ist aufschlußreich für die Gegenwart, die Vergangenheit mal von ihren wirtschaftlichen Aspekten her zu sehen.

Kurt Scholz, der sich Kurtscholz nannte, war einer von den siebzig Theaterleuten aus ganz Deutschland, die Direktor des

Stadttheaters werden wollten. Ob er wußte, auf was er sich einließ?

Bis in die frühen zwanziger Jahre mußten die Intendanten selbst das finanzielle Risiko tragen und Verluste aus eigener Tasche ersetzen. Als reicher Mann verließ keiner das Amt. Das Theater wurde den Direktoren verpachtet. Da die Stadt am Gagenetat auch finanziell engagiert war, sicherte sie sich ein erhebliches Einsprache- und Mitspracherecht. Die Intendanten waren nicht zu beneiden.

Am 29. Juli 1907 erhielt Kurtscholz seinen Vertrag: „Die Stadt Lübeck überläßt Herrn Intendanzrat Georg Kurtscholz das Stadttheater mit dem Inventar und dem Fundus zum Zwecke des Theaterbetriebes". Als Entgelt billigte Lübeck dem verheirateten, kinderlosen Theaterleiter einen „Gewinnvoraus" von jährlich 12 000 Mark, den er in monatlichen Raten der Kasse entnehmen konnte, 1 000 Mark monatlich. Die Stadtväter waren optimistisch: „Von dem danach verbleibenden Jahresgewinn hat der Direktor bis zur Summe von 16 000 Mark die Hälfte, von demjenigen Gewinn, der die Summe von 16 000 Mark übersteigt, zwei Drittel an die Stadt zu zahlen." Man sah die Zukunft rosenrot.

Georg Kurtscholz machte eine einfache Rechnung auf. 1055 Plätze umfaßte sein Theater, 100 000 Einwohner hatte Lübeck. Ginge jeder an jedem zehnten Tag ins Theater, müßte das Haus jeden Abend ausverkauft sein. Da es kaum andere Abwechslungen und Vergnügungen gab, müßte die Rechnung aufgehen — dachte der Direktor.

Aber Irrtum. Der Theaterchef machte die bittere Erfahrung, daß sich das Opernpublikum durch namhafte Solisten gern locken ließ, aber ausblieb, wenn die Glanzpartien von den hauseigenen Sängerinnen und Sängern gegeben wurden. Ins Schauspiel, das unter dem ambitionierten Schauspielmann Kurtscholz einen hochangesetzten Spielplan bot, kamen zu wenige Lübecker, um das künstlerische Niveau zu bestätigen. Die große Zahl der Inszenierungen erklärt sich dadurch, daß die Stücke mit schwacher Resonanz rasch abgesetzt wurden. Zuweilen wußte man am Montag noch nicht, was am Wochenende auf dem Spielplan stehen würde.

Mit 12 000 Mark Defizit endete die erste Spielzeit. Kurzscholz mußte zahlen und hatte nichts verdient. Die Stadt kam ihm entgegen. Nach der zweiten Spielzeit blieb eine Lücke von 27 000 Mark. Die Stadt erklärte sich bereit, den Zuschuß auf 30 000 Mark pro Jahr zu erhöhen. Unter einer Bedingung: „Man muß endlich ohne Nachbewilligungen auskommen. Der Direktor muß das Risiko tragen." Der sensible Intendanzrat spielte wohl schon mit dem Gedanken, das Amt aufzugeben.

Lübeck kam ihm weiter entgegen. Es war ein Lernprozeß auch für die Stadt. Sie ermöglichte freie Beleuchtung des Hauses, ermäßigte die Pacht um 4 000 Mark, übernahm die Gehälter der städtischen Angestellten im Theater, zahlte die Gagen für den Chor, 13 000 Mark jährlich, und übernahm die Fundusversicherung. Schließlich bewilligte sie dem Theaterchef einen Gewinnvoraus von 15 000 statt der 12 000 Mark. Kurtscholz mußte seine Aufgaben erfüllen: „Der Direktor übernimmt die Verpflichtung, die Lübecker Bühne in würdiger, den höheren Kunstansprüchen entsprechender Weise zu leiten und in der Regel täglich abwechselnd Opern-und Schauspielaufführungen stattfinden zu lassen."

Kein leichtes Arbeiten. Zuständig für die Ausführung der Bühnenausstattung war zum Beispiel die Bauverwaltung der Hansestadt. Sie mußte bei jeder Dekoration gefragt werden. Im Bauamt wurde entschieden, ob Tristans Schiff, mit dem der Ritter an Irlands Küste landet, einen Mast bekommen sollte oder nicht. Man braucht nicht zu raten, wie das Bauamt entschied. Tristan landete ohne Mast.

Kurtscholz erkannte, daß die wirtschaftliche Theaterkonstruktion für Lübeck ungeeignet war, spürte aber auch, daß er dem Kampf nicht gewachsen war. Wie schön war es doch, als er das „Fürstlich Reuß'sche Residenztheater" von Gera leitete. 850 Plätze, 40 000 Einwohner. Es spielte die Fürstliche Kapelle. Wenn es irgendwo knapp wurde, griff Ihre Durchlaucht Fürst Heinrich von Reuß-Schleiz-Gera in die Schatulle.

Der Intendanzrat resignierte. Er versuchte vergeblich, der Stadt klarzumachen, daß in Lübeck ein Theater ohne mäzenatische Bürgerschaft nicht leben könne. Kurtscholz war, allerdings als schon kranker Mann, noch im Amt, als die Stadt mit Stanislaus Fuchs über die Nachfolge verhandelte. Den erfahrenen Schauspieler und Regisseur Fuchs hatte Kurtscholz nach Lübeck mitgebracht. So spielt das Leben.

Fuchs trat das Amt im Frühherbst 1911 an. Er mußte 12 000 Mark Kaution hinterlegen und hinnehmen, daß sein Gewinnvoraus auf 12 000 Mark zurückgeschraubt wurde. Er gab Wertpapiere in die Stadtkasse. Der Kämmerer paßte auf: Als deren Kurse sanken, mußte Fuchs nachzahlen.

Der neue Direktor schaffte es, das Haus so zu steuern, daß die Theaterausgaben der Stadt allmählich kleiner werden konnten. Zu seinem größten Erfolg wurde die Operette „Das Autoliebchen" von Gilbert — heute längst vergessen. Das Haus war bis unters Dach gefüllt. Es brummte, wie Theaterleute dazu immer schon sagen. Die Operette war der Hit der Saison — 90 deutsche Stadttheater hatten sie auf dem Spielplan, in Berlin wurden mehr als 300 Aufführungen hintereinander registriert. Als er barsche Kritik zu hören bekam, wehrte er sich. Er sei erpreßt worden. Der Bühnenverlag Gilberts habe ihm erklärt, wenn er das „Autoliebchen" nicht ins Haus lasse, werde eine reisende Operettentruppe mit dem Stück sechs Wochen lang bei garantiertem Erfolg in Lübeck gastieren. „Das wäre der Ruin der Beckergrube gewesen", argumentiert Fuchs richtig. Es sei falsch, so einen sicheren Erfolg Fremden zu überlassen.

„Autobliebchen" blieb ein Solo. Zu Kriegsbeginn 1914 wurden der Gewinnvoraus des Direktors sowie alle Gagen über 400 Mark monatlich um die Hälfte gekürzt, und von den verbleibenden 6 000 Mark mußte der Chef bei Defiziten noch Erhebliches abgeben. Fuchs stellte den Antrag, da ihm doch die Verantwortung für das gesamte Theater aufgegeben sei, ihm wenigstens die 6 000 Mark pro Jahr zu garantieren. Seine Bitte wurde abgeschlagen.

1918 ging Fuchs zu besseren Bedingungen als Direktor ans Deutsche Theater der Hauptstadt der neuen Lettischen Republik, Riga. Nach seinem Weggang dauerte es immer noch fünf Jahre, bis sich Lübeck entschloß, seine Theaterleiter fest zu besolden und in den Gehaltslisten der Stadt zu führen.

Aus dem Angebot der Kostümfirma Verch und Flothow, Berlin 1908, mit handschriftlichen Einsparungen des Hochbauamtes

Verch & Flothow, Königl. Hoflieferanten, Charlottenburg-Berlin.

Lfd. No.	Rolle	Gegenstand	Zu entnehmen aus	à	Mk.	Pfg.	Mk.	Pfg.
		T r a n s p o r t :			894	–		
8	Heerrufer	Gurt	C. 3					
		Helm						
		Tunik						
		Scapulier						
		Kettenpanzer Arme						
		" Beine			95	–		
	8 6							
9	Brabanter Ritter	Mäntel	B. 165					
		Helme						
		Tuniken						
		Gürtel						
		Kettenpanzer Arme						
		" Beine	75,–	600	–	150	
					450			
	8 6							
10	Sachsen	Mäntel	B. 136,160 u.170					
		Beinriemen	C. 39					
		Helme m.Kettenpanzer-behang						
		Tuniken m.Platten u.Buckeln						
		Hosen						
		Gürtel	56,–	448	–	112	
					336			
	8 6							
11	Thüringer	Helme m.Behang						
		Tuniken						
		Panzer						
		Kettenpanzer Beine						
		Gürtel	92,–	736	–	184	
					552			
	16 12							
12	Ritter i.Hoch-zeitszuge	12 Tuniken	B.126,134, 136,145,163.					
		12 Mäntel	B.122,125, 136,150,163.					
		4 Tuniken		40,–	160	–	160	
		4 Mäntel		40,–	160	–	160	
		16 Kopfreifen		4,–	64	–-	16	
		16 Gürtel		8,–	128	–	32	
	16 12							
13	Damen i.Hochzeits-zuge		Damenfundus					

Die stückeschreibenden Brüder Thomas und Heinrich Mann

„Th. Mann. Lyrisch-dramatischer Dichter." So unterschrieb der 14jährige Schüler des Katharineums, der Sohn des Senators, einen Brief an Frieda Hartenstein, die im Hause der Familie gearbeitet hatte. Der Jugendtraum erfüllte sich nicht. Romancier ist er geworden und damit, vor allem mit den „Buddenbrooks", Literatur-Nobelpreisträger; als politischer, kulturkritischer, autobiographischer Essayist von Rang wurde und wird er in der Welt gelesen und diskutiert — er brachte es weder zum Lyriker noch zum Dramatiker. Die Unterschrift auf dem frühesten uns erhaltenen Brief war ironisch versticktes Wunschdenken.

62

Ganz verlor sich die Sehnsucht nicht. Thomas Mann versuchte sich auch als Dramatiker. Als der in Lübeck endlich angenommene Autor seinen 50. Geburtstag feierte, ehrte ihn die Vaterstadt mit der Aufführung seines dramatischen Bemühens: Am 9. Oktober 1925 gab es im Großen Haus eine Festaufführung des 1906 entstandenen Dramas „Fiorenza".

Girolamo Savonarola (1452-1498) ist dessen Mittelpunkt, der wortgewaltige Sittenprediger im Florenz des ausgehenden Mittelalters. Er wollte den Sturz der Medici und kündete in seinen Predigten wegen der Sittenlosigkeit der Stadtregierung ein göttliches Strafgericht an. Bei der Lektüre heute erkennt man, was Thomas Mann interessiert haben mag. Er sah in Savonarola und seinem Bestreben nach einer theokratisch gefärbten Demokratie einen Verwandten im Geiste.

Thomas Mann war ehrlich gegen sich selbst, als er bekannte, er sehe sein Drama als „künstlerisch durchaus verfehlt" an (wollte er Widerspruch hören?). Recht behalten hat er aber. Einem seiner beiden gegenwärtigen Biographen, dem Engländer Donald Prater, ist zuzustimmen, wenn er „Fiorenza" als eine „Ansammlung philosophischer Dialoge von geringer dramatischer Wirkung" bezeichnet (in „Thomas Mann — Deutscher und Weltbürger", München 1995). Klaus Harpprecht urteilte: „Weite Passagen verwelkten in der Stickluft weihevoller Langeweile" (in „Thomas Mann — Eine Biographie", Reinbek 1995).

Thomas Mann saß 1925 im ersten Rang und wurde nach der Premiere von Intendant Thur Himmighofen auf die Bühne geleitet. Umringt von den Darstellern konnte er Applaus und Glückwünsche des Publikums und des Ensembles in der ihm eigenen würdigen Haltung entgegennehmen.

„Fiorenza" hatte nach der Uraufführung (11. Mai 1907 am Schauspielhaus Frankfurt/Main) eine „schlechte Presse" bekommen. „Dünn, arm, leblos" nannte Richard Schaukal das Werk, und der schlagfreudige Alfred Kerr sah in dem Autor spottend das „feine, etwas dünne Seelchen, dessen Wurzeln ihre stille Wohnung im Sitzfleisch" hätten. Daß sein Sprachbild überspannt war, machte dem Kritiker nichts aus — kaum vorstellbar jedenfalls, daß im Sitzfleisch dünne Seelchen wurzeln.

Anders in Lübeck. Es ist ein Vergnügen, nachzulesen, wie der Wahl-Lübecker Otto Anthes, ein vielseitiger Autor („Lübeck, du seltsam schöne Stadt") bemüht war, das Wahre, Gute, Schöne zu entdecken:

„,Selbstverständlich ist es kein Theaterstück', sagt der Durchschnitts-Theaterpraktiker. Und ich sage dagegen: ‚Es ist ein prachtvolles Theaterstück.' ... ‚Weiter', sagt der Praktiker, ‚das soll ein Theaterstück sein, in dem der eigentliche Held erst im dritten Akt auftritt?' — ‚Gerade das', sage ich, ‚macht den stärksten Reiz des Werkes aus. Denn obgleich dieser Held (Savonaro-

la) tatsächlich erst zum Schluß auf der Bühne sichtbar wird, ist er von der ersten Zeile an vorhanden, lebendig, wirksam, die ganze Handlung mit ihrem eigentlichen Inhalt erfüllend.' — Wieder der Durchschnittstheatermann: ‚Und sein großer Gegenspieler (Lorenzo di Medici) ist ein todkranker Mann, gar nicht mehr fähig, dem düsteren Schwärmer der Widerpart des Lebens in Schönheit zu sein.' Ich dagegen: ‚Gerade das ist so unübertrefflich schön, weil es mich über alle Begriffe ergreifend dünkt, wie dieser dem Tod geweihte Mensch noch einmal die ganze Schönheitsraserei der Renaissance ausstrahlt.' Schließlich aber: wo in der dramatischen Literatur ist wieder eine Gestalt wie dieser junge Kardinal, dies boshaft-liebenswürdige Kind im Purpur, das leider in unserer Lübecker Wiedergabe nicht die rechte Darstellung fand, weil dem jungen Schauspieler nicht der freche Humor zu Gebote stand, der hier seine tollen Kapriolen treibt. Dafür aber war die gesamte übrige Verkörperung des Geschehens allen Lobes würdig: Walter Bäuerle ein prachtvoller, sterbender und sterbend das Leben behauptender Medici, Hilde Imhoff eine wunderschöne, nur schöne, wie sie sein soll, Fiora, und das Häuflein Künstler eine trefflich unterschiedene Galerie von Charakterköpfen, davon manche ohne Charakter im sittlichen Sinn, wie vom Dichter gewollt. ... weil ich der Meinung bin, daß unsere Aufführung der ‚Fiorenza' ein Ruhmesblatt in der Geschichte des Lübecker Stadttheaters ist ..."

Woran zu erkennen ist, daß in Lübeck Theaterkritik auch mit Heimatliebe verbunden sein kann.

Fünf Jahrzehnte später, zur Feier des 100. Geburtstages von Thomas Mann, war „Fiorenza" erneut in Lübeck zu erleben. Dramaturg Kurt Klinger hatte eine Leseeinrichtung geschaffen; unter der Regie von Jöns Andersson gab es bei der Thomas-Mann-Woche 1975 eine hochbesetzte Darbietung der „Florentiner Dialoge", wie der Autor die Arbeit genannt hatte. Es lasen u.a. Will Quadflieg, Johanna Liebeneiner, Rainer Luxem, Edgar Marcus, Karlheinz Lemken und Jöns Andersson.

Eine Geburtstagsgabe besonderer Art hatte Karl Vibach vorbereitet. Thomas Manns Novelle „Das Wunderkind" hatte der Intendant zu einer „Komödie mit Tanz und Musik" verwandelt und selbst inszeniert. Heribert Breuer, der ehemalige Leiter des Lübecker Bach-Chores, schuf die passende Musik, John Grant die Tanzeinrichtung. Thomas Mann beschreibt in der 1903 erstveröffentlichten Kurznovelle ein Konzert des achtjährigen Pianisten Bibi Saccellaphylaccas aus Griechenland. Er vergegenwärtigt dabei nicht nur das Klavierspiel selbst, dessen aufschwellende Tongepränge den Saal bis in die architektonischen Verzierungen erfüllen; er vermittelt auch einfühlsam und doch mit distanzierter Ironie des jungen Musikers Glücksgefühl und Freude am Spiel eigener Kompositionen, ebenso wie die Gedanken einiger typischer Vertreter eines erlauchten Konzertpublikums.

Das Ensemble machte mit Freuden mit, von Frauke Janssen bis Irene Marwitz, von Krafft-Georg Schulze bis Otto Sawicki, von Nikolaus Reinekke bis Hermann Rohrbach. Premiere war am 5. Juni 1975 im Großen Haus. „Warum ist nur niemand vorher auf den reizenden Gedanken gekommen, aus dem Wunderkind so ein schönes Stück Theater zu machen", sagte Katia Mann nach der Vorstellung, als sie Vibach und den Mitwirkenden dankte.

Eine weitere Erinnerung an das schreibende Brüderpaar: Liebevoll interessiert nahm das Publikum im Großen Haus 1917 das Drama „Madame Legros" von Heinrich Mann auf. Das dreiaktige Werk wurde allerdings ebensowenig wie das Schauspiel von Bruder Thomas zum Erfolg. Zwar wurde es in München und Berlin nachgespielt, blieb aber ohne großes Echo und versank nach und nach in Vergessenheit. Das Stück spielt im 18. Jahrhundert, hat die Französische Revolution zum Hintergrund und beleuchtet das Schicksal von Marie Antoinette; die Tochter von Maria Theresia, Gattin Ludwigs XVI. von Frankreich, wurde 1713 wegen einer angeblichen Verschwörung hingerichtet. Heinrich Mann drückte damit seine Bewunderung für die Ideale der Revolution aus.

Die Uraufführung am 20. Februar 1917 war mit Sorgfalt vorbereitet worden. 23 Rollen waren zu besetzen, dazu kam viel Statisterie, Volk, Soldaten, Kinder. Intendant Stanislaus Fuchs hatte selbst inszeniert; Lübeck wollte dem Sohn des Senators einen würdigen Abend bereiten. Der große Erfolg für Heinrich Mann sollte ein Jahr später kommen, als sein Roman „Der Untertan" in hoher Auflage erschien. Er erkannte, wie der Bruder, daß er Romancier war, kein Dramatiker.

Lübeck und sein Theater — dazu gehört eine Beschreibung der Liebe Thomas Manns zu dem Haus in der Beckergrube. Er, der so nüchtern Notierende, der so weise Wägende, kam ins Schwärmen, wenn es um Wagner und besonders dessen „Lohengrin" ging. Da fand er Adjektive, die sonst nirgends bei ihm auftauchen: „seelenläuternd", „heilsumfassend", „glückstriefend", „welterotisch", „mondmythisch". Er flippte aus, wie man heute dazu sagen würde; er war über die Maßen be-

Thomas Mann im Kreise der „Fiorenza"-Darsteller

geistert. Es sei ein „künstlerisches Kapital-Ereignis" seines Lebens gewesen, im Lübecker Theater der Kunst Wagners zu begegnen — „eine Begegnung, von deren entscheidender Wirkung auf meinen Kunstbegriff ich jedesmal gesprochen habe, wenn es Erläuterndes zur geistigen Geschichte meiner Bücher zu sagen galt."

In seinen „Erinnerungen an das Stadt-Theater", geschrieben für das Lübecker Theater-Jahrbuch von 1930/31, steht das überschwengliche Bekenntnis, das Haus in der Bekkergrube habe „einen empfänglicheren, einen hingenommeneren Zuhörer" wohl nie beherbergt. Die Begegnung mit „Lohengrin" war eines der großen Erlebnisse nicht nur seiner Jugend, sondern des Lebens überhaupt. Im reiferen Alter relativierte er manches — „die Geigen des kleinen Orchesters waren nicht edelsten Klanges, obgleich mein Violinlehrer Winkelmann mitspielte, der Schwan kam manchmal ein bißchen ruckweise herangeschwommen, und namentlich im Chor gab es sonderbare Gestalten" —, aber das tat der lebenslangen Freude am Lübecker Theatererleben keinen Abbruch, konnte die jugendliche Begeisterung höchstens mannhaft festigen. Das Lohengrin-Vorspiel, schrieb er 1949 an den befreundeten Bühnenbildner Emil Preetorius, sei für ihn „vielleicht das Wunderbarste, was er (Wagner) überhaupt geschrieben hat", und im Erleben der „blau-silbernen Schönheit"

werde ihm deutlich, daß dies „eine echte, bleibende, bei jedem Kontakt sich erneuernde Jugendliebe" sei.

Viel später, 1955 als Ehrenbürger, sah und hörte Thomas Mann im Großen Haus noch einmal den „Lohengrin". Noch einmal horchte er der jugendlichen Verzückung nach, und es blieb ihm, noch im 80.Lebensjahr zu Tränen gerührt, nichts anderes, als das späte Erlebnis mit einem fast schüchternen, aber allessagenden Wort abzutun: „Schön".

In die jüngere Zeit gehört ein weiteres Bemühen um Heinrich Mann: Am 19. Mai 1971 wurde in den Kammerspielen eine „satirische Komödie" uraufgeführt, die Klaus Hubalek nach Heinrich Manns Roman „Das Schlaraffenland" geschrieben hat. Der 1900 herausgekommene „Roman unter feinen Leuten" des 29jährigen spielt 1897 in Berlin; er zeigt in grotesker Form den Niedergang der großen Gesellschaft: Bankier James-Louis Türckheim, ein Mitglied des Hochadels, und dessen morbide Gattin Adelheid protegieren einen „Dichter", einen verbummelten Studenten, der sich plötzlich „im Schlaraffenland" befindet; sein Höhenflug endet, als er sich der kleinen Freundin des Bankiers nähert, obwohl er eigentlich die Gattin beglücken sollte.

Die erstklassige Doris Masjos war die Adelheid, Hermann Hartmann der Bankier; den Protegé spielte Bert Oberdorfer, Horst Vinçon zeigte einen echten Dichter als hämischen

Spaß, Illa Hedergott gab genußvoll die Gemahlin eines Schnapsfabrikanten, als eitler Dramatiker stolzierte Dirk Galuba durch die Inszenierung (Herbert Hauck).

Ein nachwirkender Erfolg blieb dem Stück versagt, doch die Vaterstadt verstand ihren Heinrich Mann und genoß den Abend.

Die jüngste szenische Erinnerung an Thomas Mann war zugleich die letzte Premiere im Haus in der Beckergrube, ehe es im Juni 1993 für die Umbauphase geschlossen wurde. Der 44jährige ungarische Komponist Janos Vajda hatte sich durch die 1930 erschienene Novelle „Mario und der Zauberer" zu einer Musik voller wuchtender Klangerlebnisse anregen lassen, mit Akkordballungen wie bei Mahler und fahlen Farben wie bei Debussy. Es ist die dunkel gestimmte Erzählung eines Badeurlaubs der Familie Mann im Sommer 1926 am Tyrrhenischen Meer; in die Gewitterstimmung jener Tage bricht der Magier Cipolla ein, verhext mit miesen Tricks die sich langweilende Gesellschaft und unterwirft sich die Seelen der Menschen — bis der Spuk durch den Schuß eines im Inneren erschütterten jungen Mannes beendet wird.

„Mario" ist die Parabel eines Massenwahns, eine moralische Fabel über den sich in Italien etablierenden Faschismus. Kapellmeister Georg Kardos gab mit dem großen Orchester dem Werk seines Landsmanns eine musikdramatisch überzeugende Form. Wert und Würde wurden, zudem durch die Inszenierung von Michael Rothacker in den Abend gegeben — er zeigte mit Ude Krekow von der Hamburgischen Staatsoper als Zauberer den Cipolla als einen vorformulierten Mussolini. Neben ihm war vor allem Markus Scheumann als der in der Seele verletzte Mario bravourös.

Das ausverkaufte Große Haus feierte den Abend lebhaft. Ein Fest des Abschieds: Die einmalige Aufführung zur Lübecker 850-Jahr-Feier setzte nach 85 Jahren des Theaterlebens in Martin Dülfers Haus einen Schlußpunkt hinter eine Epoche. Ein Fest der Hoffnung: Publikum und Ensemble machten klar, daß die Hansestadt auf ihr Theater nicht verzichten will. Den Anlaß dazu gab Thomas Mann.

Was Wotan weihen wolle

„Meistersinger" — wieder Wagner, was Wotan weihen wolle! Das Opernpublikum freut sich. Zur Eröffnung des Hauses gehört die symphonisch-dramatische Großform. Sie ist ein Meistersinger-Jubiläum: Vor 150 Jahren, 1846, begann Richard Wagner mit der Ausarbeitung seines Prosaentwurfs vom Marienbader Sommer 1845; Jakob Grimms Schrift „Über den altdeutschen Meistergesang" hatte den Anstoß gegeben.

Ein Wagner-Fest paßt herrlich an den Beginn der neuen Ära. Durch die 88 Jahres-Spielpläne des Theaters, von der Eröffnung 1908 bis zur Wiedereröffnung 1996, zieht sich der Name des Bayreuthers wie ein Leitmotiv. Der Wagner-Auftakt bietet nicht nur eine sehr deutsche, sehr festliche Oper. Er schließt an eine große Tradition an.

Bereits in der ersten Spielzeit des Theaters, 1908/09, gab es einen gewaltigen Wagner-Zyklus. Vom 10. Februar bis zum 25. April 1909 standen die meisten der großen Opern auf dem Spielplan. Die Theaterleute waren fast unfaßbar fleißig. „Die Meistersinger von Nürnberg" gehörten in den Zyklus. Dazu gab es „Lohengrin", den aufwendigen „Tannhäuser", den „Fliegenden Holländer", „Tristan und Isolde" — und, man staune, den gesamten „Ring des Nibelungen", vom „Rheingold"-Vorabend über „Walküre" (erster Tag), „Siegfried" (zweiter Tag), „Götterdämmerung" (dritter Tag). In einer Spielzeit, im Zeitraum eines Vierteljahres. Nur „Parsifal" fehlte unter den Großwerken.

Die Opernfreunde müssen wagnersüchtig gewesen sein. Hans Islaub führte Regie in diesem Wagner-Marathon, am Pult wechselten sich Carl Pfeiffer und der junge Hermann Abendroth ab. Dazu eine kleine Bemerkung von Ida Boy-Ed, aufgefunden in ihren Lebenserinnerungen (in „Der Wagen" von 1965):

„Im Herbst 1908, da unser Theater neu eröffnet wurde, war der junge Abendroth der Dirigent des Sinfonie-Orchesters, das eine gute Grundlage für die neue Oper versprach. Abenroth kam aus gutem Hause und war mit einem Schlage in Lübeck in der besten Gesellschaft sehr freudig aufgenommen ... und war der Liebling der ganzen jugendlichen Welt. Ich darf sagen, daß die weibliche Jugend insgesamt durch die Krisis einer Verliebtheit in Abendroth ging."

Von der seligen Krisis blieb die Tochter Ida des Zeitungsverlegers Ed nicht ausgeschlossen. Ihre Erinnerung ist bezeichnend für die Bindungen, die zwischen dem Theater und den Besuchern, besonders den jungen, in jenen Zeiten bestanden: Besonnte Vergangenheit.

Immer wieder Wagner. Keine Spielzeit ohne mehrere seiner Opern, deren Inszenierungen über Jahre immer wieder präsentiert wurden. Aber es wurde auch fleißig neuinszeniert. Vom 7. bis 11. Mai 1912 wurden zum ersten Male Maifestspiele angeboten. Wieder standen die „Meistersinger" bereit, neben „Tristan und Isolde" und der „Walküre". Regie führte Hermann Beyer, die musikalische Leitung teilten sich Carl Pfeiffer, Hermann Abendroth und Hans Pfitzner, der damals eben begonnen hatte, seine Oper „Palestrina" zu komponieren.

Gibt es einen verborgenen Grund dafür, daß Wagner so gern gehört wird? Berührt er tiefere Schichten des Lübecker Selbstverständnisses? Beim Nachdenken kommt einem eine Wesensverwandtschaft als mögliche Ursache in den Sinn. Wagner sah die politische Herrschaft nicht als eine von Gott gewollte Institution an. Die Regierenden waren in seiner Vorstellung Verwalter

des Gemeinwesens und hatten die sich immer stärker melden-
den Interessen des Volkes zu beachten. Im Ausgleich zwischen
den Idealen einer Volksherrschaft und den Realitäten der
Macht muß der Mensch seine Freiheit finden; der Künstler ist
die höchste Verkörperung der Freiheit. Kein Zufall, daß Thomas
Mann Wagner zeitlebens verehrte, kein Zufall, daß sich hansea-
tisch-republikanisches Lebensgefühl in Wagners Werk wiederfinden konnte.

Die Liebe zu Wagner konnte durch nichts zerstört werden. In
den Kriegsjahren 1914/1918 wurden die Spielzeiten auf sieben
Monate verkürzt — aber der gesamte „Ring des Nibelungen"
wurde in der Saison 1915/1916 neuinszeniert. Vom 4. bis 6. Mai
1917 fuhr die Lübecker Oper zu „Frontgastspielen" in die belgi-
schen Städte Tournai und Lille. Was wurde mitgenommen?
„Fliegender Holländer". Zur „Nordischen Woche" in Lübeck, 1.
bis 11. September 1921, mit Gästen aus ganz Skandinavien,
gabe es zum Opernfest „Siegfried". 1922 wurden „September-
Festspiele" geboten — „Tristan und Isolde" kamen neuinszeniert heraus. Im Sommer 1927 fuhr das Lübecker Theater in
die dänische Hauptstadt Kopenhagen zu einem Gastspiel auf
der Freilichtbühne — „Walküre" bereitete 6 000 Besuchern Freude; „Aftenbladet" meldete „eine vieltausendstimmige Anerkennung von kunstbegeisterten Kopenhagenern unter den nächt-
lich flüsternden Kronen der uralten Buchen in Dyrehaven". Im
Oktober 1928 feierte das Theater sein zwanzigjähriges Bestehen — „Lohengrin" stand auf dem Festprogramm. 1933 gab es
den 25. Geburtstag des Hauses — „Tannhäuser" gehörte dazu.
Als das Theater in die letzte Spielzeit vor Kriegsende ging, ehe
alle Theater schließen mußten, gab es 1943/1944 noch eine
Neuinszenierung des „Lohengrin". Nachzublättern ist, wann in
den Nachkriegsjahren Wagners „Meistersinger" zu erleben waren. Wir stellen drei Neuinszenierungen fest: Die Premieren waren am 5. September 1948, am 15. März 1959, am 16. September 1967.

Als Auftakt der neuen Ära im alten Jugendstilhaus gibt es die
vierte Inszenierung nach Kriegsende. Willkommen, „Meistersinger"!

„Den Tag seh' ich erscheinen,/ Der mir wohlgefalln tut ..." (Lied
des Beckmessers im 2. Akt).

Dazu ein Kuriosum: Von einer anhänglichen Liebe ist zu berich-
ten. Die Opernfreunde in Lübeck schätzten den Bayreuther so,
daß sie ihre Verehrung auch auf Richard Wagners einzigen
Sohn übertrugen. Siegfried Wagner (ihm war Vaters „Siegfried"-
Idyll gewidmet) komponierte 12 Opern, zumeist im Volkston
seines Lehrers Engelbert Humperdinck — mit so wunderlichen
Titeln wie „Schwarzschwanenreich", „Sonnenflammen", „Ster-
nengebot". Einigen Erfolg hatte er nur mit dem „Bärenhäuter".
Seine Oper erschien 1936 auf der Lübecker Bühne, und um die
Anhänglichkeit zu komplettieren, wurde Siegfrieds Sohn Wie-
land gebeten, die Bühnenbilder zu entwerfen.

Wieland Wagner: Bühnenbild-Entwurf zu „Der Bärenhäuter"

„Der Bärenhäuter" erzählt die Geschichte eines jungen Soldaten namens Hans Kraft, der nach mehreren Kriegsjahren in seine Heimat zurückkehrt und von seiner Familie niemanden mehr antrifft. Traurig und allein verdingt er sich dem Teufel als Heizer des Höllenkessels. Beim Kartenspiel verliert er die in der Hölle schmachtenden Seelen an einen Fremden und muß zur Strafe in der Gestalt eines schmutzigen, verachteten Bärenhäuters auf die Erde zurück. Nur ein Mädchen, das ihm drei Jahre bedingungslos treu bleibt, kann ihn erlösen. Ein junges Ding namens Luise erbarmt sich, und da der Bärenhäuter auch noch die Stadt vor den Feinden rettet, sinkt sie ihm vor dem jubelnden Volk in die Arme.

Siegfrieds Werk ist vergessen. Aber Wieland hat nicht vergessen, daß ihm das Lübecker Theater sein erstes künstlerisches Auftreten und den ersten Premierenapplaus verschafft hatte — und deswegen holt Wagners Enkel immer wieder Opernsänger und Orchestermusiker zu den Festspielen nach Bayreuth. Die Liebe wird erwidert.

Die zwanziger Jahre

Eucharistisch und thomistisch,
Doch daneben auch marxistisch,
Theosophisch, kommunistisch,
Gotisch kleinstadt-dombau-mystisch,
Aktivistisch, erzbuddhistisch,
Überöstlich taoistisch,
Rettung aus der Zeit-Schlamastik
Suchend in der Negerplastik,
Wort und Barrikaden wälzend,
Gott und Foxtrott fesch verschmelzend.
So keß formulierte der Österreicher Franz Werfel das Zeitgefühl der zwanziger Jahre; er hing als junger Lyriker dem Expressionismus an (aus „Spiegelmensch", Berlin 1920). In seinen Versen zeigt sich trotz der Übersteigerung manches von den Hoffnungen, Lebensversuchen und Gesellschaftsexperimenten jener suchenden Jahre. Der große Krieg war vorbei. Die Wachen unter denen, die erschüttert zurückgekehrt waren, wollten zu anderen Formen des Zusammenlebens finden. Sie wollten die Welt neu interpretieren. Der konservative Autor Paul Ernst schrieb in hohem Ton: „Unsere Zeit ist zu Ende! Gott sei

Dank! Sie ist zu Ende. Es zieht eine neue Zeit herauf, die wird eine andere sein."

Aufbruch, Suche, Neubeginn — alle Strömungen jener anregenden und aufregenden Jahre finden sich auch in Stücken und Inszenierungen wieder, mit denen das Lübecker Theater auf die Moderne einging. Das Theater war in den zwanziger Jahren mit den Intendanten Paul von Bongardt, Georg Hartmann, Thur Himmighofen, Otto Liebscher und Edgar Groß ein Haus des freien Geistes und der Diskussionen über die Grenzen. Es öffnete sich dem Aktuellen, wagte Umstrittenes und vermittelte nicht nur Wohlgefühl, sondern verlangte auch kritisches Denken.

Die Opern von Erich Wolfgang Korngold — „Der Ring des Polykrates" (1916), „Die tote Stadt" (1920), „Das Wunder der Heliane" (1927) — sind im Großen Haus gespielt worden. Ernst Krenek war mit „Jonny spielt auf" (1927) und „Leben des Orest" (1929) zu erleben. Von Franz Schreker war „Der Schatzgräber" (1920) im Programm; es war einer der Höhepunkte der Nordischen Woche 1921, als von Bongardt den Komponisten nach Lübeck bat, um die Premiere zu dirigieren (der „Schatzgräber" wird auch in unseren Jahren wieder aufgeführt). Zur Nordischen Woche wurden außerdem Beethovens „Fidelio", Wagners „Siegfried" und im Schauspiel Goethes „Iphigenie" in der Inszenierung von Karl Heidmann den Lübeckern und ihren skandinavischen Gästen geboten.

Leos Janaceks „Jenufa", Jaromir Weinbergers „Schwanda, der Dudelsackpfeifer" und Brecht/Weills „Dreigroschenoper" gehörten neben anderen Werken des zeitgenössischen Musiktheaters zum Lübecker Angebot von 1918 bis 1933. Nachgeholt wurde Richard Wagner: „Parsifal" stand trotz der Verehrung seines Werks in Lübeck

Die „Kammerspiele" vor 1925 und danach

71

noch nie auf dem Spielplan (es gab allerdings konzertante Aufführungen); am 20. Mai 1923 wurde das Bühnenweihfestspiel zum ersten Male auf der Bühne geboten; Paul von Bongardt hatte inszeniert.

Vergessen sind die Opern von Emil Nikolaus von Reznicek; „Holofernes", seine Oper nach dem ersten Drama („Judith") des aus Wesselburen stammenden Friedrich Hebbel, wurde am 2. Juni 1926 in einer Festaufführung gegeben, zu der der Komponist nach Lübeck gekommen war (Jaro Prohaska sang die Titelpartie). Daß die reizvollen Werke des Wieners, etwa seine Oper „Till Eulenspiegel", die Jahre nicht überdauerten, ist zu bedauern; seine Ouvertüre zu „Donna Diana" zeigt doch immer wieder, daß er Richard Strauß ebenbürtig war.

Im Lübecker Schauspiel gab es in den zwanziger Jahren nahezu alles von Frank Wedekind („Erdgeist", „König Nicolo", „Die Zensur", „Der Kammersänger", „Frühlings Erwachen", „Der Marquis von Keith"), es gab Stücke von Arthur Schnitzler („Der Schleier der Pierette", „Zwischenspiel", „Große Szene", „Der Kakadu"), von Georg Kaiser ("Kolportage", „Mississippi"), von Carl Sternheim, Franz Werfel, Fritz von Unruh, Maxim Gorki, Carl Zuckmayer — und immer wieder Ibsen, Strindberg und weitere Autoren aus Skandinavien, die neben den hellen auch die dunklen Seiten der Menschen zeigen wollten.

Friedrich Schiller schrieb in seiner berühmten Abhandlung, die Schaubühne sei eine „moralische Anstalt" und damit „der Kanal, in welchen von dem denkenden, bessern Teil des Volks das Licht der Weisheit herunterströmt, und sich von da aus in mildern Strahlen durch den ganzen Staat verbreitet". Das war auch die Hoffnung des Theaters der zwanziger Jahre. Der Geist jener lebendigen, nach einer besseren Menschenordnung suchenden, geistig so freien Jahre wehte kraftvoll ins Lübecker Haus.

Spielpläne und Weltanschauung

Theater zu den Zeiten, in denen deutsch zu sein nicht reichte, die „großdeutsch" sein wollten — das ist ein Stück in der Lübecker Theatergeschichte, das genau zu erkennen ist, wenn es vor dem Hintergrund der zwanziger Jahre (voriges Kapitel) gesehen wird.

Theater in den Hitlerjahren durfte sich nicht mehr frei in der Welt des Geistes bewegen. Es war von Zensoren abhängig und besorgt, nicht anzuecken, aber auch mutig, mal Grenzen zu überschreiten.

Symptomatisch ist das Schicksal der Lübecker Volksbühne. Im August 1921 wurde die Besucherorganisation von Alfred Weiß und Otto Anthes gegründet, eine für die Freiheit der Kunst engagierte, der Arbeiterbewegung nahestehende Gruppe, die bei der Spielplangestaltung gehört wurde und ihre Stimme erhob, da sie Wünsche oder Ablehungen formulierte. Sie war mit dem Theater im Gespräch. Im März 1933, Hitler war ein paar Wochen an der Macht und die Reichskulturkammer als obere Kontrollinstanz sollte erst in sechs Monaten, September 1933, geschaffen werden — bereits in diesem März wurde die Volksbühne in vorauseilendem Gehorsam verboten und durch den NS-Kulturkreis abgelöst. Bezeichnend ist, daß die Volksbühnen-Idee nur untergetaucht ist; im September 1946 wurde die Lübecker Volksbühne wiedergegründet. Paul Seegen, Walter Braasch und abermals Otto Anthes waren die Gründerväter.

1933. Vorbei mit dem freien Gespräch zwischen Theatermachern und Theaterbesuchern. Vorbei mit Werken, die den Zustand der Welt nicht schönreden wollten. Die Aufsichtsgremien der Nationalsozialisten nahmen Einfluß auf die Spielpläne. Es kam „von oben": Die Richtlinien wurden in Berlin aufgezeichnet. Was den Club der toten Dichter betrifft, bewiesen die Zensoren einigen Spürsinn. Goethe und Shakespeare bekamen den Unbedenklichkeitsstempel. Bei Schiller war Vorsicht am Platze. „Wilhelm Tell" wurde ganz gestrichen („Nein, eine Grenze hat Tyrannenmacht", 2. Akt), „Fiesco" („Ein offenes Herz zeigt offene Stirn", 3. Akt) und „Don Carlos" („Geben Sie Gedankenfreiheit!", 3. Akt) waren „unerwünscht".

In Berlin wurden die einzigen noch möglichen Theaterkämpfe ausgetragen. Propagandaminister Joseph Goebbels bestimmte über die Reichskulturkammer und somit über die Theater, doch reichte sein Einfluß nicht zu den Preußischen Staatstheatern in Berlin, die Hermann Göring als preußischem Ministerpräsidenten unterstanden. Hitler liebte es, Zuständigkeiten nicht uneingeschränkt zu geben. Göring gewährte dem Intendanten der Berliner Theater, Gustaf Gründgens, ein Maß von Freiheit, wie es in anderen Städten undenkbar war. Doch ließ sich Göring weniger von der Absicht leiten, die Hauptstadt dem Weltgeist zu öffnen; er wollte vor dem ehrgeizigen Goebbels die Muskeln spielen lassen. Jürgen Fehling hat die Berliner Jahre miterlebt, teils im Glück relativ freien Schaffens, teils arg bedrängt. Bei Besuchen in Lübeck berichtete er den befreundeten Theaterleuten darüber.

Hitlers Denken ist heute nachvollziehbar. Sein kultureller Horizont war begrenzt, der Begriff Toleranz war ihm völlig unbekannt. Eine geistige Elite mit staatlichen Gestaltungswünschen war ihm verhaßt. Die ungeliebten Intellektuellen, auch die Theaterleute, sollten repräsentative Aufgaben erfüllen und vor dem Volk und vor der Welt das irrationale Schauspiel der im Dritten Reich gesammelten Kraft bieten — überdimensional, übersteigert, überspannt, letztlich eine rückwärtsgewandte Phantasmagorie. Ein Volk, ein Reich, ein Führer, so hießen die Sprechchöre — und ein Theater, ist hinzuzufügen.

Klaus Mann, der Sohn Thomas Manns, bis zum Bruch mit Gründgens befreundet, hat das hellsichtig erkannt. In seinen „Schriften zur Literatur" („Prüfungen", herausgegeben von Martin Gregor-Dellin, München 1968) steht in einem Brief aus der ersten Zeit des Exils: „Eine zu starke Sympathie mit dem Irrationalen führt zur politischen Reaktion, wenn man nicht höllisch genau achtgibt. Erst die große Gebärde gegen die ‚Zivilisation' — eine Gebärde, die, wie ich weiß, den geistigen Menschen nur zu stark anzieht — , plötzlich ist man beim Kultus der Gewalt, und dann schon beim Adolf Hitler."

Das alles ist mitzudenken, wenn ein Blick auf die Lübecker Spielpläne der dreißiger Jahre geworfen wird. Schon 1933 wird mit dem Schauspiel „Schlageter" von Hanns Johst Patriotismus geboten (Albert Leo Schlageter wurde 1923 wegen eines Eisenbahnanschlags im Kampf gegen die Besetzung des Ruhrgebiets von Franzosen hingerichtet). Das Stück war ein vielleicht sogar geschicktes Zugeständnis. Damit war das Theater fürs erste einigermaßen aus dem Blickfeld der Aufpasser heraus. Es konnte im ruhigen Fahrwasser weitergehen, von Schillers „Wallenstein", Goethes „Faust I und II" über Shakespeares „Romeo und Julia" bis immerhin zu Gerhart Hauptmanns „Biberpelz", in dem die preußische Obrigkeit raffiniert verspottet wird; Intendant Robert Bürkner spielte den Amtsvorsteher von Wehrhahn, die vom Publikum geschätzte, vielseitige Tilly Musäus war die Waschfrau Wolffen.

Tilly Musäus

So geht es weiter. Stadttheater, gestützt auf die Klassiker, und zur Sicherheit die Verbeugung vor dem Nationalsozialismus, etwa mit Werner Deubels Schauspiel „Der Ritt ins Reich", Friedrich Bethkes „Marsch der Veteranen" oder Hans Ehrckes „Bataillon 18". Die Themen können mit Bereitschaft, Kameradschaft, Opfer gekennzeichnet werden. Alles aber maßvoll, eher, um im Windschatten zu bleiben und so die stille, große Aufgabe der Theater zu erfüllen, Wert und Ehre deutscher Sprache zu erhalten.

Das Haus in der Beckergrube war keine Hochburg der Propaganda. Die Theaterleute aber waren klug genug, den Freiraum zu nutzen, der ihnen geblieben war, weil Goebbels am Theater relativ geringes Interesse hatte. Des Propagandaministers Liebe galt dem Film. Sie waren so listig, hin und wieder vorzuzeigen, daß sie keine Aufrührer seien und am liebsten in Ruhe gelassen sein wollten. Da zeigte man gern mal die Bauernkomödie „Krach um Jolanthe" von August Hinrichs, weil die Intendanten wußten, daß dies Hitlers Lieblingsstück war.

In der Oper gab es keinen Korngold mehr, keinen Krenek, keinen Schreker. Aber Richard Strauß wurde bis zum Ende gespielt. Strauß war „von oben" gestattet, merkwürdig, wenn man bedenkt, daß beispielsweise seine „Elektra" musikalisch in harten Dissonanzen und kühner Harmonik an die Grenzen der Atonalität geht und die pathologischen Charaktere alles

74

andere als erhebend sind. „Atonal bedeutet Entartung", hieß es offiziell; Krenek, Weill und viele andere wurden als „Kulturbolschewisten" verfehmt. Strauß aber genoß internationales Ansehen und hatte in seiner Eitelkeit nichts dagegen, den Nationalsozialisten als gefeierter großer Deutscher zu dienen.

Viel Schönes aber auch in jenen Jahren, das darf nicht vergessen werden. Erinnerungen sind noch lebendig. Oper als gesteigertes Dasein, als Fest des Lebens — wie wichtig war das. Friedrich von Flothos „Martha" und Beethovens „Fidelio" (Hermann Rohrbach sang den Don Pizarro, Hans Wirth den Florestan, Anni Gloger die Leonore), „La Bohème" von Puccini mit Publikumsliebling Georg Rehkemper als Musiker Schaunard, Webers „Abu Hassan", Mozarts „Entführung aus dem Serail", Verdis „Falstaff" und Franz von Suppés „Dichter und Bauer". Musiktheater wurde geliebt als erlebbares Abbild von Güte, Schönheit und Toleranz. Bei der Oper überwog die Traditionspflege, geboten in edler Absicht, in oft hoher künstlerischer Qualität, geschaffen aus der Hingabe und dem Können des Ensembles und der Mitarbeiter — und mit viel Zustimmung des beglückten Publikums.

Zweimal gab es Theaterfeste in den Dreißigern. Vom 27. bis zum 30. Januar 1938 wurde „Heitere deutsche Bühnenkunst der Gegenwart" gefeiert. Zwei Opern standen auf dem Programm, die Komponisten beider Werke waren in Lübeck dabei. Mit „Diener zweier Herren" setzte Arthur Kusterer Goldonis 200 Jahre alte venezianische Komödie in unverbindlich heitere Musik. „Schwarzer Peter" kam von Norbert Schulze; der Komponist, der sich später mit „Lili Marleen" Weltruf erwarb, gab einem fröhlichen Märchenstoff so frische Melodien, daß sein Opus noch heute auf die Bühnen geholt wird. Im Schauspiel wurde die Komödie „Casanova revanchiert sich" von Friedrich Wilhelm Ilges uraufgeführt; norddeutsche Premiere hatte das Lustspiel „Einen Sommer lang" von Katharina Stoll, eine ziselierte Spitzweg-Idylle; abends um acht war die Welt noch in Ordnung.

Das dreißigjährige Bestehen des Hauses wurde mit einer Jubiläumswoche (29. September bis 5. Oktober 1938) begangen. Webers „Freischütz", Lortzings „Waffenschmied" und Bizets „Carmen" kamen als festliche Opern heraus; Hebbels „Nibelungen", das große Dramenwerk der Wende vom Heidentum zum Christentum, und die szenische Ballade „Lilofee" von Manfred Hausmann waren Beiträge des Schauspiels.

Im Sommer darauf begann der Zweite Weltkrieg.

Norbert Schultze
1938 in Lübeck

Theater in den Kriegsjahren

In Marmor gemeißelt könnte man sich die Worte vorstellen. Sie sind von Schiller, der Theaterdichter hat das Theater gemeint: Der Menschheit Würde ist in eure Hand gegeben.
Bewahret sie!
Sie sinkt mit euch!
Mit euch wird sie sich heben!
Daß sie das reale Leben meinen, kann man sich nur schwer denken. Und doch gibt es ein Beispiel dafür, daß das Theater seinen Schiller nicht nur als Verfasser edler Sinnsprüche verstand. Das Haus in der Beckergrube hat — wie andere Theater auch — in schwerer Zeit der Menschheit Würde bewahrt. Es hat Humanität gehütet. Es ist nicht lärmend dem Zeitgeist gefolgt. Es blieb, was es vom Ursprung her war und bleiben wird — ein letzten Endes mythischer Ort.
Die Kriegsjahre. Wie sah Europa 1939 aus?
Der Zweite Weltkrieg beginnt mit dem Überfall auf Polen; England und Frankreich erklären Deutschland den Krieg; im Münchner Bürgerbräukeller scheitert ein Attentat auf Hitler; Arbeitsdienst wird auch für weibliche Jugend Pflicht; deutschsowjetischer Nichtangriffspakt; die Sowjetunion greift Finnland an; Auslandsdeutsche aus dem Baltikum, Rußland und dem Balkan werden umgesiedelt; Lebensmittelkarten, Kleiderkarten werden ausgegeben.
1939. Die Medien sind gleichgeschaltet. Zeitungen schreiben, was das Propagandaministerium täglich anordnet. Der Reichsrundfunk legt Jubel auf. „Denn wir fahren gegen Engelland" und „Panzer rollen in Afrika vor" sagen die flotten Marschlieder, und bald heißt es „Vom Finnland bis zum Schwarzen Meer, vorwärts, vorwärts ...". Der Film folgt folgsam. „Jud Süß" wird vorbereitet, „Ohm Krüger" schreibt Kolonialgeschichte um, Willy Birgel „ . . . reitet für Deutschland".
Und das Theater? Schreit es auch Hurra?
In der Beckergrube wird 1939/40 wie selbstverständlich Shakespeare gespielt ("Was ihr wollt", Premiere 30. Dezember 1939), Lessings „Philotas" kommt heraus, ein Appell an das Mitgefühl (9. November 1939), Calderon de la Barca kommt mit dem „Großen Welttheater" zu Wort (29. Mai 1940), in dem die personifizierte Welt am Ende verkündet, jeder Mensch möge erkennen, daß sein Leben nur ein Schauspiel vor dem höchsten Richterstuhl darstelle.
Nach Anpassung sieht das nicht aus; eher, daß sich das Theater stärker denn je bemüht, den schwieriger gewordenen Begriff Menschlichkeit zu hüten. Obwohl im Großen Haus die Sommerpause wegen Renovierungen verlängert werden mußte, ergibt sich eine stolze Bilanz. 1939/40 wurden 10 Opern (darunter Mozarts „Figaro", Händels „Xerxes", Verdis „Traviata") neuinszeniert, 7 Operetten (darunter Millöckers „Gasparone" und Lehars „Zarewitsch") und 21 Schauspiele, darunter als lokale Besonderheit „Bin ichs? Oder: Bin ichs nicht?" von Emanuel Geibel (Premiere 9. Februar 1940).

Ähnlich geht es weiter. Aufschlußreich, die bewegenden Ereignisse zu betrachten und mit Erstaunen zu sehen, daß sich das Theater so gut wie überhaupt nicht darum schert.

Hermann Göring wird 1940 „Reichsmarschall des Großdeutschen Reiches", das Theater spielt Kleists „Zerbrochenen Krug" (4. Dezember 1940); Hitler-Stellvertreter Rudolf Heß springt über England ab, im Theater gibt es Shakespeares „Sommernachtstraum" (4. April 1941). Die 6. Armee wird 1942/43 bei

Die Beckergrube nach der Bombardierung Palmsonntag 1942

Stalingrad eingeschlossen, Shakespeares „König Lear" kommt in neuer Inszenierung (18. März 1942) — im Theater werden diese Worte Lears gesprochen: „Gott, wer darf sagen: Schlimmer kann's nicht werden? 's ist schlimmer nun als je ... Und kann noch schlimmer gehn." Hitler befiehlt 1943 die „Politik der verbrannten Erde" beim Rückzug aus Rußland, im Theater erscheint Calderons „Richter von Zalamea" (26.Mai 1943). In Italien stoßen die Alliierten über Monte Cassino nach Rom, Florenz, Ravenna und in die Lombardei vor, die Beckergrube bietet Verdis „Falstaff" (14. Juni 1944).

Zwischen der großen bösen Weltgeschichte und den Geschichten, die das Theater zeigt, gibt es keine direkten Zusammenhänge. Aber es ist des Nachdenkens wert, daß zu der Zeit, da „Reichsführer SS" Himmler den Volkssturm aufstellen läßt, im Theater beim „Falstaff" die alles andere als aufbauende Schlußfuge gesungen wird: „Alles ist Spaß auf Erden, der Mensch ein geborener Tor." Im Großdeutschen Rundfunk erklingt derweil eine Komposition von Norbert Schulze, der nicht nur die

„Lili Marleen" vertont hat, sondern auch stramme Durchhalte-
märsche schrieb wie „Führer befiehl, wir folgen dir!"

Das Theater war keine Versammlung von Widerstandskämp-
fern. Es hat sich nur bis zum Ende geweigert, ins Halleluja ein-
zustimmen. Es blieb standhaft. Seine Aufgabe sah es nicht darin, die Fahne hoch zu halten über alles in der Welt. Das Theater
hat die Symbole einer anderen Welt gehütet, einer Welt, die ihrem Schöpfer näher geblieben ist. Es war die überdauernde Leistung des Theaters, die Würde der Menschheit im Schillerschen Sinn zu bewahren. Dazu gab es keine Betriebsvereinba-
rung, nichts hing unter den Bekanntmachungen, darüber wurde nicht einmal gesprochen. Es war die stille Übereinkunft der
Theaterleute, von der Bühne herunter zu warnen — so auch mit
Schillers „Braut von Messina", die am 8. April 1944 Premiere
hatte und an deren Ende der Chor das Fazit zieht: „Der Übel
größtes aber ist die Schuld."

Viel zu wenig ist über den Mut und den ungebrochenen Stolz
der Institution Theater gesprochen worden. Ist es nicht vielleicht ein verspäteter Dank, daß Lübeck seinem wirklich geliebten Theater fünf Jahrzehnte nach Kriegsende ein in Erscheinung und Technik aufgefrischtes Haus in der Beckergrube bietet? Die Probleme in der Welt und in der Seele der Menschen
sind heutzutage anders als in den Kriegsjahren. Der nachdenk-
liche Botho Strauß schrieb einen Satz, mit dem er das heutige
Theater meinte, der aber auch auf die damalige Zeit der Not be-
zogen werden kann: „Das Theater ist der letzte Versuch, uns die
Angst auszutreiben."

Darauf hinzuweisen ist, daß es drei Theaterleute waren, die
furchtlos in der Nacht zum 29. März 1942, dem Sonntag Palma-
rum, das Theater vor der Zerstörung gerettet haben. Die Engländer flogen in dieser frostklaren Frühlingsnacht den ersten
Flächenangriff auf Wohnviertel. 234 Flugzeuge kamen in drei
Wellen. Mit dem Schlag gegen Lübeck sollte „getestet" werden,
ob Sprengbomben oder Brandbomben „effektiver" seien. So
war die Sprache der inhumanen Wirklichkeit. Von 23.18 Uhr am
28. März bis um 2.58 Uhr am 29. März wurden 8 000 Brandbomben, 300 Sprengbomben und 6 Luftminen auf Lübeck geworden. Im Test verloren 301 Menschen ihr Leben, 783 wurden
verletzt, 15 000 obdachlos.

Hermann Rohrbach, der später in Bayreuth gefeierte Opernsänger, Intendant Robert Bürkner (Hausherr in den schwierigen Jahren 1934 bis 1943) und Inspizient Georg Stolte hatten
in der Nacht zum Palmsonntag Brandwache. Mehrere Brandbomben durchschlugen das Dach des Theaters. Die drei standen während des Angriffs in den Bodenräumen, griffen die
Brandbomben, noch ehe die ihren Phosphor versprühten, und
warfen sie auf die Straße, wo sie nichts mehr in Brand setzen
konnten. Das Theater blieb heil.

Zwei junge Menschen aus dem Ensemble, die es geschafft hatten, zum Theater zu gehen und noch am Beginn standen, verloren in der Hartengrube durch die Bomben ihr Leben, die Sängerin Carlotta Werner und die Schauspielerin Waltraut Herbster. Ihre Namen stehen zur Erinnerung in dem Buch über das Lübecker Theater.

Am 3. August 1944 ging der Eiserne herunter. Durch Reichsgesetz wurde den deutschen Theatern der Betrieb „bis zum Endsieg" untersagt. Dr. Otto Kasten, der 1943 die Leitung übernommen hatte, bekam nur ein Jahr lang Gelegenheit, sich zu profilieren. Auch er sorgte für einen Spielplan mit Qualität. Wagners „Lohengrin" eröffnete am 5. September 1943 seine Theaterzeit. Verdis „Rigoletto (3. Oktober 1943), „Elektra" von Strauß (8. Dezember 1943), Puccinis „Butterfly" (16. Januar 1944), Mascagni und Leoncavallo mit der Koppelung „Cavalleria rusticana" und „Bajazzo" (13. Februar 1944), Glucks „Raub der Persephone" (24. Februar 1944), Mozarts „Cosi fan tutte" (30. März 1944), Verdis „Falstaff" (14. Juni 1944) und als letzte Inszenierung vor Kriegsende die Operette „Das Spitzentuch der Königin" (5. Juli 1944), ein Spätwerk von Johann Strauß, kennzeichneten Kastens Konzept.

Die Amerikaner waren in der Normandie gelandet, die Russen rückten immer näher — in der Beckergrube wurde mit Kraft und ungebrochener Begeisterung Kunst geboten, ganz zum Schluß sogar noch im Walzertakt. Das Theater wollte so lange wie möglich in einer vor Haß, Angst und Tod kranken Welt ein Symbol des Lebens bleiben.

Im August 1944 kam das Aus. Die Künstler mußten für die Rüstung arbeiten. Das Lübecker Haus hatte Glück. Ein Industrieller namens Wedekind, Betriebsleiter der Berlin-Lübecker Maschinenfabrik und Freund der Oper, ließ Nähmaschinen in den Kammerspielen aufstellen und beschäftigte den weiblichen Teil des Ensembles mit dem Nähen von Fallschirmen.

Die Männer, soweit sie nicht noch Soldaten werden mußten, wurden zu unterschiedlichsten Arbeiten herangezogen. Erhard Teubner zum Beispiel, ein älterer Schauspieler, mußte auf dem Burgtorfriedhof Gräber ausheben. Der Aufgabe war er weder körperlich noch seelisch gewachsen. Der Theaterleitung gelang es, ihm eine andere Aufgabe zu vermitteln — Teubner verwaltete ab Herbst 1944 die Bücher für die Verwundeten in den Lazaretten.

Am 2. Mai 1945 gegen 14 Uhr fuhren die Panzer der 11. britischen Panzerdivision in Lübeck ein. Am 5. Mai um 8 Uhr trat die Kapitulation der deutschen Truppen in Norddeutschland in Kraft, der in der Nacht zum 9. Mai die Gesamtkapitulation folgte. Im Juli gab es eine britische Besatzung von 4 600 Mann in Lübeck. Sie wollten erleben, was Frieden sein kann; da wurde das Theater der Truppenbetreuung geöffnet. Vertreter der britischen Theater-

Dr. Otto Kasten

organisation „Ensa" nahmen im Intendantenbüro Platz. Fast ein Jahr lang kamen Künstler und Orchester vor allem aus London in die Beckergrube. „Off limits" hieß es für die Lübecker, Zutritt verboten.

Am 29. September 1946 öffnete sich der Vorhang im Großen Haus für die erste Vorstellung wieder unter deutscher Leitung. Mit Mozarts „Hochzeit des Figaro" begann ein neues Kapitel; die Oper war zuvor schon im Kolosseum aufgeführt worden, nachdem dieser schöne Saal nicht mehr als Reitstall zweckentfremdet war. Kein schöneres Friedenssymbol als die Rosenarie der Gräfin aus dem „Figaro":

Und des Baches Rieseln
Wiegt die Herzen in süße Wonneträume.
Der Blumen Fülle duftet auf den Wiesen,
Alles lockt uns zu Liebe, Freud und Wonne.
Komm doch, mein Trauter,
Laß länger mich nicht harren,
Daß ich mit Rosen kränze dein Haupt!

Mozart. Seine Musik und ein vollendetes Kunstwerk der deutschen musikalischen Klassik gaben neuen Mut.

Das von Besatzungstruppen beschlagnahmte Theater im Sommer 1945

Zeit der Angst, Zeit der Hoffnung

Im Rückblick sieht alles wie ein gutgebautes Drama aus. Sanierung Beckergrube-Fischergrube, Theater um das Theater — da ist viel von dem vorhanden, was zu einem attraktiven Schauspiel gehört: Überraschungseffekte, Auftritt des Schurken, Rettung aus der Not, Spannung, das gute Volk, Glück des gemeinsamen Schaffens, Happyend.

Über das, was bis zur Wiedereröffnung des Theaters an Aufregendem geschehen ist, könnte man tatsächlich ein

Stück schreiben. Jan Herchenröder hatte in seiner Lübeck-Revue 1983 in den Kammerspielen komödiantisch mit der Geschichte der Hansestadt bekannt gemacht. Könnte es nicht auch so amüsant sein, in einer Revue die Geschichte des Beinahe-Endes und der glücklichen Auferstehung des schönsten europäischen Jugendstiltheaters aufzublättern? Hier wird die Geschichte erzählt — hat jemand Spaß daran, sie theatralisch aufzubereiten.

Zur Krimi-Dramaturgie gehört die böse Überraschung am Anfang. Mord. Die böse Überraschung kam 1992, als die Baupolizei anordnete, das Haus zu schließen. Theatermord. Sicherheitsgründe, hieß es. Nach der Saison

Auf der Bühne
Großes Haus
1992

1992/1993 läuft nichts mehr. Überraschung? Für die Experten war klar, daß dieses große Aus kommen würde. 1908 war das Haus das auch technisch modernste deutsche Theater. Reichlich acht Jahrzehnte später aber war alles müde und marode gespielt. Zu lange hatten sich die Verantwortlichen, die Augen fest geschlossen, von einer Spielzeit zur anderen gehangelt. Die 56 Seilzüge der Bühne beispielsweise, mit denen die oft tonnenschweren Dekorationen auf und ab bewegt werden, stammten aus dem Eröffnungsjahr. Sie wurden von Hand bewegt und erforderten hohen Kraftaufwand. Schlimmer war, daß sie wegen Materialermüdung eine Gefahr bedeuteten, für die Bühnentechniker und für die Menschen, die spielend und singend auf der Bühne waren.

Gruselszenen. Elektroleitungen — gefährlich abgenutzt; Heizungsrohre — so kaputt, daß ihre Klopfgeräusche die Vorstellungen störten; Lüftungsschächte — im Laufe der Jahrzehnte lahmgelegt; Sanitäreinrichtungen — unmodern und unzureichend. Gefährlich und zudem unrentabel war, daß die Werkstätten in weit auseinanderliegenden Räumen lagen; was Malersaal, Tapeziererei, Tischlerei und Schlosserei an Dekorationen für die Kammerspiele angefertigt hatten, mußte man mühsam in den Hof hinunterlassen, um es an anderer Stelle wieder hochzuhieven. Da mochten die Prüfer der Baubehörde noch so große Theaterfreunde sein, sie mußten aus Sicherheitsbedenken die Schließung anordnen.

Heiteres Zwischenspiel. Am 13. Juni 1993 wurde eine übersteigert lustige Kehraus-Revue im Großen Haus gefeiert. Abschied in lauter Fröhlichkeit; er klang wie das Rufen im Wald, mit dem man sich die Angst vom Leibe hält. Im 1. Rang Mitte waren zwei Herren zu beobachten, die einander die Hände schüttelten und sich versprachen, in drei Jahren hier wieder nebeneinanderzusitzen; der eine, man erkannte ihn, war Gerhard Saueracker, der langjährig erprobte Kassenleiter des Hauses.

Probleme: Das Geld. 67, realistischer 68, noch besser 69 Millionen sollte die Theatersanierung kosten. Da war guter Rat teuer und gutes Geld rar. Das konnte Lübeck allein nicht schaffen. Als Gruseleffekt wurde kurzfristig erwogen, das Haus zu entkernen, zu einem Warenhaus umzubauen und ein neues High-Tech-Theater am Stadtrand zu errichten. Da erschraken viele Theaterfreunde. Das denn doch nicht!

Die Herzen der Lübecker schlagen für das Theater. Das zeigte die Aktion „Herzen fürs Theater", Dr. Sanders Idee. Der Theaterring der Gemeinnützigen, die Gesellschaft der Theaterfreunde, der Besucherring, die Volksbühne und die Niederdeutsche Bühne schlossen sich „herzlich" zusammen, um mit dem Verkaufserlös zu helfen; das Haus Niederegger lieferte günstig 200 000 Marzipanherzen.

Im späten Sommer 1993 stand der Entschluß fest, das Theater als Theater zu erhalten und Dramen statt Damenwäsche, Opern statt Oberhemden, Unterhaltung statt Unterhosen zu bieten. Kein Kaufhaus. Die Bürgeraktion hatte Eindruck gemacht. Am 10. Oktober 1993 wurden die Sanierungsarbeiten für 43 Gewerke, wie es bei den Bauleuten heißt, ausgeschrieben. Am 21. März 1994 sollten die Bauaufträge vergeben werden, unmittelbar darauf sollte mit den Arbeiten begonnen werden.

Ohne Spannung läuft nichts beim Theater. Zwar hatte die Landesregierung avisiert, mit Geld aus dem kommunalen Finanzausgleich und der noch bestehenden Zonenrandförderung zu helfen. Das Geld aus dem Topf Finanzausgleich bewirkt, daß so auch die Umlandgemeinden, aus

denen knapp die Hälfte der Besucher kommen, gerechterweise an den Kosten beteiligt werden. 25 Millionen wurden genannt. Spannend wurde es dadurch, daß der Kieler Landtag erst Mitte Januar 1994 in seiner Haushaltsdebatte entscheiden konnte, ob das Geld nun wirklich fließen könne. In Lübeck hoffte man, aber nicht ganz ohne Zittern.

Am 17. März 1994 wehte ein kalter Wind Schneeflocken durch die Stadt. Im Theater aber ging die Sonne auf. Besuch aus Kiel: Schleswig-Holsteins Kultusministerin Marianne Tidick brachte dem Lübecker Kultursenator Ulrich Meyenborg einen Scheck über 5 Millionen – die zweite Rate des Landes. Zuvor waren als erste Rate 3,6 Millionen gekommen, insgesamt also 8,6 Millionen. Die weiteren Gelder würden in Jahresraten zu je 5 Millionen stets gleich nach Verabschiedung der Landeshaushalte folgen, bis die versprochenen 25 Millionen erfüllt seien, versicherte die Ministerin. Daran sei nicht mehr zu rütteln.

Lobgesang. Ein Glückstag, dieser 17. März. Es war ein Donnerstag. Vier Tage später, am Montag, 21. März, gingen die ersten Aufträge hinaus. „Wir sind voll im Zeitplan", sagte Meyenborg zu Frau Tidick; er verhehlte nicht, darüber glücklich zu sein.

Dame Tidick hatte nicht zuviel versprochen. Am 31. Oktober 1994 ließ sie die dritte Rate überweisen – 15 Millionen. Hinzu kam die frohe Botschaft, daß die Hilfe des Landes zu den Theater-Betriebskosten jährlich um 5 Prozent steigen werde. Damit könne etwa die Hälfte des Gesamtzuschußbedarfs der Theaterträger gedeckt werden, das Haus bekäme die erwünschte Planungssicherheit, sagte sie dazu. Daß Lübeck – Bürger und Bürgervertreter – so beherzt für das Theater eintritt, hat gewiß eine Rolle gespielt bei den Entscheidungen in Kiel.

Die Possehlstiftung, die traditionell gute Helferin bei Theaterproblemen, schickte eine erste Sanierungsspende von 4 Millionen. Der Theatertaler gehört zu den Bürgeraktionen (3 Mark Zuschlag auf jede Theaterkarte). Vor diesem Hintergrund sind auch die Einsparungen zu sehen, mit denen das Theater selbst mit dem nötigen Einsehen beiträgt, die städtischen Gelder zusammenzubringen – „unter Schmerzen", wie Ulrich Meyenborg die innere Befindlichkeit erläuterte. Das Ballett mußte schweren Herzens aufgelöst werden; aber auf der einigermaßen stabilen Grundlage für die Zukunft könnte tatsächlich in einigen Jahren eine neue Compagnie aufgebaut werden. Da heißt es, zu hoffen und nicht aufzuhören, danach zu rufen.

Das Theater hatte die Aufgabe zu lösen, auf längere Sicht 25 Millionen einzusparen. Einfache Rechnung: 25 aus eigener Kraft plus 25 vom Land, den Rest gibt die Stadt dazu: Summa 69 Millionen. Ohne die Mithilfe des Theaters wäre die Sanierung nicht zustandegekommen. Interessant, daß der ursprüngliche Kostenansatz bei 90 Millionen lag; die Beschränkung auf 69 Millionen sei, wie Bausenator Dr. Volker Zahn sagte, erreicht worden, weil man darauf verzichtet habe, in das Haus Super-

technik hineinzupacken. Auch in der Einschränkung muß man weiser Meister sein. Lübeck hatte immer einen Blick für das Maß.

Rührende Spenden kamen hinzu. Zwei ältere Damen, Schwestern, deren Vater als Baumeister 1908 den Dülferbau mit errichtet hatte, brachten einen Teil ihres Vermögens ein; die Schauspielerin Marianne Schubart bat, ihr zum Bühnenjubiläum (50 Jahre beim Theater) keine Blumen zu schenken, sondern Bares in einen aufgestellten Behälter zu stecken — 8 000 Mark, von ihr aufgestockt, konnte sie der Gesellschaft der Theaterfreunde zweckgebunden überweisen. Geld war endlich verfügbar. Also los! Ausstattungsleiter Michael Goden, der am Theater für das Sanierungsprojekt zuständig ist, konnte nach den Plänen des bundesweit renommierten Theaterplaners Walter Huneke alles verwirklichen, was auf dem Wunschzettel stand. Fast alles.

Ein Theaterdonner kam dazwischen. Das Land hatte bei der Düsseldorfer Beratungsfirma Wibera für 200 000 Mark ein Gutachten bestellt. Die Theaterstruktur im nördlichsten Bundesland sollte durchleuchtet, Vorschläge zu möglichen Veränderungen ausgearbeitet werden. Vorgeschlagen wurde eine „Theater Service und Marketing Gesellschaft" mit den Mitgliedern Lübeck und Kiel. Inszenierungen sollten ausgetauscht, Koproduktionen geschaffen, Personalverwaltung und Finanzbuchhaltung zusammengelegt werden.

Die Ablehnung in Lübeck war heftig. „Da will man etwas zerstören, was sich bewährt hat", sagte Meyenborg. Der selbstbewußte Kultursenator brachte das Ganze auf den Punkt: „Der Einspareffekt ist zweifelhaft."

Aber was die Sanierung angeht — da ist stolz Schönes vorzuweisen: Das Gestühl im Großen Haus und in den Kammerspielen wurde durchgehend erneuert und durch Sessel mit körpergerechtem Komfort ersetzt; der vergrößerte Orchesterplatz kann für einen lichten Mozart hinauf-, für einen posaunenstarken Wagner heruntergefahren werden; für angenehme Wärme sorgt eine erneuerte Klimatechnik; die Drehbühne, die Ende der dreißiger Jahre nachträglich eingebaut worden war, aber 1988 die Arbeit verweigerte, wurde radikal erneuert; die überalterten Seilzüge wurden durch neue, zum Teil maschinengetriebene ersetzt; die Untermaschinerie der Bühne bekam computergesteuerte Podien; die gesamte Haustechnik wurde modernisiert, alle Elektroleitungen, alle Heizungsrohre und Lüftungsschächte; sanitäre Notwendigkeiten wurden gründlich verschönert, die angejahrten Naßzellen modernisiert; in den Kammerspielen geben ansteigende Sitzreihen den Blick auf die Bühne frei; die Bühne selbst konnte in Tiefe und Höhe so erweitert werden, daß man sie kaum wiedererkennt; für die Werkstätten wurde ein um ein Geschoß aufgestockter Zentralkomplex errichtet; ein Verbindungsgang zwischen Werkstätten und Kammerspielen vereinfacht endlich den Transport von Dekorationen.

Die Resignation des Anfangs ist durch eine fast trotzige Hoffnung abgelöst worden. Als Dietrich von Oertzen, der — für längere Zeit — Hausherr ohne Haus, im Februar 1995 eine Zwischenbilanz gab, führte er ein Beispiel für den wiedergewonnenen Mut an: Die Tischlerei des Theaters sei dabei, aus eigenem Antrieb Möbel für das erneuerte Haus zu bauen, damit der Posten für Mobiliar gestrichen werden könne.

Alles herrlich und schön. Aber bei aller Zuversicht blieb in den ersten Bauzeiten ein Wunsch offen. Ist der Jugendstil noch zu retten? Wie könnte man eine Jahrhundertchance nützen?

Was die Bürger wollten und schafften

WIR FÖRDERN DIE BÜHNEN LÜBECK

Gesellschaft der Theaterfreunde Lübeck e.V.

Die Sanierung ist glücklich geschafft; mit den „Meistersingern von Nürnberg" wird gefeiert. Damit verbunden ist das stolzeste Kapitel der jüngeren Theatergeschichte. Mit einem Satz: Daß aus dem Lübecker Haus wieder ein Jugendstiltheater wurde, wie es so schön wohl kein zweites gibt, ist von den Bürgern Lübecks gewünscht, gewollt, in die Wege geleitet und finanziert worden. Das neu-alte Theater ist ein Beispiel für hanseatischen Bürgersinn. Es ist das Abbild eines bürgerlichen Gemeinchaftsgeistes, wie er in einer Zeit egoistischer Interessendurchsetzung selten ist. Wir haben Grund, stolz zu sein.

Sechs Namen sind zu nennen, die Namen von Menschen, ohne deren Anregungen, ohne deren Ideen und ohne deren Hilfe der Jugendstilausbau wahrscheinlich ein Traum geblieben wäre. Sie mußten handeln, solange die technische Sanierung noch im Anfang stand; wären erst einmal bauliche Tatsachen geschaffen worden, hätte eine nachträgliche Erweiterung nicht mehr stattfinden können. Sie haben gehandelt.

1. Frau Katja Tollgreve-Beutin, die Vorsitzende der Gesellschaft der Theaterfreunde Lübeck, hat schon früh, als der Baubeginn noch in der Ferne lag, den Gedanken an die Restaurierung des Jugendstils

Unter der Decke im Großen Haus 1995

ins öffentliche Bewußtsein gerückt. Sie verstand es, mit den Helferinnen und Helfern der Freundesgesellschaft in vielen Aktionen, auf vielbesuchten Theaterfesten und bei Veranstaltungen der Stadt, dem Altstadtfest etwa oder mit einem eigenen Karbäuschen beim Weihnachtsmarkt im Heiligen-Geist-Hospital, bei der Messe Timmendorfer Strand, bei Adventsfeiern mit der Niederdeutschen Bühne, sogar mit einem vom Nordischen Weinhaus kreierten „Theaterwein", einem süffigen Rotspon, einschließlich geschliffener Gläser, und einem edlen Theatersekt erhebliche Mittel zu sammeln, um die Jugendstilelemente nicht untergehen zu lassen. Zu spüren war die Freude, Ideen zu suchen und zu verwirklichen, um dem Theater zu helfen.

Katja Tollgreve-Beutin machte dabei eine ermutigende Erfahrung, die sie in einem Brief festgehalten hat: „Wir konnten feststellen, daß gerade die Restaurierung des Jugendstils bei den Lübeckern eine große Akzeptanz gefunden hat und somit auch ein erheblicher Betrag zusammengekommen ist." Bei den gesammelten und gespendeten mehreren 100 000 Mark ist die Bezeichnung „erheblicher Beitrag" eigentlich untertrieben.

Inzwischen werden auch Verkehrssünder bei kleineren Verstößen dazu verurteilt, ihre Strafe an die Gesellschaft der Theaterfreunde zu überweisen. Wer dauernd falsch parkt, darf stolz darauf hinweisen, daß der Jugendstil auch mit seinen Mitteln restauriert worden ist.

2. Professor Michael Goden, der langjährige Ausstattungschef des Theaters, ergriff die Initiative für eine imposante Dülfer-Ausstellung in der Katharinenkirche; sie wurde am 25. Juni 1993 eröffnet und zeigte bis Ende August in publikumswirksamer Form die Eigenheiten von Dülfers architektonischem Schaffen. 150 Ausstellungsstücke füllten den weiten Innenraum der 900 Jahre alten Klosterkirche, Lebenszeugnisse, Werkbeispiele, dazu im Lübecker Theater noch vorhandene Arbeiten Dülfers, wobei selbst ein 85 Jahre alter Garderobenständer half, seine Prägung des Jugendstils zu „begreifen".

Veranstalter waren die Bühnen der Hansestadt zusammen mit der Gesellschaft der Theaterfreunde. Es ist nicht zu bezweifeln, daß die von Goden entwickelte Ausstellung entscheidend dazu beitrug, den Jugendstil wieder ins Bewußtsein zu rücken und zu verdeutlichen, welch ein architektonisches Juwel das Theater werden könnte, wenn neben der Pflicht (Sanierung) auch die Kür (Jugendstil-Erneuerung) geschafft werden könnte. Ohne die Ausstellung wären die Jugendstilelemente des Theaters wohl weiterhin verborgen geblieben.

3. Diplom-Ingenieur Eberhard Zell, seit vier Jahrzehnten als freischaffender Architekt tätig, verhalf dem Jugendstilgedanken bereits am 25. September 1983 mit einem Festvortrag im Theater zu öffentlicher Aufmerksamkeit — das Haus an der Beckergrube feierte damals sein 75-jähriges Bestehen. Elf Jahre später, am 5. November 1994, gab Zell das Startzeichen für eine „Jugendstil-Theater-Initiative der Lübecker Wirtschaft", wie er seine Aktion nannte. Er lud maßgebende Wirtschaftler der Hansestadt zu sich nach Israelsdorf und zu einer späteren Theaterbesichtigung ein, u.a. den Präses der Kaufmannschaft, den Präses und den Geschäftsführer der Industrie- und Handelskammer, den Vorsitzenden des Einzelhandelsverbandes, den Kreishandwerksmeister, den Ortsvorsitzenden des Bundes der Architekten, dazu den Leiter des Amtes für Denkmalpflege und den Planungschef der Sanierungsarbeiten: Geballte wirtschaftliche und planerische Kompetenz. Durch Zells Zutun wurde der Wunsch, das Haus mit Foyer und Wandelgängen im Jugendstil zu vollenden, von der Ebene des Möglichen in die des Machbaren gehoben.

4. Dr. Robert Knüppel, der frühere Lübecker Bürgermeister, ist seit dem 12. Januar 1994 als Nachfolger von Werner Kock Vorsitzender der Possehl-Stiftung und konnte in dieser Funktion die eigentliche Initialzündung geben. Die Mittel der seit acht Jahrzehnten bestehenden Stiftung sollen, wie es im Testament des Senators Emil Possehl (1850-1919), heißt, „verwandt werden zur Verschönerung der Stadt Lübeck und ihrer Anlagen, zur Pflege von Kunst und Wissenschaft ...". Bestimmt worden ist, daß rund ein Drittel aus dem Konzerngewinn der internationalen Possehlgruppe an die Stiftung geht.

Wieder einmal, wie schon beim 1908 eingeweihten Komplex Beckergrube, steht der Name Possehl am Beginn einer neuen Epoche des Theaters. Von der Possehlstiftung kam eine Spende von 6 Millionen Mark, wobei festgelegt wurde, daß davon 2 Millionen ausschließlich für die Jugendstilelemente im Großen Haus zu verwenden seien, vor allem für die einmalig schöne Decke mit ihren maritimen Zeichen, den Wellen, Muscheln, Seesternen, und fürs Proszenium mit den Logen.

5. Dr. Walter Trautsch entdeckte zur Überraschung aller am Theater interessierter Menschen eine fast phantastisch anmutende Geldquelle. Der Präses der Lübecker Kaufmannschaft überreichte am 4. April 1995 an Frau Tollgreve-Beutin einen Scheck über

75000 Mark, damit im Sinne der Zell-Initiative das Foyer im Jugendstil wiederhergestellt werden könne. Die Herkunft des Geldes ist eine Geschichte für sich, wie sie so wohl nur noch in Lübeck denkbar ist.

Dr. Trautsch kam auf die Spur eines alten, vergessenen Rechts, auf das „Laudemiumsrecht" der Lübecker „Kauffleutecompaney". Es besagt, daß die Kaufmannschaft beim Verkauf bestimmter Grundstücke im Gebiet Finkenberg finanziell zu beteiligen sei. In Lübeck gab es bis in die Anfänge unseres Jahrhunderts eine Reihe ähnlicher mittelalterlicher Sonderrechte, durch die Gruppen der Bürgergesellschaft begünstigt wurden. Die Privilegien, zumeist ohnehin eingeschlafen, wurden im Zuge der Rechtsvereinfachung in den zwanziger Jahren abgeschafft. Die Kaufmannschaft aber konnte ihr Laudemiumsrecht erhalten.

Niemand dachte noch daran. So waren Überraschung und Freude groß, als im Haus der Kaufmannschaft unvermutet die Summe einging, die bei einem Grundstücksverkauf rechtmäßig abfiel. Der Schatz vom Finkenberg kam dem Theater zugute; es ist anzunehmen, daß die Altvorderen, die das Recht vor Jahrhunderten setzten, einverstanden gewesen wären.

6. Ivan-Peter Chlumsky von der Architektengemeinschaft Chlumsky, Peters, Hildebrand hat als der für die Sanierung Verantwortliche viel mehr getan als seine Pflicht als Architekt und Bauleiter. Wo immer es ihm möglich war, wies er in Vorträgen und Demonstrationen auf die stilistischen Eigenarten und Werte des Dülferbaues hin. Mit innerer Zuneigung hat er die Schönheiten des Jugendstils auch für andere faßbar nachvollzogen und sich in die schöpferische Kraft Martin Dülfers hinein

Befund 1993 unter der Rangbrüstungsverkleidung

gedacht. Er hat liebevoll ein Stück Vergangenheit in die Gegenwart geholt und für die Zukunft bewahrt.

Keiner konnte so wie Ivan-Peter Chlumsky das „Phänomen Dülfer", wie er es nannte, erklären und dem heutigen Formgefühl nahebringen. Die von Dülfer gewollten Kontraste bei Verwendung leichter und schwerer Formen in den Räumen und an den Fassaden, seine kühne und doch harmonische Farbgebung, seine Raumkomposition, seinen Mut zur Überwindung des Historismus — dies und noch mehr konnte er seinen Zuhörern und Gesprächspartnern spannend erläutern. Martin Dülfer, der Architekt von damals, fand in Ivan-Peter Chlumsky, dem Architekten von heute, einen Bruder im Geiste. Er fand einen nachschöpferischen Kollegen, der auch weiß, daß es erlaubt ist, ein überkommenes Werk modern zu ergänzen, wenn dabei dessen Charakter gewahrt bleibt.

Sechs Namen — sie stehen für alle, die mitgewirkt haben, daß das Theater ein neues Symbol für die alte, eigene Kraft Lübecks wurde.

Die Baugeschichte der Gegenwart hatte ein heiteres Nachspiel. Jugendstil kostet nicht nur Geld, sondern bringt auch Geld. Die Europäische Union überwies 120000 ECU, das sind 230500 Mark, an die Stadt Lübeck. Sie sind zweckbestimmt. Sie dürfen nur ausgegeben werden, um die Jugendstilelemente zu bewahren und zu erneuern.

Die schöne Zusatzsumme ist der erste Preis eines europaweiten Wettbewerbs zur Förderung denkmalgeschützter Architektur. Es ging um sanierte oder in der Sanierung befindliche „historische Bauten und Spielstätten für Aufführungen der darstellenden und Unterhaltungskunst", wie es in den Bedingungen hieß; schlicht ausgedrückt ging es um Theater und Kinos.

Befunde im Prosceniumsbereich Großes Haus 1993

Die Erneuerung konnte in Lübeck relativ unkompliziert erfolgen. Die Kulturgewaltigen in den Jahren der Kunstdiktatur mochten den Jugendstil mit seinen freischwingenden Linien nicht. Sie bevorzugten das Zackige. 1938 ließen sie alle

Jugendstilornamente an der Decke des Großen Hauses und der der Kammerspiele, an den Brüstungen der Ränge und am Proszenium hinter Holzplatten verschwinden. Ob dabei eine Ahnung von der Wiederkehr des Stils vorhanden war? Jedenfalls wurde nichts zerstört. Es wurde, merkwürdig genug, nur versteckt.

537 europäische Städte hatten sich am Wettbewerb der Europäischen Union beteiligt. 60 wurden ausgezeichnet. Lübeck erhielt einen der zwölf ersten Preise. Das Geld kam prompt. Die Plakette, die als sichtbare Auszeichnung dazu übersandt wurde, bekommt ihren Platz im Jugendstil des Großen Hauses.

Weil die oft liebevollen privaten Hilfen ohne Plakette in die Baugeschichte eingehen, sollen zwei für viele erwähnt werden. Zwei ältere Damen, Schwestern, brachten, wie im vorigen Kapitel schon erwähnt, einen Teil ihres Vermögens ein. „Unser Vater hat 1908 als Baumeister den Dülferbau mit errichtet", hieß ihre Begründung. Die Schauspielerin Marianne Schubart bat, ihr zum Bühnenjubiläum (50 Jahre beim Theater) keine Blumen zu schenken, sondern Bares in einen aufgestellten Behälter zu stecken — 8000 Mark, von ihr aufgestockt, konnte sie der Gesellschaft der Theaterfreunde überweisen, zweckgebunden für den Jugendstil.

Sparte Ballett zur Zeit nicht besetzt

Lübeck mußte sich von seinem Ballett verabschieden. Sang- und klanglos geschah das nicht. Noch gab es die Truppe, die am 25. Juni 1995 in Abrahams „Blume von Hawaii" ihre letzte Aufgabe erfüllte, da gründete sich — bereits am 8. Juni — ein „Förderkreis Lübecker Ballettfreunde". Unter Leitung des theaterbegeisterten Arztes Eckehard Hellmich und der schützenden Hand der Ehrenvorsitzenden Lisa Dräger will die Bürgerinitiative dafür sorgen, daß die Tanzkunst nicht aus den Köpfen verschwindet — es soll das Bewußtsein wachgehalten werden, „daß Lübeck an seinem Ballett hängt und es wiederhaben will".

Lübeck ist keine Ausnahme. Ballettgruppen werden in ganz Deutschland eingespart. Der international angesehenen Chefin des Bochumer Balletts, Reinhild Hoffmann, wurde mit allen Tänzerinnen und Tänzern gekündigt. Aufgelöst wurden die Truppen im Mitteldeutschen Landestheater Wittenberg und im Theater der Altmark, Stendal. In Nordhausen und Ulm wurden die Compagnien auf zehn Tänzerinnen und Tänzer verkleinert. In Kassel warf Krisztina Horvath bei nur noch acht Mitgliedern des Ballett das

Ballettmeister John Grant in „Dance and Dancers" 1995

Handtuch. In Münster steht die Schließung zur Debatte. Eine Stadt wird durch ein Theater wirklich zur Stadt; abgewandelt ist zu sagen, daß ein Theater, in dem Oper und Schauspiel ihr Heim haben, durch ein Ballett wirklich zum Theater wird. Erst in der Schönheit der Bewegung, zusammen mit dem gestischen Ausdruck auf dem rhythmischen Grund der Musik, können Grenzen der Wirklichkeit überwunden werden – das Ballett ist für die Poesie zuständig, in seinen eigenen Abenden ebenso wie in vielen Opern und Operetten.

Der Abschied war bitter. Da brach eine Truppe auseinander, in der sich Kraft und Können der Solisten und die junge Grazie des Corps de ballet verbanden; viele Theaterfreunde waren stolz darauf, so eine fleißige Gruppe hier zu haben. Für manche der Compagnie bedeutet die Auflösung das Ende ihrer Berufslaufbahn. Nicht alle können eine Ballettschule aufmachen.

Das Lübecker Ballett hat einen ehrenden Rückblick verdient, einen Blick zurück in Wehmut. John Grant ist zu nennen, der Ballettmeister, mit dem ein Stück Tradition verschwindet. Der 1932 in Sidney Geborene mit vierfach deutschen Großeltern war als junger Tänzer im Ballett von Edouard Borowanski in Melbourne, dem heutigen australischen Nationalballett. Der große Boro, wie ihn die Tanzwelt nennt, hat selbst noch in der Truppe der Anna Pawlowa getanzt und war Solist im berühmten Ballet Russe bei Ser-

ge Diahilew. Das hat er weitergegeben; so kam mit Grant noch ein Stück der Petersburger Schule in die Beckergrube.

Beglückende Tanzabende, Erinnerungen, Erinnerungen ... Unverwelkt steht Grants Choreographie des „Don Quixote" im Gedächtnis, nach der Musik des Wieners Ludwik Minkus, der im 19. Jahrhundert in St. Petersburg als Hauskomponist des russischen Balletts lebte. Grant

Ballettsolisten und Gruppe in „Dance and Dancers" 1995

91

hatte den Abend zwischen Elementen des Handlungsballetts und dem zierlichen Ambiente des klassischen Balletts ausbalanciert. Sprungfiguren des rumänischen Solisten Ion Constantin, daß einem der Atem stockte; der ritualisierte Stolz des Russen Sergey Volobuyev im Titelpart; wie die Französin Murielle Dutertre der Pawlowa gleich die Schwerkraft negierte und mit den Spitzen kaum den Boden berührte; wie die Amerikanerin Julianna Sarri die fließenden Feinheiten ihrer Tanzkunst dazugab — ein Hauch des alten St. Petersburg war im Großen Haus zu spüren.

Erinnerungen. Wie in „The Wall" nach Pink Floyd in der Choreographie des Chinesen Ho Sin Hang die Zustände unseres schwierigen Jahrhunderts in den Bewegungsformen des Modern Dance bewußt wurden. Wie Grant die große C-Dur-Sinfonie (Nr. 2) des noch jungen Sibelius mit ihrem finnischen Naturpathos im Schwung des Jugendstils choreographierte. Wie es das Ensemble schaffte, in Chatschaturians „Spartakus" mit nie mehr als zwanzig Tänzern auf der Bühne die Menschenmassen zu symbolisieren, die am Aufstand der Sklaven gegen die Römer Anno 74 vor Christus dabei waren; die Niederlage von Spartakus wurde zu einem Sieg des Balletts. Wie traumhaft sicher der Tänzer Manolo Montezuma im Psycho-Ballett nach Schumanns „Carnaval"-Zyklus die Umnachtung des Komponisten in der Körperhaltung ausdrückte. Zauberhaft die Farben des Märchens in der hellen Fröhlichkeit der „Cinderella" von Prokofieff. Die wunderbare Sarri als Eurydike in Glucks konzertantem „Orpheus"; Oper in Bewegung, ein geglücktes Experiment. Sprühend mit sich überschlagenden Einfällen das Ballett nach Offenbachs „Gaieté Parisienne", in dem Grant seine Tänzerinnen wie ein Schiff über die Bühne gondeln ließ, während die Barcarole erklang. Und wie herrlich swingend wurden die jazzigen Synkopen nach Bernsteins Jugendwerk „On the town" hingehüpft.

Erinnerungen, Erinnerungen. Daß der Mensch glücklich sei, ist im Schöpfungsplan nicht vorgesehen, behauptete Sigmund Freud. Falsch. Jeder Ballettabend widerlegt ihn.

Aber die Freunde des Balletts sollten nicht verzweifeln. Kultursenator Ulrich Meyenborg fand in einem Interview mit den „Lübecker Nachrichten" eine diplomatisch äußerst geschickte Antwort.

LN-Frage: „Das Ballett ist weg, jetzt haben wir nur noch ein Zwei-Sparten-Theater, gibt es da noch eine Berechtigung für den Titel 'General'-Intendant?"

Meyenborg: „Der Titel hängt nicht von der Größe des Theaters ab. Wir haben formal noch ein Drei-Sparten-Theater. Die Sparte Ballett ist zur Zeit nur nicht besetzt. Wir warten auf bessere Zeiten."

Der letzte Tanz

Ein Ballett tanzt seine eigene Auflösung — das ist etwas Einmaliges in der Geschichte des Tanzes. Der 12. März 1995 ging als Tag des Abschieds in die Annalen des Lübecker Theaters ein. Am Abend fand die letzte Premiere des Balletts statt: „Dance and Dancers". „Die Nachricht" hieß der Mittelpunkt des Abends. Die Szene zeigte die Compagnie im Training. Schritte, Sprünge, das klassische Programm, Arabesque mit gestrecktem Standbein, Spiel-

„Le bal" im
Bullenstall 1994

bein in einer Höhe von 90 Grad rückwärts, das schöne Symbol für den Höhenflug jeder Tänzerin. Plötzlich stehen drei schwarzgekleidete Herren im Hintergrund, halb Mafiosi, halb Nieten in Nadelstreifen. Die Nachricht von der Auflösung wird getanzt, indem die düsteren Vollstrecker ein Mitglied des Ensembles nach dem anderen herausbrechen. Gegenwehr zwecklos. Die Gewalt mit den schwarzen Hüten ist stärker. Im Programmheft zum Abschiedsabend steht als letzter Satz: „Die Auflösung des Ensembles kann den Willen zu tanzen nicht auslöschen."

Wie ist es dazu gekommen? Die Entwicklung wurde ausgelöst durch die befürchtete Mitteilung aus Kiel, daß das Land für die Sanierung des Theaters nicht mehr beisteuern könne als 25 Millionen Mark — „ein unerwartet niedriger Zuschuß", wie Kultursenator Ulrich Meyenborg meinte. Die Sanierung kostete etwa 70 Millionen. Was tun? Finanzsenator Gerd Rischau erklärte kühl, daß sich „die weiteren Prüfungen auf die stadteigenen Lösungsmöglichkeitern konzentrieren müssen".

Könnte man das Bauvolumen beschränken? Ausgeschlossen, sagten die Fachleute, ganz oder garnicht. Könnten die Umlandgemeinden stärker zur Kasse gebeten werden? Kaum Chancen, hieß es betrübt. Ein Ausweg blieb: Das Theater muß tiefe Einschnitte in seinen Etat hinnehmen, damit die Stadt die zwingend notwendige Kreditaufnahme von 25 Millionen überhaupt finanzieren kann.

Kurz und schmerzlich: Das Theater muß seine Personalausgaben um jährlich 1,5 Millionen zurückschrauben. Das heißt in menschlichem Maß, daß 30 Stellen eingespart werden müssen. Das aber, so wurde nach langen Überlegungen von Stadt und Theater keineswegs leichtfertig festgestellt, sei ohne Qualitätseinbußen für Oper und Schauspiel nur möglich, wenn die Sparte Ballett aufgelöst werde. 15 Arbeitsplätze Ballett, 15 weitere bei Verwaltung und Technik — nur so sei Hilfe möglich.

Die Theaterleitung beschloß, 30 Stellen zu streichen, um die Sanierung nicht zu gefährden. Nicht leichten Herzens — „der

Wegfall des Balletts ist wie eine Amputation", sagte Dietrich von Oertzen. Nun müssen für Produktionen mit Tanzszenen Kräfte von draußen geholt werden; Ballettabende könne es nur noch als Gastspiele geben. Es war eine schwere Entscheidung. Sie war unausweichlich. Es bringt wenig, erkannte man, die Schuld in der Vergangenheit zu suchen und Kommunalpolitiker und Verwaltung von früher anzuklagen, die jahrelang nichts für die Beckergrube getan hätten und aus allen Wolken gefallen seien, als das Haus die TÜV-Prüfung nicht bestand und das marode Theater zwangsweise geschlossen wurde. Der Generalintendant mußte die Trennung des Theaters von seinen 9 Tänzerinnen und 6 Tänzern aussprechen: „Wenn das Haus nicht saniert wird, brauchen wir uns über ein Theaterleben in Lübeck gar nicht mehr zu unterhalten." So ist die Saison der Wiedereröffnung die erste seit Bestehen des Hauses ohne eigenes Ballett. Verhandlungen mit privaten Sponsoren, das Ballett fremdfinanziert zu erhalten, seien vergeblich gewesen. Niemand war bereit, 800 000 Mark pro Jahr zu tragen. Dietrich von Oertzen aber gab öffentlich ein Versprechen und eine Prognose ab, die hier dokumentiert werden. Versprechen: „In dem Moment, wo uns wieder Mittel zur Verfügung stehen, werde ich sofort wieder ein Ballett einrichten. Ich würde weder Oper noch Schauspiel aufstocken, sondern als erstes das Ballett neu etablieren" (LN-Interview mit Hermann Hofer vom 13. Juli 1994).

Prognose: „Ich glaube, es ist damit zu rechnen, daß früher als bisher angenommen die Sparte Ballett wieder eröffnet wird" (in einem Gespräch mit Ballettlehrer Johannes Kritzinger nach der letzten Vorstellung von „Dance and Dancers" am 4. April 1995). Wir heißen euch hoffen. In der Abschiedspremiere zeigte die Truppe, die seit 26 Jahren von John Grant geleitet wird, etwas von der Moral des Tanzens. Moral ist hier nicht philosophisch zu verstehen. Es ist eine Moral der Haltung und des körperlichen Pflichtgefühls, mit der die eiserne Forderung des täglichen Trainings erfüllt, aber auch körperliche und seelische Schwerkräfte überwunden werden.

„Dance and Dancers": Noch einmal das Ensemble, beobachtet in Szenen bei den Proben, beim Garderobemachen, in der Vorstellung ("Giselle" von Adolphe Adam, 2. Akt) und in der entspannenden Party mit Klängen aus dem „Kadettenball" von Johann Strauß und dem „Zorbas"-Ballett von Mikis Theodorakis — hinreißend in Swing und schlenkerndem Rhythmus. Der Applaus am Abschiedsabend dauerte mit Standing Ovations über eine halbe Stunde.

Tänzerinnen und Tänzer können kaum über das 40. Lebensjahr tanzen. Ballett also ist Synonym für den körperlichen Ausdruck von Moral und Jugend. Wir wissen, was wir verlieren. Wir hoffen, daß in der ballettlosen Zwischenzeit die „Lübecker Ballettfreunde" mit ihrem Vorsitzenden Eckehard Hellmich und Lisa Dräger, die sehr am Theater hängt und zur Ehrenvorsitzenden gewählt wurde, die Hoffnung wachhalten.

Niederdeutsche Bühne Lübeck

Ein Satz, den man vor jeder Vorstellung einmal ausrufen sollte oder ersatzweise mit goldenen Buchstaben auf den Bühnenvorhang schreiben müßte. Hans Thoenies hat ihn ausgesprochen, als er, der damalige Lübecker Generalintendant, der Niederdeutschen Bühne Lübeck zu einem Jubiläum gratulierte. Das war 1988. Die Niederdeutschen feierten ihre 60. Spielzeit unter dem Dach in der Beckergrube. „Ich grüße die kleine Schwester des Theaters!" sagte der Leiter des „großen" Theaters. Der Satz war den Niederdeutschen soviel wert wie drei ausverkaufte Vorstellungen im Großen Haus (die hatte es übrigens zuvor gegeben mit dem Stück „To'n Düwel mit dem Sex", Inszenierung Otto Sawicki). Thoenies hatte das richtige Wort gefunden. Kein herablassendes Schulterklopfen. Das war Anerkennung einer Leistung, künstlerisch wie organisatorisch, die Anerkennung verdient.

Es ist eine Leistung, die seit 1919 insgesamt und seit 1928 mit nur kriegsbedingten Unterbrechungen im Theater an der Beckergrube geboten wird. Die Niederdeutsche Bühne ist kein Dorftheaterchen, das lediglich Rummelplatz mit anderen Mitteln bietet und zufrieden ist, wenn sich die Besucher vor Lachen auf die eigenen oder die Schenkel der Nachbarin klopfen. Geboten wird mit Engagement und Begeisterung halbprofessionelles Theater, das aber zumeist und guten Gewissens dreiviertelprofessionell genannt werden darf.

Dafür sprechen allein die Proben für die vier Inszenierungen, mit denen die Niederdeutschen pro Jahr vor ihr großes Publikum treten. Unter 35 Einzelproben geht es nie ab, und wenn ein niederdeutsches Musical einstudiert wird, kommen schnell mal 80 Proben zusammen. Geprobt wird viermal in der Woche mindestens, auch an Sonnabenden, und wenn es kneift, auch noch am Sonntagvormittag.

Dabei ist zu bedenken, daß die Schauspielerinnen und Schauspieler der Niederdeutschen eben nicht Profis sind, die sich voll in ihre Rollen einarbeiten können. Sie spielen (und proben) nach der Arbeit, kommen oft aus Werkstatt oder Büro. Zwei Goldschmiedemeister sind dabei, ein Eisenbahnbeamter, Lehrerinnen und Lehrer, Hausfrauen, Schüler und Studenten. „Ja, so een Kerl bün ick" — dieser Lustspieltitel, mit dem die Niederdeutschen 1990 den Kulturpreis der „Lübecker Nachrichten" gewannen, könnte als Ausdruck der Kraft

Volker Strauß (NDB) überreicht Generalintendant Hans Thoenies im Beisein von Kultursenator Henning Koszielski als Dank eine Maske stehen, mit der alle oft Abend für Abend in die Proben steigen. Margrit Hammar zum Beispiel ist hauptberuflich mit Computertechnik beschäftigt, übernimmt danach nicht nur große Rollen auf der Bühne, sondern spielt als Finanzverwalterin auch eine andere wichtige Rolle — sie hat einmal im Gespräch ein Stück der Faszination zu erkennen gegeben, die sie und wohl alle in der Gemeinschaft spüren. „Da kommt man abgespannt vom beruflichen Alltag auf die Probe, hat den Text immer noch nicht richtig drauf, muß ganz wach sein — und plötzlich spürt man, wie einen so eine Arbeit aufbaut und erfrischt. Wunderbar!"

Profis sorgen dafür, daß sich erstens die Aufführungen der Niederdeutschen sehen lassen können, daß zweitens die Schauspielerinnen und Schauspieler von Stück zu Stück in ihren Möglichkeiten besser werden, daß drittens das Wort von der kleinen Schwester des großen Theaters seinen Rang behält. Der „Speelbaas", wie es fachgerecht heißt, der Regisseur (weiblich oder männlich), kommt in drei von vier Inszenierungen vom Theater der Hansestadt. Marianne Schubart ist niederdeutsch engagiert, Regina Burau inszeniert, Otto Sawicki gehört zum Stamm, Michael P. Schulz arbeitet gern mit. Als die Niederdeutschen 1988 ihr Jubiläum feierten, setzte sich sogar Generalintendant Hans Thoenies in den Regiestuhl und inszenierte „Dat Geld liggt up de Bank".

So eine hübsche kleine Schwester nimmt man gern an die Hand, um ihr auf den Weg zu helfen. Das war bei Karl Vibach so und ist bei Dietrich von Oertzen nicht anders. Das Theater hilft, und es hilft auch mit seinen Werkstätten nach der offiziellen Arbeit gern.

John Fricke, der Leiter des Kostümwesens, hilft mit seinen Mitarbeitern bei den „Kleddaschen", Chefmaskenbildnerin Christa Kopetzky gibt ihr Können gern weiter, Dietrich Wagenbauer, der Technische Direktor, und sein tüchtiger Helfer Jan Kothe sind mit Geschick und Geschmack dabei, wenn es ums Bühnenbild geht; daß sich Beleuchtungsmeister Horst Blum so ins Zeug legt, um alles ins rechte Licht zu rücken, freut die Niederdeutschen bei jeder Inszenierung.

Die kleine Schwester hat viele Verehrer. Die Baupause der Bekkergrube ist in der Aula der Oberschule zum Dom überstanden worden. Viermal bis fünfmal pro Inszenierung geht nun wieder in den Kammerspielen der Vorhang hoch, und einmal pro Stück wird sonntagnachmittags im Großen Haus gespielt, um älteren Menschen, die vor allem zur Winterzeit abends nicht mehr gern auf die Straße gehen, das Vergnügen an niederdeutschem Theater zu bieten. Über Besuchermangel hatte sich die Bühne nie zu beklagen; allein in Lübeck warten über 600 Abonnenten auf ihr Theater.

Die Niederdeutsche geht gern auf Wanderschaft. Sie ist regelmäßig in der Realschule Buntekuh zu Gast, spielt im Travegymnasium Kücknitz und im Genmeinschaftshaus Karlshof. Ihre Aufführungen in der Realschule Travemünde haben jahrzehntelange Tradition. Das Kurtheater in Bad Bramstedt ist ihr Spiel-Raum ebenso wie das Kleine Theater in Wahlstedt, der Museumssaal in Bad Schwartau, die Aula des Gymnasiums im holsteinischen Oldenburg oder die Spielstätte der Arbeiterwohlfahrt in Neustadt. Und wenn sich das Bühnenbild gut transportieren läßt, wird gern mal in ländlichen Wirtshaussälen gespielt, wo die Girlanden vom Stiftungsfest des Kaninchenzüchtervereins noch an der Decke hängen und sich Spieler und Zuschauer oft zum Anfassen nahekommen.

Das macht Freude, auf beiden Seiten. So in Neustadt, nach der Kriminalkomödie „Fisch to veert" (Wolfgang Kohlhaase/ Rita Zimmer), die Marianne Schubart mit den kleinen Kunstgriffen des effektvollen Theaters inszeniert hat. Da muß Volker Strauß als Diener Moosdenger ständig aus voller Lunge hustend durch die Szene gehen, und da Volker schon vom Vater Arthur Strauß, einem der großen Charakterdarsteller der Niederdeutschen, etwas vom Servieren guter Gags versteht, hat er geradezu künstlerisch wertvoll gehustet. Viel Applaus am Ende. Da sagte doch ein älterer Herr im Publikum mit der lauten Stimme mancher Schwerhöriger: „Aber das Beste am Stück war das Husten!" Extraapplaus für einen Theaterbesucher, auch von den Mitwirkenden.

Jener Volker Strauß hat die Niederdeutschen von 1976 bis 1986 in den Erfolg geführt, und seither ist Brigitte Koscielski die Bühnenleiterin — mit einem Geschäftsführenden Vorstand zur Seite. Die attraktive Schauspielerin und geschickte Chefin Brigitte ist zwar in Lübeck aufgewachsen, mußte aber das Niederdeutsche, das ja keine Mundart ist, sondern eine Sprache, wie eine Fremdsprache lernen; das geht vielen so, die es zu dieser schönen Art des Theaters drängt.

Gesprochen wird bei den Vorstellungen so, daß im Grunde jeder mit norddeutschem Gehör dem Spiel folgen kann. Mag sein, daß ein Bäuerlein aus Bayrischzell Schwierigkeiten hätte; aber welches Bäuerlein aus Bayrischzell geht schon in die Aufführungen der Niederdeutschen Bühne Lübeck?

Man muß auch einen Dank loswerden. Das Amt für Kultur der Hansestadt sieht durchaus, daß mit der Niederdeutschen ein Stück Kultur für die Stadt verbunden ist und hilft den Fleißigen finanziell über die Runden, und ein Stückchen Zuschuß kommt auch vom Niederdeutschen Bühnenbund Schleswig-Holstein, dem Landesmittel zur Verfügung stehen. Danke. Das Geld ist gut angelegt.

Der Tisch mit den spielbaren Stücken ist reich gedeckt. Eine weitgespannte niederdeutsche Literatur steht zu Verfügung, von Ivo Braak bis Wilfried Wroost, von Hans Henning Holm bis August Hinrichs, um nur einiger der Traditions-Autoren zu nennen. Neue Namen kommen hinzu, Hans-Joachim Beck,

Konrad Hansen, Fritz Wempner. Verschmäht werden aber auch gelegentlich Bearbeitungen attraktiver Lustspiele nicht, obwohl hier sehr vorsichtig vorgegangen wird — nicht jeder Boulevard-Renner stimmt mit dem niederdeutschen Ambiente überein.

Für den Start am altvertrauten, neuen Platz, Juni 1996 im Theater an der Beckergrube, hat die Auswahlkommission ein erprobtes Musical von Heinz Wunderlich gewählt: „Kiek mol wedder in". Unter 80 Proben ist da nichts zu machen. Es gibt für alle Beteiligten viel zu tun, nicht zuletzt auch für den dramaturgischen Lesekreis.

Nun darf man nicht denken, daß Stargagen gezalt werden. Die etwa 40 aktiven Schauspielerinnen und Schauspieler gehen unentgeltlich in die vielen Proben und auf die Bühne. Lediglich Fahrkosten werden ersetzt — es gibt, so sagen sie selbst, ein Busgeld. „Um das mitzumachen, muß man schon einen Vogel haben — wie wir hier alle", meinte einer von den Niederdeutschen durchaus mit Begeisterung.

Es ist ein schöner Vogel, ein bunter Vogel, ein fröhlicher Vogel. Viele freuen sich, daß es ihn gibt, 15 000 bis 17 000 pro Jahr.

„Een Düwelsdeern"
Musik von
Heinz Wunderlich

„Hier sünd Se
richtig"

Alle Lübecker Intendanten

Von der Gegenwart bis zum Beginn des Ensemble-Theaters 1799 in der Beckergrube — dokumentiert nach Spielzeiten.

Dietrich von Oertzen	seit der Spielzeit 1991	
Hans Thoenies	1978-1991	(13 Spielzeiten)
Karl Vibach	1968-1978	(10 Spielzeiten)
Walter Heidrich	1964-1968	(4 Spielzeiten)
Arno Wüstenhöfer	1959-1964	(5 Spielzeiten)
Dr. Christian Mettin	1951-1959	(8 Spielzeiten)
Dr. Hans Schüler	1947-1951	(4 Spielzeiten)
Friedrich Siems	1945-1947	(2 Spielzeiten)
Dr. Otto Kasten	1943-1944	(1 Spielzeit)
Robert Bürkner	1934-1943	(9 Spielzeiten)
Dr. Edgar Groß	1932-1934	(2 Spielzeiten)
Dr. Otto Liebscher	1929-1932	(3 Spielzeiten)
Dr. Thur Himmighofen	1925-1929	(4 Spielzeiten)
Dr. Georg Hartmann	1923-1925	(2 Spielzeiten)
Paul von Bongardt	1918-1923	(5 Spielzeiten)
Stanislaus Fuchs	1911-1918	(7 Spielzeiten)
Georg Kurtscholz	1908-1911	(3 Spielzeiten)
Ludwig Piorkowsky	1905-1908	(3 Spielzeiten)
Franz Gottscheid	1900-1905	(5 Spielzeiten)
Max Heinrich	1898-1905	(7 Spielzeiten)
Friedrich Erdmann-Jeßnitzer	1886-1898	(12 Spielzeiten)
Sigmund Lauterberg	1885-1886	(1 Spielzeit)
Walter Hasemann	1882-1885	(3 Spielzeiten)
Richard Jesse	1878-1882	(4 Spielzeiten)
Paul Borsdorff	1876-1878	(2 Spielzeiten)
Peter Grevenberg	1874-1876	(2 Spielzeiten)
Bruno Langer	1873-1874	(1 Spielzeit)

Frau Gaudelius / Friedrich Engel	1871-1873	(2 Spielzeiten)
Carl Gaudelius	1868-1871	(3 Spielzeiten)
Leopold Riel	1864-1868	(3 Spielzeiten)
Friedrich Engel	1850-1864	(14 Spielzeiten)
J. Steiner / A. Brunner	1849-1850	(1 Spielzeit)
Friedrich Engel	1838-1849	(10 Spielzeiten)
Carl Schütze / A. Drechmann	1837-1838	(1 Spielzeit)
Carl Schütze	1834-1837	(3 Spielzeiten)
H. Ulbrich / W. Gerstel	1832-1834	(2 Spielzeiten)
G. F. Engel	1827-1831	(4 Spielzeiten)
H. Santo	1824-1827	(3 Spielzeiten)
Graf von Hahn-Neuhaus	1821-1824	(3 Spielzeiten)
H. P. F. Hinze / Huber	1818-1821	(4 Spielzeiten)
H. P. F. Hinze	1815-1818	(3 Spielzeiten)
F. A. L. Löwe / Carl Becker	1810-1815	(5 Spielzeiten)
Friedrich August Leopold Löwe, erster Lübecker Theaterdirektor	1799-1810	(11 Spielzeiten)

Zweiter Teil

Galerie der großen Namen
— gestern und heute

Blätter der Erinnerungen

Blätter der Erinnerungen

Auch sie waren in Lübeck . . .

Im Ensemble

Blätter der Erinnerungen

Wilhelm Furtwängler

Ein merkwürdiges Theaterstück läuft seit Juli 1995 im Londoner Westend (Criterion Theatre). „Taking Sides" heißt es; „Partei ergreifen" könnte man übersetzen. Ronald Harwood ist der Autor, sein Freund Harold Pinter inszenierte es. Merkwürdig, weil die Hauptperson Wilhelm Furtwängler ist, der deutsche Musiker von Weltrang, zuletzt Dirigent der Berliner, der Wiener und der Londoner Philharmoniker — der in Berlin geborene, aus einer alten Schwarzwälder Familie stammende Furtwängler. Er hat seine grandiose Laufbahn 1911 als 25jähriger Chefdirigent des Lübecker Orchesters begonnen.

Lübeck hatte Glück mit seinen jungen Orchesterchefs. Die wiederum hatten das Glück, von Lübeck aus Karriere machen zu können. Hermann Abendroth war 22, als er 1905 in Lübeck begann; der Vorgänger Furtwänglers leitete später die Kölner Gürzenich-Konzerte und wirkte lange als Chef des Leipziger Gewand-haus-Orchesters. Eugen Jochum kam 1928 als 26jähriger nach Lübeck und machte seinen Weg u.a. über die Chefdirigentenstelle der Hamburger Philharmonie zur Münchner Staatsoper und leitete in München auch das Rundfunk-Sinfonieorchester; zuletzt war er Chef der Bamberger Sinfoniker. Christoph von Dohnanyi ging 1957 als 28jähriger in das Amt des Lübecker Generalmusikdirektors („Dochnieda" spotteten manche), war danach im gleichen Rang in Frankfurt/Main und Hamburg und feiert heute als Chef des berühmten Cleveland Orchestra einen Erfolg nach dem anderen. Gerd Albrecht gehört in die Reihe der Lübecker Aufsteiger (siehe eigenes Kapitel), Mathias Aeschbacher, ein Sohn des Schweizer Pianisten Adrian Aeschbacher, ragt als Lübecker Generalmusikdirektor heraus, da er 1983 den gesamten „Ring des Nibelungen" mit dem Lübecker Orchester erarbeitet hat — er ist Dirigent der Philharmonie und der Oper im Alvar Aalto-Theater Essen. Selbst Wolfgang Dörner, der als 28jähriger 1987 nach Lübeck kam, aber noch nicht erfahren genug für das Amt war, machte als Assistent von Lorin Maazel Karriere und ist heute Operndirigent in Graz. Lübeck lohnt sich.

Jung nach Lübeck zu gehen, hier in Oper und Konzert sein Können und seine Führungsqualitäten zu zeigen — das ist schon so gut wie eine Laufbahnempfehlung für Dirigentennachwuchs. Wilhelm Furtwängler war der bedeutendste der philharmonischen Jugendgruppe. Er beschäftigt die Musikwelt noch immer. Das Londoner Theaterstück ist über vier Jahrzehnte nach seinem Tode (1954) herausgekommen. Es spielt kurz nach Kriegsende in Berlin im kahlen Büro eines amerikanischen Offiziers, der über Furtwänglers Entnazifizierung zu befinden hat. Dieser Major — ein dramaturgischer Trick — verabscheut klassische Musik und hat, nachdem er ein Vernichtungslager sah, nur noch den Wunsch, den verhaßten „Nazi" zu überführen. Furtwänglers Auffassung, daß Kunst und Machtpolitik nichts miteinander zu tun haben, kann und will er nicht begreifen. Furtwängler übersteht den historischen Showdown auf der Bühne. Der Autor ist auf seiner Seite. Er vergleicht ihn mit einem schwach gewordenen Priester, dem aber die Sünde nicht die Kraft genommen hat, das Wort Gottes zu verkünden.

Furtwängler ist, wie nicht nur das Stück zeigt, für die westliche Intelligenz zur Symbolfigur geworden — für die Frage, ob es richtig sei, eine Diktatur unter Protest zu verlassen, oder ob es richtiger wäre, in der Diktatur die Werte von Freiheit und Würde nach bestem Gewissen zu bewahren. Es gab Diskussionen in amerikanischen Zeitungen darüber, ob Furtwängler zu den Mitläufern gehöre, zu den Anpassern, gar zu den durch Staatsehrungen käuflichen Künstlern — oder ob er inneren Widerstand geleistet habe. Dabei waren Hinweise wichtig, daß er im Gegensatz zu Herbert von Karajan nie der NS-Partei beigetreten sei, daß er im Gegensatz zu Karl Böhm nie bereit gewesen sei, am Pult den Hitlergruß zu entrichten, daß er im Gegensatz zu Hans Knappertsbusch gegenüber den Mächtigen auf Distanz geblieben sei. Doch als das Regime seinen Ruf für die Propaganda nutzte, protestierte er nicht. Konnte er nicht? Wollte er es nicht?

Eine Entnazifizierungs-Kommission sprach ihn 1947 von jeder Verstrickung frei — er durfte wieder ans Pult der Berliner Philharmoniker. Seit 1928 war er Chef der „Berliner", ein Dirigent, der den Akzent auf den Formprozeß der Werke legte und der werkgetreuen Interpretation die Idee vom schöpferischen Interpreten entgegensetzte. Er ist noch heute Vorbild, erklärtermaßen etwa für Claudio Abbado.

Eine Berliner Remineszenz soll berichtet werden. Furtwängler bekannte sich zu Paul Hindemith, der den Aufpassern des Regimes aufgefallen war. Ihn aufzuführen wäre einem Opportunisten nicht in den Sinn gekommen. Furtwängler dirigierte in einem Konzert am 12. März 1934 die dreisätzige „Mathis-Symphonie", die Hindemith aus seiner Oper „Mathis der Maler" arrangiert hatte. Er schuf dem umstrittenen Werk einen demonstrativen Erfolg. Der preußische Ministerpräsident Göring wollte, daß Hindemiths

„Mathis" in der Lindenoper unter Furtwängler uraufgeführt würde. In einem ersten sichtbaren Machtkampf setzte Propagandaminister Goebbels das Verbot des Projekts durch. Göring gab klein bei. Furtwängler schrieb wütend für die noch einigermaßen liberale „Deutsche Allgemeine Zeitung" den berühmt gewordenen Artikel „Der Fall Hindemith" mit dem Satz, der Aufsehen erregte: „Wo kämen wir überhaupt hin, wenn politisches Denunziantentum im weitesten Maße auf die Kunst angewendet werden sollte?"

Tags darauf wurde ihm vor einer öffentlichen Generalprobe in der Philharmonie vom Publikum mit so intensivem Applaus für den Artikel gedankt, daß das Konzert mit zwanzig Minuten Verspätung anfing. Wilhelm Furtwängler war eine Figur des inneren Widerstandes gegen die Überheblichkeit der Macht geworden. Hätte er emigrieren sollen?

In Lübeck ist manches miteinander verbunden und ineinander verzahnt (ein Teil des liebenswerten Wesens der Stadt). Furtwängler hatte es der Schriftstellerin Ida Boy-Ed zu verdanken, der Beschützerin Thomas Manns, daß er 1911 als Dirigent nach Lübeck kam. 97 Bewerbungen waren für die Nachfolge Abendroths eingegangen; vier wurden für die engere Wahl herausgesiebt. Als einer der vier unerwartet seine Bewerbung zurückzog, forderte die einflußreiche Dame den jungen Furtwängler auf, eine Bewerbung nachzureichen; sie hatte ihn bei ihren Schwarzwald-Urlauben als Kapellmeister in Straßburg kennengelernt.

Es war ein guter Vorschlag. Die vier Kandidaten dirigierten ein öffentliches Konzert. Auswahlkommission und Publikum entschieden sich einstimmig und begeistert für den 25jährigen hochgewachsenen jungen Mann — sie hatten erkannt, daß er der beste war.

Eine Geschichte soll noch erzählt werden, die Furtwängler charakterisiert. Sie ist verbürgt, sein Freund Boleslaw Barlog hat sie öffentlich berichtet, als es darum ging, den Dirigenten zu entlasten. Es war bei der berühmten Aufführung von Beethovens Neunter 1935, an der Hitler mit Gefolge teilnahm. Chordirigent Bruno Kittel grüßte „Heil Hitler" mit erhobenem Arm. Furtwängler machte nur eine kleine Verbeugung. In der Pause flehten die Musiker ihn an, auch im Interesse der Philharmoniker Hitler den „Deutschen Gruß" zu erweisen. Er lehnte ab: „Ich habe doch den Dirigentenstab in der Rechten, da glaubt der am Ende, ich drohe ihm!"

Karl Erb

Legenden haben ein langes Leben. Wird der Name Karl Erb genannt, geraten Opernfreunde ins Schwärmen. Erb ist zur Legende geworden, einer der großen Sänger, die von Lübeck aus in die Musikwelt aufgebrochen sind. Er ist ein Teil der Theatergeschichte der Stadt geworden. Von 1908 bis 1910 war Erb am Stadttheater engagiert. Hans Isslaub war vor dem Ersten Weltkrieg Regisseur der Oper. Ihm wurde von Baron von Puttlitz, dem Intendanten des Stuttgarter Theaters, in dem Isslaub zuvor als Bassist engagiert war, der junge Erb anvertraut. Der Baron hatte die Stimme des Chorsängers entdeckt, hatte ihn gefördert und wollte ihn nun „in die Provinz" geben, wo er sich Bühnenerfahrung holen sollte.

Isslaub war kühn. Er ließ den jungen Sänger, der noch in der Ausbildung stand, als Lohengrin debutieren. Das war eine große, fordernde Partie. Erbs Lohengrin 1908 muß ein Erlebnis gewesen sein. Der junge Künstler war, wie es in den Kritiken hieß, wie ein wirklich vom Gral in die Welt gesandter Lohengrin. Seine Stimme mit ihrer Silberfarbe griff ans Herz. Das war der edle Ritter, der den Menschen die Botschaft der Hoffnung und der Herzensgüte überbrachte.

Karl Erb bekam schöne Aufgaben — den Tamino der „Zauberflöte", den Turridu in „Cavalleria rusticana", den Rudolf der „Bohème", den Linkerton in „Madame Butterfly". Immer wieder aber mußte er den Lohengrin singen. Die Lübecker liebten ihn in dieser glanzvollen lyrischen Partie besonders.

1911 ging Erb nach Stuttgart. Doch Lübeck und sein Theater hat er nie vergessen. Hier war sein Stern aufgegangen. Bis in den Beginn der vierziger Jahre kam er als Gast in die Beckergrube und in Oratorienaufführungen;

es gibt daher viele, die in persönlicher Erinnerung mit seiner Gesangskunst verbunden sind.

Über seinen Palestrina schrieb Thomas Mann 1917 in der „Neuen Rundschau" einen bewundernden Essay, in dem es heißt: „Der Sänger des Palestrina war derselbe, der in Basel als Evangelist in der Matthäus-Passion auf Romain Rolland so starken Eindruck machte. Bei Nacht an seinem Tische sah er ergreifenderweise dem Autor ähnlich: das bekenntnishafte Gepräge der ganzen Darbietung wurde dadurch vollkommen".

So leicht ihm die Opernaufgaben fielen, so schwer war für Karl Erb der Anfang. Geboren im schwäbischen Ravensburg, war der junge Mann nach glanzloser Jugend lange als Kassierer des Gaswerks seiner Vaterstadt tätig, ehe er in Stuttgart beruflich Fuß fassen wollte. Erb verbesserte seine Lage, indem er aushilfsweise im Opernchor sang und sich autodidaktisch weiterbildete. Das war, als dem Baron von Puttlitz die Stimme auffiel…

Zusammen mit seiner späteren Frau, der Sängerin Maria Ivogün, feierte Erb viele Triumphe an der Münchner Oper und von 1925 bis 1930 an der Städtischen Oper Berlin. Auch die hell timbrierte Stimme der Ivogün ist Stimmliebhabern ein guter Begriff. Interessant übrigens, wie der so musikalisch klingende Name entstand. Maria hieß von Haus aus Kempner, was nun nicht gerade opernhaft ist. Aus dem Mädchennamen ihrer Mutter, Ida von Günther, schuf sie sich selbst ihren singenden Namen: I(da) vo(n) Gün(ther).

Doch die Ehe hielt nicht. Maria Ivogün heiratete ihren Klavierbegleiter Michael Raucheisen. Erb wandte sich nicht zuletzt unter dem Eindruck dieses Geschehens stärker dem Lied- und Oratoriengesang zu. Als Evangelist der Matthäuspassion erschütterte er in fast 400 Aufführungen ungezählte Hörerinnen und Hörer in ganz Europa. Die Schallplatte hat seine Stimme bewahrt. Wir können, wenn wir heute seinen von innen her bewegten Tenor hören, gut verstehen, daß sich Lübecker Opernfreunde gern an den legendären Lohengrin von Karl Erb erinnern.

Jaro Prohaska

Das Sprungbrett stand in der Beckergrube. Immer wieder; Jaro Prohaska ist eines von vielen Beispielen. Als Wiener Sängerknabe hatte er die Kraft der Musik und die Herrlichkeit des Singens erlebt; bereits der Zwölfjährige komponierte eine kleine Weihnachtsmesse, die in der St. Thekla-Kirche in Wien aufgeführt worden ist.

Der Weg zur Erfüllung seines Sängerwunsches führte über strenge Studienjahre. Intendant Paul von Bongardt erfuhr von einer kraftvollen Stimme eines jungen Wieners, bat ihm zum Vorsingen und behielt ihn gleich als „ersten Heldenbariton" im Hause. Marschners „Hans Heiling" war sein Debut. Die Oper spielt im böhmischen Erzgebirge, 14. Jahrhundert, Hans Heiling ist der Sohn der unsterblichen Königin der Erdgeister und eines sterblichen Mannes. Romantik, dem „Freischütz" ähnlich, auch mit Szenen im düsteren Wald — Marschners Werk mit seinen melodischen Schönheiten ist nie ganz aus den Spielplänen verschwunden, hat freilich nie die Popularität des zwölf Jahre älteren „Freischütz" erreicht. Für einen Anfänger jedenfalls gab es zwischen Geisterreich und Böhmerwald viel zu singen. Der Kritiker des „Lübekker Generalanzeigers" schwärmte, der neue Sänger sei bereits eine „Säule des Theaters". So eine Wertung macht stolz.

Die Kollegen munterten ihn auf, zum Intendanten zu gehen und höhere Gage zu verlangen. Und Jaro schritt die Treppen hoch zum Büro des „Alten". „Halb schüchtern und halb patzig stammelte ich etwas von Säule des Theaters, kleiner Gage und Aufbesserung", erinnerte er sich. „Ein donnerndes 'Hinaus' des Gewaltigen war die Antwort — und ich schwor mir, so etwas nie wieder zu versuchen." Am nächsten Gagentag stellte er fest, daß seine Gage verdoppelt worden war.

Jaro Prohaska
1924

In der Oper „Notre-Dame" von Franz Schmidt, von der heute nur noch die blendend komponierte Zwischenaktmusik bekannt ist, leistete Prohaska ein bewundertes Solo. Er sang die Partie des Archidiakons, der als Gegenpol des Glöckners von Nortre-Dame dabei ist. Dabei hatte er hinter der Szene zur Orgelbegleitung zu singen. Da der Korrepetitor mit der Orgel über der Bühne nicht zurecht kam, kletterte Prohaska empor, begleitete als in Wien ausgebildeter Organist seinen Gesang selbst und sauste zurück auf die Bühne, um im nächsten Augenblick mit der vollen Würde eines Archidiakons aus dem Dom zu schreiten.

Noch im ersten Bühnenjahr bekam er „die herrlichste aller Rollen", den Hans Sachs. Nach der Premiere verkündete der Intendant, er könne seinem Sachs keine kleinere Gage geben als seinem Stolzing — Jaro Prohaska war oben angelangt. Wichtiger war, daß der Sachs seine Partie wurde — sie war ihm auf die stattlichen Statur geschneidert. Er hatte seine Lebensaufgabe gefunden.

Sprungbrett Lübeck. Prohaska wurde mit seinem Nürnberger Meister nach Nürnberg engagiert, ging nach München und nach Prag, die Berliner Staatsoper holte den Sängerschauspieler, der inzwischen alle großen Partien des Stimmfachs Heldenbariton beherrschte, und ehrte ihn mit dem Titel Preußischer Kammersänger. Die Bayreuther Festspiele waren fast eine Selbstverständlichkeit. Von 1933 bis 1944 sang Prohaska auf

Liebevolle Collage
eines Fans
1925

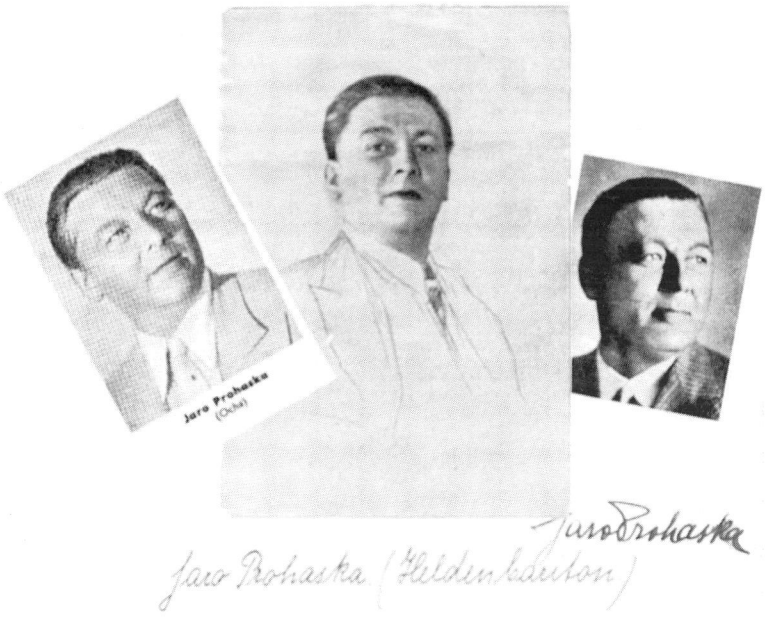

dem Grünen Hügel. Sein Sachs war an der Wiener Staatsoper ebenso gefragt wie in Budapest. Er wurde in Buenos Aires so gefeiert wie in Amsterdam. Prohaska sang ihn unter den großen Dirigenten des Jahrhunderts, Furtwängler, Abendroth, Richard Strauß, Leo Blech, Erich Kleiber, Hans Knappertsbusch, Fritz Busch, George Szell, Clemens Krauß, Karl Böhm, Joseph Keilberth.

Als er auf seine Weltkarriere zurückblickte, schrieb er: „Aber in lebendigster Erinnerung bleibt mir die Lübecker Aufführung unter Karl Mannstädt am Pult und Paul von Bongardt als Regisseur."

Günther Lüders

Manchmal kommt zusammen, daß ein Schauspieler nicht nur das Wesen seiner Rolle, nicht nur sein eigenes Wesen, sondern auch einen Teil des Charakters seiner Stadt verkörpert. Ihm ist dieses Stück Erinnerung gewidmet — Günther Lüders.

Was tut ein vom Theater faszinierter Kaufmannssohn, wenn sein Vater dagegen ist, daß der Junior Schauspieler wird? Heute ist das kein Problem; in den zwanziger Jahren konnte der Junior nichts weiter machen, als beim Schauspieldirektor des Stadttheaters heimlich Unterricht zu nehmen. Der Schauspielgewaltige hieß Karl Heitmann. Carl Lüders und seine Frau Anna aber hatten mit ihrem Filius anderes im Sinn: Nach dem Abitur am Katharineum hinein ins Kaufmännische, das war selbstverständlich. Als der Sohn beichtete, Unterricht zu nehmen, tolerierten das die Eltern sogar. Wenn es dem Jungen Spaß machte, warum nicht? So für nebenbei.

Der Lehrer erkannte die Begabung des Schülers. Er engagierte ihn; die Spielzeit 1923/24 war die erste des Kaufmannssohnes Lüders. Damit hatten die Eltern nicht gerechnet. Sie kündigten ihre Abonnements im 1. Rang, aus einem Gefühl heraus, das man nur in Lübeck so richtig verstehen kann. Carl Lüders wollte nicht sehen, wie sein Sohn, der Sohn eines Kaufmanns, auf dem Theater „dummes Zeug" machte.

Zu berichten ist, daß Carl und Anna Lüders nicht lange wegblieben. Sie gingen wieder regelmäßig und gern ins Stadttheater, da sie erleben konnten, wie ernst ihr Günther Beruf und Berufung nahm. Vielleicht hat auch eine Begebenheit mitgespielt, von der ihnen der Sohn berichtete. Günther kam im modernen grauen Rollkragenpullover zur ersten vormittäglichen Probe. Das ließ der Regisseur nicht durchgehen: „Herr Lüders, wollen Sie das Theater nicht ernst nehmen?" Der Anfänger wurde rot, rannte nach Hause, holte einen Anzug aus dem Schrank, band sich eine Krawatte um und lief in die Beckergrube zurück. Der Regisseur blickte zufrieden. Proben waren würdige, ja heilige

Günther Lüders in
„Mein Freund
Harvey"

gehört, wenn der Vorhang sich hob! Soviel, daß der Wunsch in mir immer lebendiger wurde, in dieser Welt da oben mittun zu dürfen! Eines Tages durfte ich es, und noch heute bin ich jeden Tag glücklich, daß das Theatererlebnis in meiner Vaterstadt Lübeck so groß war, daß es eigentlich mein Leben bestimmte."

Er war später gern im Lübecker Haus, um herrlich eigensinnige Rollen abzuliefern. So mancher erinnert sich an seinen sanft verrückten Elwood P. Dowd ("Mein Freund Harvey"). Ein komödiantischer Spaß für Lüders, zugleich ein Stück mit der ihm am Herzen liegenden heiteren Botschaft der Menschenfreundlichkeit.

Sein Anfang im Stadttheater war nicht so heiter. Der noch nicht Zwanzigjährige mußte Hals über Kopf wegen eines Ausfalls die Rolle des Pastor Manders in Ibsens Familiendrama „Gespenster" übernehmen. So war das damals beim Theater (nicht schlecht, meinen heute einige, vielleicht nicht zu unrecht). Der Manders ist ein gestandener Mann, der die Aufgabe hat, mit einem jungen Maler namens Oswald heftig über die Moral in Künstlerkreisen zu streiten. Schwierig auch dann, wenn dem Anfänger die fehlenden Lebensjahre angeschminkt werden konnten. Aber wie gut auch. Denn Lüders erkannte, daß er die Kraft zur Verwandlung in sich hatte. Er spielte so gediegen, daß er bald darauf den verschmitzten Wachtmeister Werner in Lessings „Minna von Barnhelm" bekam — auch nicht die unbedingt

Arbeit. Lüders sah, daß der große Herr „in gestreiftem Beinkleid" am Regiepult saß. Er erzählte den Eltern davon. Da muß der Vater erkannt haben, daß ein guter Schauspieler mehr will als „dummes Zeug" machen.

Wie war der wohlerzogene Sohn zum Theater gekommen? Er hat es selbst erzählt: „Meine ersten Theatereindrücke überhaupt empfing ich im Lübecker Stadttheater. Unvergeßlich das Stimmen der Instrumente bei noch geschlossenem Vorhang, unvergeßlich der Vorhang selbst — ein recht groß geratener nackter Mann, der mit verzerrtem Gesichtsausdruck offenbar sehr gern auf einer recht kleinen Erdkugel herumirrte. Und wieviel Wunderbares und mich Bewegendes habe ich passende Aufgabe für einen Anfänger. Aber dieser Kerl zeigte eine gute Seele hinter rauhbeinigem Gehabe – damit war Lüders' Wesen getroffen.

Er fiel auf. Ein Engagement in Dessau lockte, Frankfurt zog den eigenwilligen Mimen an den Main, schließlich führte der Weg nach Berlin. Die Filmkamera war von Anfang an verliebt in Lüders' Gesicht. Die ausgeprägte Nase, der naive Blick aus pfiffigen Augen, der Adamsapfel – er wirkte ein bißchen wie ein verspäteter Konfirmand. Über 150 größere und kleinere Filmrollen warteten auf dieses Gesicht.

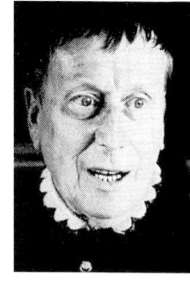

Günther Lüders als Malvolio

Seine Kraft war, daß er sich nicht abstempeln ließ. Sein erster Film war „Die Insel", 1934 mit Brigitte Helm. Seine Fähigkeiten für Film und Theater reichten vom „Etappenhasen" bis zum Malvolio in „Was ihr wollt", vom Dorfkauz in „Krach um Jolanthe" bis zum Polonius im „Hamlet". Er konnte einen stolzen, weltfremden Hagestolz geben und kurz danach einen bauernschlauen Landarbeiter. Lübecker Schule.

Dabei denunzierte er die deutschen Dialekte, die er spielend beherrschte, nie als äußeres Requisit, sondern verwendete sie sparsam als Ausdruck einer Haltung. Er war klug.

Nach 1945 begann er bei den inzwischen zur Legende gewordenen Freilichtspielen der Stadt Mölln – als Eulenspiegel. Das war wieder eine Rolle, die ihm lag; Eulenspiegel war der ins Symbol gehobene Ausdruck seines Wesens. Wer ihn neben dem bronzenen Eulenspiegel des Brunnens von Karlheinz Goedtke stehen sah, war über die doppelte Ähnlichkeit überrascht – äußerlich, innerlich.

Flensburg, Hamburg, Lübeck waren Nachkriegsstationen. Gründgens holte ihn nach Düsseldorf. Acht Jahre einer beide beglückenden Zusammenarbeit folgten und prägten den Lübecker zu einem der großen deutschen Charakterdarsteller. 1954 löste er sich aus festen Bindungen, weil die Angebote so vielseitig waren, daß er sich Lieblingsrollen aussuchen konnte. Aus jenen Jahren stammt die Darstellung des Corl Smolt im „Buddenbrooks"-Film von Alfred Weidenmann (1959). Unvergeßlich die Szene, in der sich Corl mit Konsul Buddenbrook über das Staatswesen streitet – da war Lüders Lübeck pur. Man kann es hörend nachempfinden, wie er mit seiner hellen, etwas singenden Stimme auf die Frage des Konsuls, was die „Revolutionäre" vor dem Rathaus wollten, die berühmte Antwort gibt: „Je, Herr Kunsel, ick segg man bloß: wi wull nu 'ne Republike, segg ick man bloß ..." Und auf die Erwiderung Buddenbrooks „Öwer du Döskopp ... Ji heww ja schon een!" kam Corls klassischer Satz: „Je, Herr Kunsel, denn wull wi noch een."

1959 ließ sich Lüders wieder auf etwas Festes ein, wurde Schauspieldirektor des Württembergischen Staatstheaters in Stuttgart und spielte seine Rollen so intensiv, daß im September 1962 der Ehrentitel „Staatsschauspieler" folgte. Als er spürte, daß die Belastungen des Amtes seiner Gesundheit zusetzten, entschied er sich, 1963 aus der Leitung auszuscheiden und das Amt einem jüngeren Theatermann zu übergeben — Karl Vibach.

Er fand die Zeit, auch wieder in Lübeck auf der Bühne zu stehen. Er kam auf Vibachs Bitten nicht nur als „Freund Harvey", sondern auch als „Hauptmann von Köpenick". Das Land Schleswig-Holstein ehrte den Lübecker mit seinem Großen Kunstpreis, das Theater machte ihn zum Ehrenmitglied, die Hansestadt verlieh ihm die Senatsplakette. In seiner Dankesrede sprach Günther Lüders einen Satz, der sein Leben in sechs Wörtern enthält: „Als Kaufmannssohn glaube ich an Qualität."

Sein Sinn für Qualität zeigte sich an jedem Theaterabend. Lüders legte Wert darauf, eine Garderobe für sich allein zu haben. Er brauchte Ruhe, um sich zu sammeln. Eine Stunde vor Beginn erschien er, auch wenn er erst später heraus mußte. Beim Pförtner rauchte er eine Zigarette, mehr gestattete er sich nicht. Dann ging er die Treppen hoch und kleidete sich sorgfältig um. Auf einem an die Wand gehefteten Zettel stand in seiner kleinen akkuraten Handschrift, Buchstabe einzeln neben Buchstabe, jedes Kleidungsstück für die Rolle. Eine halbe Stunde vor dem Vorhang ging er auf die Bühne und begrüßte jeden mit Handschlag, die Kollegen, die Souffleuse, die Beleuchter und Bühnenarbeiter. Dann setzte er sich in eine Ekke und wollte nicht mehr angesprochen werden. Er wußte, wie Qualität zu erreichen ist. Carl und Anna Lüders hätten Freude daran gehabt.

Victor de Kowa

Er hieß Viktor Kowarzik und sah blendend aus. Ein junger Herr, elegant, überheblich und von einer Haltung, die auf alten Adel schließen ließ. Er sprach gern etwas von oben herab und entwickelte seinen eigenen Stil zwischen Blasiertheit und Ironie.

Von 1925 bis 1927 betörte er die Lübecker Bürgertöchter. Es war sein erstes Engagement. Intendant Thur Himmighofen hatte seine Ausstrahlung erkannt. Aber mit dem Namen Viktor Kowarzik, meinte er, könne man beim Theater nichts werden. Er machte aus dem k im Vornamen ein c, strich die dritte Silbe aus dem Familiennamen, und da der junge Mann ohnehin Eleganzrollen spielte, würde ein ziemlich unverbindlicher Adelsschlag nicht schaden: Victor de Kowa — noblesse oblige. So tragen Theaterleiter zur Karriere bei.

Victor de Kowa machte bei der UFA Filmkarriere, und es läßt auf die Unaufrichtigkeit der damaligen staatlichen Filmherrscher schließen, daß sie einen den propagierten nordischen Recken so entgegengesetzten Lebemann mit Chic in die Hauptrollen schickten. Victor de Kowa konnte auch sich selbst gegenüber Ironie aufbringen. Auf Bitten seines Intendanten schrieb er fürs Programmheft:

„Als am 9. März, früh 4,15 Uhr, die ersten Sonnenstrahlen auf dem Gut Hohkirch bei Görlitz ins Schlafzimmer guckten, gackerten alle Hühner auf dem Miste: ‚Der Kronsohn wird wohl, wie sein Vater, ein Bauer werden!'
Als der Quartaner des Kreuz-Gymnasiums zu Dresden in Religion die Zensur ‚Eins' hatte, krähten alle Tanten: ‚Der wird wohl, wie sein Großonkel, Pastor werden!'
Als der Kadett mit schrecklich abstehenden Ohren und in herrlichen Lackstiefeln des Königs von Sachsen herumlatschte, sagte seine Mutter: ‚Er wird wohl, wie sein Onkel, Offizier werden!"
Als die Kunstakademie seine ersten Plakatentwürfe preiskrönte, stand es fest: ‚Er wird wohl Maler werden!'
Als ein Anfänger das erste Mal im Jahre 1925 auf der Bühne des Stadttheaters Lübeck stand, kam ein lieber, reizender Zuschauer zu mir und fragte mich strahlend: ‚Sagen Sie mal, warum mußten Sie eigentlich ausgerechnet gerade Schauspieler werden?'"
Victor de Kowa steuerte eine nicht häufige Kombination an — er verband den Liebhaber mit dem Bonvivant, mit dem eleganten, überlegenen Lebemann. Er wurde zum Gentleman des Theaters und bald des Films. Ein Charmeur mit Haltung. Er hatte „Fingerspitzengefühl durch die Hand-schuhe hindurch", wie ein kluger Kritiker schrieb.

Es dauerte nicht lange, bis der junge Schauspieler auch als Chansonnier auf sich aufmerksam machte. Eine Freude ist es, die Lieder des Grandseigneurs der frühen dreißiger Jahre zu hören. Er hatte die Gabe, seinen leise ironisch eingefärbten Humor gewissermaßen zwischen den Notenzeilen zu singen — wie in diesem Couplet von Friedrich Hollaender:

„Meine Schwester liebt den Buster,
liebt den Keaton, und sie sieht'n
in jedem Mann.
Alle Männer sind nur Nieten
gegen Buster, gegen Keaton,
und sie sieht'n
sich täglich an."

Das muß man hören, um sich vorzustellen, wie Victor de Kowa zwischen den Zeilen indigniert die Augenbrauen hebt. Auch so etwas kam aus Lübeck. Er wirkte immer so, als sei er von Thomas Mann erfunden worden.

Erich Ponto

Blätter der Erinnerung — dazu gehört, an einen großen Schauspieler aus Lübeck zu erinnern, an Erich Ponto.

Es gibt einige im Ensemble, die sich ihm und seiner künstlerischen Art nahe fühlen. Es gibt vor allem viele Lübecker, in deren Erinnerung die Gestalt des bedeutenden Darstellers Platz fand. Das Theater hat ihm zum 30. Todestag im Februar 1987 — Ponto starb am 4. Februar 1957 — eine würdige, sehr gut besuchte Feierstunde gewidmet, obwohl Erich Ponto nie in Lübeck auf der Bühne stand. Es ergab sich nicht. Also muß es andere Gründe dafür geben, daß er hier nicht vergessen wird.

Der Lübecker Ponto hat ein Stück des Wesens der Stadt verkörpert, ein Stück der feinen, akkuraten Bürgerlichkeit, die dazu beigetragen hat, „Lübeck als geistige Lebensform" (Thomas Mann) zu prägen. Wüßte man nicht, daß er zu den großen deutschen Schauspielern gehörte, hätte man ihn für einen spitzfindigen, hochgebildeten, etwas skurrilen Apotheker halten können. Dabei hätte man nicht einmal geirrt. Denn spitzfindig war er, hochgebildet war er, skurril — und sogar Apotheker war er, der Sohn von „Ponto am Markt".

Ponto entstammte, wie die Brüder Mann, einer Kaufmannsfamilie. Sein Vater führte in der Reihe des sogenannten Ostriegels, der damals aus gegliederten Giebelhäusern bestand, ein angesehenes Textilhaus und wußte durch allerlei eleganten Schnack seine Kundschaft zu vergnügen. Man kaufte gern bei ihm, weil man zur Ware stets ein kleines Schauspielchen des Chefs dazubekam. Sprichwörtlich im alten Lübeck war die verquere Redensart: „Tut mich leid — sagt Ponto am Markt".

Der Sohn blieb vorerst im Rahmen. Abitur, Studium der Pharmazie. Er wäre ein betulicher Herr Apotheker geworden und hätte die Erinnerung

daran wachgehalten, daß auch Spitzweg Apotheker war. Aber zum bürgerlichen Leben gehörte zuweilen auch der Sprung ins ungewisse Abenteuer des Künstlertums. Beispiele gibt es genug. Studiosus Ponto sprang — und wurde Schauspieler. Er stellte sich, von der Natur wohl eher geeignet als von der Statur, auf die Probe. Und gewann. Erich Ponto und das Königlich-Sächsische Hoftheater in Dresden, das spätere Staatstheater, hielten sich gegenseitig 33 Jahre lang — von 1914 bis 1947 — die Treue. Zuletzt war der Lübecker dort Generalintendant. Was hat er alles gespielt! Gewichtige Rollen, vom Mephisto bis zu Richard III., und kauzig-komödiantische Rollen, ihm wie auf Rezept verschrieben — den Schneider Wibbel, den Dorfrichter Adam, den Puck im Sommernachtstraum. Nach der legendären Berliner Uraufführung von Brechts „Dreigroschenoper", in der er als Gast 1928 den Gauner Peachum spielte, schrieb der Kritiker Alfred Kerr im Befehlston: „Diese Kraft hat in Berlin zu bleiben. Einer, dem man nichts vormachen kann. Er ist ein ganzer Schauspieler. Voll der letzten Sicherheit ..." Ponto blieb — in Dresden.

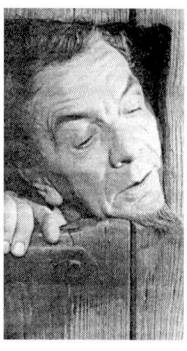

Erich Ponto als Schneider Wibbel. Film von Victor de Kowa 1939

Allerdings ließ er sich gern in die Berliner Filmateliers bitten und lieferte der Kamera eine Reihe von unnachahmlichen Gestalten, in denen ab und an auch der lübsche Apotheker ironisch durchzublicken schien — ein Mann, der zwar nicht eben groß, aber doch groß genug war, auch über sich selbst zu schmunzeln.

In Stuttgart fand er nach erzwungenem Abschied aus Dresden seine neue künstlerische Heimat. Als Shakespeares Shylock stand er 1957 zum letzten Male auf der Bühne, die volle Tragik dieser unheimlichen Rolle erfassend, schmal, zerbrechlich, am Ende zerbrochen. Erich Pontos letzte Filmrolle war der Daniel Defoe in „Robinson soll nicht sterben" — ein Poet, ein sanfter Sonderling, ein Träumer. Aus Lübeck.

Hermann Rohrbach

Fast vier Jahrzehnte hat Hermann Rohrbach (1905-1985) das Theaterleben an der Beckergrube mitgestaltet. Von seinem Debut an, dem Herrn Fluth in Nicolais „Lustigen Weiber von Windsor" (1939) bis zur Abschiedsrolle als Ritter Adelhof im „Waffenschmied" (1977) gab der stimmstarke Bariton wahrhaft den Ton an.

Eine Fülle von Gestalten liegt dazwischen. Sein Meisterstück war der Schumacherpoet Hans Sachs in den „Meistersingern". Er sang ihn in den fünfziger Jahren auch in Bayreuth unter Knappertsbusch und Karajan; wer die Kritiken nachliest, kann sich die Freude des Sängers über so viel Lob vorstellen. Die

Wagnerfestspiele von Barcelona holten ihn als Kurvenal in den „Tristan" und als Wotan in den „Ring". Seine Stimme stellte er auch gern den munteren Partien der deutschen und italienischen Spieloper zur Verfügung. Bei Heiterkeit und Fröhlichkeit erholte er sich vom singenden Heldentum.

„Hoffmanns Erzählungen" von Jaques Offenbach war ein Werk, das dem Sängerschauspieler stets Freude machte. Als dramatischer Bariton bekam er die Aufgabe, gleich vier verschiedene Figuren an einem Abend zu gestalten, den Stadtrat Lindorf, den Konstrukteur Coppelius, den bösen Dappertutto und den alten Rat Crespel. Und wer Rohrbach als Sebastiano in „Tiefland" erlebte, kannt die Faszination auch seiner Darstellungskraft.

Hermann Rohrbach ist 1905 in Solingen zur Welt gekommen. Im Männerchor der Heimatstadt wurde seine Stimme entdeckt. Nach vier Jahren Gesangsstudium führte ihn das erste Engagement an die angesehene Oper der schlesischen Stadt Ratibor. Das westfälische Hagen folgte, wo ihn der Lübecker Intendant Robert Bürkner als Sachs hörte und vom Fleck weg engagierte.

Hermann Rohrbach erlebte eines der geheimen Gesetze der Stadt: Wer sich um Lübeck und die Lübecker bemüht, wird angenommen. Es gab lockende Angebote. Doch der Bekenntnis-Lübecker hielt der Hansestadt die Treue. Die Opernfreunde lohnten es ihm mit nie versagender Zustimmung. Wer seinen schwäbischen Ritter 1977 im „Waffenschmied" miterlebte (Rainer Bunzel führte Regie, Klaus Eisenmann dirigierte, Michael Goden stattete den Abend aus), erinnert sich gern an die warmherzige, fast zärtliche Gestaltung der Partie. Rohrbach war wie ein älter gewordener Hans Sachs, der die Welt mit mildem Blick schaut. Der Heldenbariton hat in Generationen von Theaterbesuchern einen Eindruck von herzhaftem, handfesten, humanen Heldentum hinterlassen. In einer Zeit, die mit Helden ihre Schwierigkeiten hat, ist das viel.

Hermann Rohrbach
als Hans Sachs

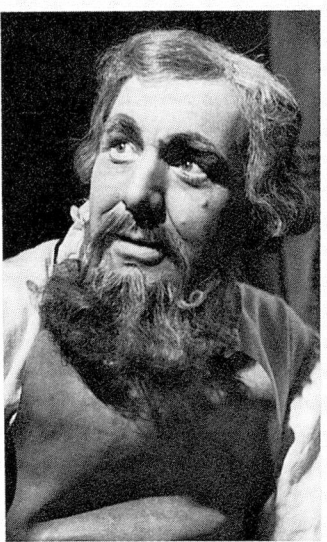

Jan Herchenröder

Blätter der Erinnerung werden auch einem Kritiker gewidmet: Jan Herchenröder (1911-1986). Als Feuilletonchef der „Lübecker Nachrichten" 1961 bis 1976 hat er das Theater mit kritischer Freude begleitet. Eine Kritik, sagte er im Kollegenkreis, müsse „geschrieben" sein. „Geschrieben" — das war Stil, Persönlichkeit, Frische. Seine Arbeiten waren „geschrieben".

Herchenröder, in Langen bei Offenbach geboren, war auch ein liebeswertes Stück des Theaters. Als Autor hat er den Lübecker Bühnen drei Schauspiele geliefert, das Zeitstück „Pappkameraden" mit dem erstklassigen Günter Kütemeyer in der Hauptrolle, eine amüsante „Lübeck-Revue", die mit Schwung durch die Geschichte der Hansestadt führte, und den Einakter „Der Tag der Schnorrer", in dem er sich in der Rolle des Alt-Frankfurter Bankiers Meyer Amschel Rothschild auch als Darsteller auf die Bühne wagte. Bei diesem Dialektstück aus dem alten Frankfurt war er mit dem Herzen dabei,. Es lebte aus der Sprache, aus hessischem Nuscheln und jüdischen Einsprengseln — so wie das der Bub Jan gehört hat. Die kleine Story des vierzig Minuten währenden Stücks: Fünf charakteristische Frankfurter klopfen bei Rothschild an, um Geld zu pumpen oder zu erbetteln — eine Typenrevue aus besonnter Vergangenheit. Das Ensemble machte gern mit, u.a. Marianne Schubart, Otto Sawicki, Dietrich Neumann, Horst Vinçon. Jan spielte den Bankier in der rührenden Haltung mit seinen abfallenden Schultern und mit der leisen Überlegenheit seines Lächelns.

Nach der Pause kam die Groteske „Goethe im Examen", aus Lust und Laune geschrieben von Egon Friedell und Alfred Polgar. Wer stellte sich als Goethe maskiert in einer geglückten Parodie auf die Bühne? Jan Herchenröder. Es gab viel Applaus des ausverkauften Studios. Goethe gefiel. Aber richtig Spaß machte der Meyer Amschel Rotschild. Denn da spielte der Autor, was er nun wirklich besser konnte als jeder andere, auch jeder andere Klasse-Schauspieler. Er spielte Jan Herchenröder. Das Haus jubelte, Gott soll schützen.

Jan Herchenröder in „Goethe im Examen"

Zur Premiere mit dem „Tag der Schnorrer" am 3. Juni 1977 waren Kollegen des langjährigen Journalisten Jan Herchenröder aus allen vier Himmelsrichtungen nach Lübeck gekommen. „Ich hatte noch nie so viel Presse im Haus", freute sich Intendant Karl Vibach.

Auch sie waren in Lübeck . . .

Ruth Leuwerik

„Sie war eine äußerst elegante Erscheinung... Ihrem rötlichen Haar, das auf der Höhe des Kopfes zu einer kleinen Krone gewunden und in breiten künstlichen Locken über die Ohren frisiert war, entsprach ein außerordentlich zartweißer Teint mit vereinzelten kleinen Sommersprossen... Ihr kurzes Mieder mit hochgepufften Ärmeln, an das sich ein enger Rock aus duftiger, hellgeblümter Seide schloß, ließ einen Hals von vollendeter Schönheit frei, geschmückt mit einem Atlasband, an dem eine Komposition von großen Brillanten flimmerte..."

Der junge Thomas Mann mochte seine Konsulin Buddenbrook. Das liebte er, Eleganz, Stilsicherheit, durch Schmuck erhöhte Schönheit. „Eine äußerst elegante Erscheinung" — so führte er in den „Buddenbrooks" die Konsulin den Lesern vor Augen. Genau so ist sie von Ruth Leuwerik gespielt worden, 1979, als Regisseur Franz Peter Wirth den großen Roman in eine Fernsehserie verwandelte.

Da war sie eine Lübeckerin des 19. Jahrhunderts, das Bild einer Dame aus hanseatischem Geist, großbürgerlichem Stolz und gepflegtem Äußeren. Dabei stammt sie aus Essen, der Industriestadt zwischen Stahl und Steinkohle. Ruth Leeuwerik — offiziell mit zwei e hinter dem L — ist 1924 als Tochter eines Kaufmanns zur Welt gekommen. Lyzeum, höhere Handelsschule — und der Wunsch des hübschen Mädchens, zum Theater zu gehen. Als es 1943 beim Westfälischen Landestheater Paderborn losgehen sollte, wurden alle Theater geschlossen.

Richtig los ging es in Lübeck. Intendant Schüler engagierte sie 1948, angetan von der eigentümlich beseelten Kraft ihrer Persönlichkeit. Sie debutierte als Sally im „Lied der Taube" von John van Druten; ein leises Stück, Rolf Müller führte Regie, die 24jährige war wunderbar in der Rolle einer eben erblühten Frau, die sich taubenzart anschmiegen und gerade deswegen durchsetzen kann. Ähnlich feingliederig war ihre Inken Peters in Hauptmanns „Vor Sonnenuntergang", ein junges Mädchen an der Seite eines älteren Mannes, die sich mit dem Stolz der Liebe gegen Haß und Häme behauptet.

Wie mit einer Seidenschnur blieb sie mit Lübeck verbunden — mit Thomas Mann. Als sie zu Filmruhm gekommen war und das zweite e abgelegt hatte, spielte sie eine Hauptrolle, für die sie hohen Applaus bekam. In dem Roman „Königliche Hoheit" (1909) von Thomas Mann, aus dem Harald Braun 1953 einen märchenhaften Film machte, war sie „im Fliederduft von Hollerbrunn" die Imma der verliebten Hoheit Klaus Heinrich, Dieter Borsche war ihr Partner. „Ganz liebenswürdig und hübsch zu sehen", schrieb Thomas Mann lobend dazu.

Ihr (vorerst ?) letzter Spielfilm führte sie wieder in die hanseatische Großbürgerlichkeit. In der Regie von Franz Seitz spielte sie die weibliche Hauptrolle in „Unordnung und frühes Leid" nach der 1925 entstandenen Erzählung von Thomas Mann, die tüchtige Gattin des Herrn Professor Cornelius, eine Frau, die viele Schwierigkeiten meistert und sich die weibliche Würde der Schönheit bewahrt. Die Schauspielerin, die in Lübeck begann, setzte ihrer Kinolaufbahn einen würdigen Schlußpunkt — mit Thomas Mann.

Will Quadflieg

Will Quadfliegs theatralische Sendung hat eine entscheidende Wandlung durchgemacht. Ort und Zeit sind bekannt, sie sind ein Stück Theatergeschichte des Jahrhunderts. Es geschah im November 1945 im Kolosseum der Hansestadt Lübeck.

Der Schauspieler war in den letzten Kriegsmonaten als Rezitator unterwegs. Truppenbetreuung; die Theater hatten am 1. September 1944 schließen müssen. Quadflieg war in Breslau, als die Hauptstadt Schlesiens zur Festung erklärt wurde, gelangte auf abenteuerliche Weise nach Berlin, mußte — eine gespenstische Szene — im Olympischen Dorf vor Soldaten Hölderlin-Hymnen sprechen, und als er einen Marschbefehl nach Dänemark erhielt, kam er in zwanzigstündiger Bahnfahrt vom Lehrter Bahnhof bis nach Lübeck. Zufall.

„Unterschlupf hatte ich bei einem Buchhändler gefunden, der ein Dachstübchen frei hatte", erzählte er später. Wenn er nicht mit einem geliehenen Fahrrad über ostholsteinische Dörfer fuhr, um ein paar Kartoffeln zu ergattern, las er ganze Tage. An Vorträge war wieder zu denken. Bei Theodor Storm fand er „Stimmen über der Tiefe" — ein gutes Motto für einen Neuanfang mit dichterischer Sprache.

Er hörte in Lübeck von Wolfgang Borchert. Der junge Hamburger hatte Kurzgeschichten vorgelegt, die ein Bild der Zeit zeichneten ("Draußen vor der Tür" kam erst im November 1947 in den Hamburger Kammerspielen heraus). Borchert, dazu die „Moabiter Sonette" von Albrecht Haushofer (Haushofer war noch am 23. April 1945 hingerichtet worden) und die „Dies irae"-Gedichte des Balten Werner Bergengruen: Es war ein anderer Quadflieg, der mit einem anderen Programm im Kolosseum vor das Publikum trat.

Zwei Verse von Bergengruen aus einem großen Gedicht können Zeit und Geist verdeutlichen, Spätherbst 1945:

Ich hatte dies Land in mein Herz genommen.
Ich habe ihm Boten um Boten gesandt.
In vielen Gestalten bin ich gekommen.
Ihr aber habt mich in keiner erkannt.
Ich kam als Gefangner, als Tagelöhner,
verschleppt und verkauft, von der Peitsche zerfetzt.
Ihr wandtet den Blick von dem struppigen Fröner.
Nun komm ich als Richter. Erkennt ihr mich jetzt?

Ursula Langhein
(Ophelia)
Will Quadflied
(Hamlet)

eine Erscheinung von heller Eleganz, Geist, leuchtendem Eifer. Seine idealistischen Jünglinge gab er auch dem Film. „Die Zaubergeige" hieß einer — Quadflieg ist ein junger Geiger, der in einem Museum eine Stradivari sieht; überzeugt, daß die Kostbarkeit nicht verstauben darf, läßt er sich nachts einschließen und stiehlt sie. Doch da ihn nicht Geldgier trieb, sondern der Wunsch, sein Ideal zu verwirklichen, geht alles gut aus. In Lübeck holte er seinen hohen Ton vom Sockel. Als das Theater im Kolosseum zaghaft begann, spielte er Goethes Orest ("Iphigenie") und Shakespeares „Hamlet". Den Dänenprinzen gab er durchgrübelt, skeptisch verdunkelt, von Melancholie verschattet. Ein verwandelter Quadflieg betrat die Szene. Ein Kritiker erkannte: „Quadflieg liebt die Kunst nicht um des schönen Scheins willen. Er liebt sie wegen ihrer Kraft, etwas zu bewirken, den Menschen zu verwandeln, ihm ein klares Bewußtsein seiner sittlichen Aufgabe zu ermöglichen..."

Lübeck konnte einen mit allen Segnungen des Theaters ausgestatteten Schauspieler nicht halten. Quadflieg setzte den Aufbruch in Hamburg fort. Er half, die „Junge Bühne" zu gründen und gehörte danach dem legendären Gründgens-Ensemble an. Jürgen Flimm, heute Intendant des Thalia-Theaters, gab im Arche-Verlag ein Geburtstagsbuch für Quadflieg (zu dessen 80. am 15. September 1994) heraus und erinnerte darin auch an Lübeck:

Quadflieg über seinen Neubeginn: „Diese Erinnerung brachte mir die Erfahrung, daß Kunst viele, sehr viele Menschen erreichen kann..., daß sie eine lebendige Kraft, eine Lebenshilfe sein kann." Er war eben dreißig Jahre alt. War es noch derselbe Quadflieg, der in Berlin die hellen, jugendlich durchbrausten Rollen gespielt hat, den Clavigo, den jungen Urfaust, Shakespeares junge Herren? Er konnte seine Stimme wie ein Cello klingen lassen, er war

122

„Wer schwärmte nicht für ihn? Ende der fünfziger Jahre, ich war Primaner, stand ich nach einer Karte an für sein Gastspiel als Tasso im Lübecker Stadttheater. Nach zwei Stunden, an der Kasse, fehlten mir fünf Mark. Die Plätze im dritten Rang waren bereits ausverkauft. Ich war, wie es sich für eine Anekdote gehört, den Tränen nahe. Eine Quadflieg-Verehrerin, Typ: Luise Ulrich, lieh mir das Geld. Ich war selig.

25 Jahre später, ich leitete inzwischen die Literatur-Produktion der Deutschen Grammophon, sitzen wir erstmals bei gemeinsamer Arbeit im Schallplattenstudio. Er hinter der Glaswand mit dem Buch am Tisch, ich, am längeren Hebel, am Aufnahmepult. Auf dem Programm: ‚Der Tod von Venedig' von Thomas Mann. Meine Aufgabe dabei: Ihm mit den Ohren auf die Finger zu sehen. Schon nach wenigen Sätzen unterbreche ich ihn: ‚Herr Quadflieg, haben Sie eine Verabredung?' Er antwortet, sofort wissend, was ich meine: ‚Ich bin wohl wieder zu schnell?' Das Ungestüme, das alterslos Jugendliche hat er heute noch. Und noch etwas: Er verspricht sich lieber — alles läßt sich korrigieren —, als daß er eine Stimmung zerstört, einen Gefühlsausdruck gefährdet. Will Quadflieg — ein großer Liebender, ein großer Sentimentaler, Geist und Eros, beides eben."

Will Quadflieg
1995

123

Bernhard Minetti, Cesar Klein

Undenkbar, daß ein Theater den „Hamlet" im Spielplan hat und die beiden bedeutendsten deutschen Schauspieler alternierend in der Titelrolle bietet — Will Quadflieg und Bernhard Minetti. Der Einwand, daß beide heute vom Alter her eher für den Lear passen (den sie ja unlängst an verschiedenen Häusern gespielt haben), ist berechtigt. Quadflieg kam am 15. September 1914 zur Welt, Minetti am 26. Januar 1905. Und doch stimmt es — sie haben in ihren rollengerechten Jahren auf einer Bühne den Hamlet gespielt, Abend für Abend im Wechsel.

Man hört die volltönende Stimme Quadfliegs in vokaler Schönheit mit dem betonten r : „Sterben — schlafen, schlafen? Vielleicht auch träumen! — Ja, da liegt's: Was in den Schlaf für Träume kommen mögen ..." Und man hört die scharfe, die Konsonanten zerknirschende, die Vokale heraustrompetende Stimme Minettis: „Wie ekel, schal und flach und unersprießlich scheint mir das ganze Treiben dieser Welt ..."

Solche Wunderstunden des Theaters ereigneten sich in Lübeck, in der ersten Nachkriegsspielzeit. Friedrich Siems, der erste Intendant nach 1945, schaffte es, die beiden ins Ensemble zu holen, den Anfang-Dreißiger Quadflieg und den Anfang-Vierziger Minetti.

Theater in Lübeck, das ist hier schon festgehalten worden, hatte nach dem Krieg einen schweren Start. Im Haus in der Beckergrube spielten die Engländer ihren Soldaten Heiteres vor. Einer der britischen Kontrolloffiziere war dem deutschen Theater zugetan — Captain Stephen Reiss. Er unterstützte die Bestrebungen, wieder zu spielen. Dem neuen Intendanten, der damals in sein Amt „bestellt" worden war, wurde eine Baracke auf dem Gelände der heutigen Schwimmhalle als Büro zugewiesen. Knapp sechs Wochen nach der „Bestellung" vom 15. Oktober 1945 begann im Kolosseum mit Goethes „Iphigenie" eine neue Theaterepoche, und auch im damaligen Delta-Palast an der Moislinger Allee konnte abends gespielt werden; nachmittags wurden in dem Saal Filme gezeigt.

Mit dem Kolosseum hängen schöne Erinnerungen des Zahnarztes Dr. Hartmut Drücke zusammen. Seine Praxis ist noch immer in der Kronsforder Allee 33. Als guter Zahnarzt hatte er einen polnischen Offizier von dessen Schmerzen befreit; der ließ ihm als Dank 30 Zentner Briketts vor die Tür kippen — ein Segen in jenen Jahren. Da fragt man nicht lange, da beeilt man sich, das Geschenk von der Straße zu holen. Die Praxis Drücke war schön warm. Da der theaterbegeisterte Doktor wußte, daß ein paar Hauswände weiter die Schauspieler bibbernd probten, öffnete er ihnen abends die durchgeheizten Räume, und so erklang zwischen Behandlungstühlen und Bohrern neben Shakespeare auch Goethes „Iphigenie": „Und an dem Ufer steh' ich lange Tage,/ Das Land der Griechen mit der Seele suchend..."

Friedrich Siems führte eine Ordnung der Angebote ein, die noch heute überzeugend ist. Im Delta gab es mit Operette, Lustspiel und Spieloper ein „Theater der Sinne", im Kolosseum wurde mit der dramatischen Literatur des ethischen und ästhetischen Anspruchs ein „Theater des Sinnes" etabliert. Erst am 29. September 1946 stand die Beckergrube wieder zur Verfügung, anfangs nur vier Tage in der Woche.

Interessant ist ein Blick in die Besucherstatistik von 1946. „Ostern" von August Strindberg, ein symbolstarkes Stück der Selbstprüfung nach schwerer Schuld, konnte das Kolosseum nur zu 70 Prozent füllen; „Hamlet" war immer ausverkauft.

Das Theater der großen Schauspieler war mehr oder weniger dem Zufall zu verdanken. Unter den Künstlern aus dem zerstörten und zerrissenen Berlin, die es wohnungslos und ohne Spielstätten nach Norddeutschland verschlagen hatte, waren Quadflieg und Minetti. Der in Kiel als Nachfahre von Italienern geborene Bernhard Minetti gehörte schon damals zu den faszinierenden Theatermenschen. „Mein Spielwille geht auf das Ganze", sagte er 1985 in einem Interview, als er 80 wurde. Das betraf auch seinen Hamlet. Seine überwältigende, drahtige Körperlichkeit, sein Zeuskopf, seine suggestiv blickenden Augen, sein herrischer Wille, über die Spielfigur in jeder Sekunde zu gebieten — es war alles auch 1946 da und prägte seinen Wunsch, in einer unsicher gewordenen Welt ein Stück Würde sichtbar zu machen.

Von Lübeck aus ist er in die große Karriere gegangen. Kanzler verneigen sich vor ihm, Bundespräsidenten

bitten ihn zu Tisch. Ein Dramatiker war von der dämonischen Intelligenz des Schauspielers und seinem im Gesicht sichtbar gewordenen scharfen Geist so fasziniert, daß er ihm eine seltene Huldigung widmete: Der Österreicher Thomas Bernhard schrieb das Stück „Minetti".

Für den Lübecker „Hamlet" schuf damals Cesar Klein das Bühnenbild. Der berühmte Maler, der 18 Jahre als Professor an der Akademie der Künste in Berlin wirkte, lebte 70jährig in der ländlichen Stille seines Eschenhofes in Pansdorf. Er charakterisierte den Königshof von Helsingör mit uralten Motiven nordischer Folklore. Mit ihm kam einer der großen Gestalter aus

125

Berlin nach Lübeck, wie so etwas ja nur in der Nachkriegszeit möglich war. Cesar Klein, Lübecker Bühnenbildner der ersten Stunde (auch „Iphigenie" und „Figaros Hochzeit" zeigten seine Handschrift), war am Berliner Staatstheater der Bildentwerfer für Leopold Jessner und Jürgen Fehling. In jungen Jahren gehörte er mit Pechstein, Nolde und Schmitt-Rottluff zur Berliner „Neuen Sezession", einer wichtigen Künstlergruppe des Jahrhunderts, und nach 1918 schloß er sich der legendären „Novembergruppe" an. Er war schon in Berlin einer der ersten, die auf geschlossene Abbildungen verzichteten und von den Zuschauern verlangten, auf Andeutungen einzugehen. Das Lübecker Publikum der Nachkriegsjahre machte dabei sofort mit.

Der Lübecker Jürgen Fehling war in der expresssiven Dämonie dem Kieler Minetti ähnlich. Er hat dessen kraftvolle Körperlichkeit mit einer Bemerkung charakterisiert, die in die Theatergeschichte eingegangen ist. Fehling inszenierte 1932 in Berlin den „Wilhelm Tell" und bot Minetti die Rolle des Geßler an. „Wie soll ich ihn machen?" fragte Minetti. Fehling überlegte nicht lange: „Du sollst gar nichts machen. Ich will bloß dein Sperma."

Cesar Klein:
Musikanten
Öl, 1929

Maximilian Schell

Schauspieler müssen an sich glauben. Glauben und Aberglauben sind Nachbarn. Als Maximilian Schell 1994 nach Hamburg kam, um im Deutschen Schauspielhaus den Higgins zu spielen, wollte er die Garderobe von Gründgens beziehen. Pech. Das Zimmerchen war durch Umbauten verschwunden. Der an Siege gewöhnte Schauspieler erlebte eine Niederlage. „My Fair Lady" wurde nur ein mittlerer Erfolg.

Maximilian, am 8. Dezember 1930 in Wien geboren, war 25, als er nach Lübeck ging. Das Theater galt als Sprungbrett für junge Talente. In Basel, Zürich und München hatte er sich u.a. den Theaterwissenschaften gewidmet. „Grau, teurer Freund, ist alle

Theorie, und grün des Lebens goldner Baum" (Schüler im „Faust"). Maximilian wollte nicht Theaterwissenschaft. Er wollte Theater.

Intendant Christian Mettin, mit einem Blick für Begabungen ausgestattet, gab ihm Gelegenheit, sich in vielen Rollen zu erproben. Hamburg war nahe, Gründgens in erreichbarer Nähe. Das ersehnte ganz große Theater lag 70 Kilometer weiter. Maximilian Schell hatte Glück. Gründgens sah ihn. Es dauerte nicht lange, da stand er auf der Bühne des Deutschen Schauspielhauses. Als er gar als Hamlet in Gründgens' Inszenierung Triumphe feierte, begann die Weltkarriere.

Stationen wie die Perlen auf der Kette: Im Londoner Royal Court spielte Schell den Oberst Redl in Osbornes „A Patriot for me", die Wiener Burg holte ihn, bei den Salzburger Festspielen erschütterte er als „Jedermann" vier Sommer lang. 1966 hatte er innerhalb eines Monats vier Premieren in verschiedenen Funktionen. Am Theater in der Josephstadt (Wien) war er Schauspieler in Shakespeares „Die beiden Veroneser" und Regisseur von Pirandellos „Alles zum Guten"; am Schauspielhaus Bochum erlebte sein eigenes Schauspiel „Herostrat" die Uraufführung, in Bremen inszenierte Zadek Schells Übersetzung von „A Patriot for me". Die Filmkarriere lief nebenher, aber auf Hochtouren. Die Liste seiner Rollen ist seitenlang, auch die der Ehrungen; das Bundesverdienstkreuz gehört dazu. Der kleine Bruder von Maria Schell ist der große Bruder von Maria geworden. Jetzt lebt er in Los Angeles. Sein Sprungbrett hat er nicht vergessen: Als er den Higgings spielte, kam er zu einem langen Besuch nach Lübeck.

An die Orte der ersten Erfolge kehrt man gern zurück.

Horst Frank

Was geschah am 28. Mai 1929? Der „Lübecker General-Anzeiger" weiß es: Ein Wirbelsturm über Dithmarschen bog ab, der Volkstanzabend auf der Freilichtbühne konnte stattfinden. Wer daheim blieb, hörte sich Lortzings „Undine" im Radioprogramm der NORAG an. Im Stadttheater stand das Lustspiel „Ponce de Leon" (Clemens Brentano) auf dem Programm, im Zentral-Kino lief „Unsere Liebe war Sünde". Und am 28. Mai 1929 erhielten der Porzellanmaler Johann Georg Frank aus Arzberg, der in Moisling Steinzeug bemalte, und seine ihm angetraute 18 Jahre jüngere Arbeitskollegin Hilma einen Sohn. Der bekam den Namen Horst.

Volksschule, Mittelschule in Ahrensburg, kaufmännische Lehre bei Lohmann & Co., Import-Export, Hamburg. In der Hamburger Jungen Bühne erlebte er Will Quadflieg als „Faust"-Rezitator. „Es elektrisierte mich", sagte Horst Frank. Eduard Marks nahm ihn als Schüler an. Um die Gebühren zu zahlen, dekorier-

te er früh bei Carl Feddersen am Hafen die Schaufenster (Carl war der Vater von Helga, die auch bei Marks lernte). Bei der ersten Abschlußprüfung fiel er durch. Er glaubte an sich: Beim zweiten Anlauf kam er glänzend durch.

Horst Frank verschickte drei Dutzend Bewerbungen. Kein Theater antwortete. Doch einer, den er von der Prüfung her kannte, ließ ihn vorsprechen — Dr. Christian Mettin. Der war eben als Intendant nach Lübeck berufen worden. Zum Vorsprechen kam Frank mit dem Rad. 125 Mark gab es pro Monat. Mettin hatte 250 Mark zur Verfügung, die er zwischen dem „nordischen" Frank und dem „romanischen" Hans Haeckermann aufteilte.

"Die Kinder Edouards" hieß das Stück, in dem Frank debutierte, ein Lustspiel von Sauvajon. In Goethes „Götz von Berlichingen" sprang er als Knappe Georg über die Bühne. Dann kam als Sohn Happy in Millers „Tod eines Handlungsreisenden" ein erster deutlicher Erfolg. Besucher und Kritiker erkannten ein Talent, das Theater erhöhte die Gage um 100 Prozent. Auch des Fleißes wegen: 16 Rollen in der ersten Spielzeit, vom Kammerdiener bis zum Romeo. Mit dem Bruno Mechelke, dem jungen Mörder in Hauptmanns „Ratten", wurde ihm und Mettin deutlich, daß er ein Darsteller der introvertierten Charaktere werden könnte. Nach zwei Lübecker Jahren und einer Fortsetzung in Baden-Baden wurde der Film auf den Hochbegabten aufmerksam. Gleich im Debut von 1957, Alfred Weidenmanns Fliegerballade „Stern von Afrika", spielt er einen zynischen Feigling; noch im selben Jahr war er bei Frank Wisbar in „Haie und kleine Fische" ein durch Selbstmord endender Seekadett. 1958 schlich er sich als irrer Mörder durch seinen dritten Film, „Der Greifer", in dem er sich von Hans Albers greifen ließ.

Jetzt hätte er aufpassen müssen. Aber soll sich ein junger Mann vor dem Erfolg hüten? Es begann eine lange Filmreihe von Verbrechern und Versagern, Zynikern und Zerrissenen. Er trainierte seine Stimme auf schneidend, seine Blicke auf kalt, seine Gesten auf hart. Film standardisiert, Fernsehen erst recht. Gangster und Ganoven waren seine Spezialität, da ließ er nichts aus. „Der scharze Panther von Ratana" oder „Die weiße Spinne", „Das Geheimnis des gelben Grabes" oder „Das Amulett des Todes" — auch der dümmsten Klamotte stellte der große Blonde mit den kühlen Augen sein Talent zur Verfügung. Nahezu 500 Kino- und Bildschirmrollen; fürs Theater blieb keine Zeit. Einer seiner Tricks war, den Kopf zu neigen und die Unterlippe langsam nach vorn zu schieben — er zeigte das Böse als Teil unseres Lebens.

Heimlich schrieb er Gedichte. 1989 las er im Theaterhaus bei Heino Heiden eigene Verse. „Wie lebt es sich mit so einem Mords-Image?" fragte ihn der Moderator Bernd Plagemann. Franks ehrliche Antwort: „Stellen wir das Künstlerische an die zweite Stelle hinter das Finanzielle..."

Käthe Möller-Siepermann

Sie ist ein liebeswertes Stück Geschichte des Lübecker Theaters; wenn sie ausführlich in die Erinnerung geholt wird, zeigt sich erneut ein (notwendiges) Prinzip: Unser Buch kann kein Theaterlexikon sein, sondern möchte Epochen durch ihre Künstler beispielhaft nahebringen. Eine für viele: Käthe Möller-Siepermann.

„Sie ist eine der tragenden Säulen unseres Opernensembles, der Liebling des Opernpublikums geworden, das sie mit der Helligkeit ihres künstlerischen Wesens, der echten Soubretten-Munterkeit ihrer Darstellungsgabe, der Anmut ihrer Bühnenerscheinung und vor allem den Klangwerten ihres geschmeidigen, jugendlich-blühenden und technisch mehr und mehr zum Belcanto-Instrument gereiften Soprans rasch gewann."

Geschrieben in den „Lübecker Nachrichten" vom 8. Juni 1952 über eine Sängerin, die sich im Kolosseum mit einem Lieder- und Arienabend verabschiedete, um nach Köln zu wechseln.

Käthe Möller-Siepermann ist in Lübeck geboren und zu Opernehren gekommen. Opernfreunde erinnern sich — an ihre Pamina, an Blondchen, Cherubin, Micaela, Butterfly, an ihre Lortzing-Gestalten von der Bürgermeistersnichte in „Zar und Zimmermann" bis zum „Wildschütz"-Gretchen. Sie war der Liebling; aber Theaterleute haben einen Wandertrieb und streben gern zu neuen Ufern.

Käthe Möller-Siepermann lebt heute in der sanftgeschwungenen Landschaft am Bosauer See, genießt die Ruhe der Natur, Wälder, Wasser, weite Blicke von Ufer zu Ufer. Die Theaterstädte Lübeck und Hamburg sind ja erreichbar. Die Sängerin ist Publikum geworden. Die Helligkeit ihres Wesens ist um sie, sie hat noch immer den Zauber ihrer Opernfiguren, es ist ein heiterer Mozartton in ihrer Stimme.

Sie gehörte zum Ensemble der ersten Nachkriegsstunde. Auf abenteuer-

Käthe Möller-Siepermann als Sophie im „Rosenkavalier"

liche Weise kam sie von Danzig in die Vaterstadt zurück und war dabei, als sich die Theatertüren langsam wieder öffneten. In der Beckergrube konnte nach 1945 nicht gleich wieder gespielt werden. Resignieren? Nie! Bei Theatermenschen ist Resignation nicht vorgesehen.

Im Kolosseum könnte man auch spielen, sagten sich diejenigen, die noch einmal davongekommen waren. Schauspiel und Oper. Goethe und Mozart standen am Anfang, „Iphigenie" mit Helga Rink in der Titelrolle und Will Quadflieg als Orest, „Figaros Hochzeit" mit Elfriede Wasserthal als Gräfin und Käthe Möller-Siepermann als Cherubin — beide gebürtige Lübeckerinnen. Premiere war am 29. September 1946.

Schwere Zeiten, schöne Zeiten. Die Mahlzeiten waren karg, die Zimmer — auch die Theater — waren kalt. „Aber wir konnten endlich wieder spielen!" sagt die Sopranistin rückschauend. Mit einer Thermosflasche voller heißem Kräutertee ging es zu den Vorstellungen.

"Die Lübecker waren hungrig nach Theater." Käthe Möller-Siepermann kann sich noch heute über die Begeisterung freuen. Sie war typisch für die Jahre nach 1945. Karten waren schwer zu haben — „mein Kaufmann war genau so glücklich über zwei Karten wie ich über 100 Gramm Butter zusätzlich." Was die Theaterleute damals an Dank erlebt haben, erscheint heute wie ein Märchen. Ein Herr brachte ihr aus Freude darüber, wieder „Carmen" hören zu dürfen und Käthe Möller-Siepermann neben dem Escamillo von Hermann Rohrbach und dem Don José von Hans Wirth zu sehen, ein Pefferkuchenhaus an den

Käthe Möller-Siepermann und Hermann Rohrbach

Bühneneingang, vom Munde abgespart, selbstgebacken. Eine Verehrerin überraschte sie kurz vor Ostern mit einem Nest, in dem drei frische Eier lagen.

Man fror, auch wenn es beim Publikum zum guten Ton gehörte, in die Vorstellungen ein Brikett mitzubringen. Die Besucher saßen in Mänteln da. Was aber soll eine junge Sängerin tun, der von der Regie aufgegeben wird, als Rokokofigur spärlich bekleidet lange auf einem Sockel zu stehen? Georg Reinhardt, der Regisseur von Glucks „Orpheus und Euridice", erste Nachkriegsspielzeit, hatte die hübsche Idee, den Liebesgott Amor lange als Putto zur Besichtigung freizugeben. Amor ist etwas für jungen Sopran, also Käthe Möller-Siepermanns schöne Aufgabe. Weniger schön, daß das Figürchen aus Marmor erst nach der großen Arie des Orpheus („Ach, ich habe sie verloren") lebendig werden darf, um zu verhüten, daß sich Orpheus einen Dolch ins Herz stößt.

Bibbernd vor Kälte und dann singen? Der Regisseur ließ eine kleine Elektroplatte unsichtbar unter Amors Mäuerchen stellen. Das half eher ideell als praktisch. Schlimmer war, daß das Puder, mit dem Puttos Beine ihre Marmorfarbe bekamen, aus alten Beständen stammte und höllischen Juckreiz hervorrief. Eine Figur aus Stein darf aber weder ein Bein gegen das andere scheuern noch die Arme um den Körper schlagen. Erst das Ende der Arie brachte die Erlösung, nicht nur für Orpheus aus der Verzweiflung, sondern auch für den fast verzweifelten Amor. „Ich habe durchgehalten", erinnert sich Käthe Möller-Siepermann, „aber mir standen die Tränen in den Augen." Opfer für die Kunst.

„Eigentlich wollte ich ja zum Ballett." Nur zum Spaß ging sie mal zum Vorsingen. Die Folge: Gesangsstudium in Hamburg und 1940 bis 1943 gleich ins Anfänger-Engagement an die Hamburgische Staatsoper. Jahre des Lernens, der ersten Erfolge. Dann Lübeck 1946 bis 1952, phantastisch vielseitig: Im „Vetter aus Dingsda" strahlte sie als Julia de Weert Fröhlichkeit aus, in Haydns „Schöpfung" sang sie mit berührender Innigkeit das Sopransolo, in Heubergers „Opernball" machte sie als Kammerkätzchen Furore, in Mahlers Vierter sang sie bewegt aus „Des Knaben Wunderhorn" — „Wir genießen die himmlischen Freuden".

Erfolge in Köln. „Aber nichts kann mit den Jahren in Lübeck verglichen werden", sagt sie. „Ich habe erfahren, was niemand von den jüngeren nachfühlen kann — ich habe nach der Zeit der schweigenden Musen die Wiedergeburt des Theaters erlebt."

Rudolf Paustian

Stimmen fliegen auf und davon. Die Stimme Rudolf Paustians aber ist manchem noch im Ohr. Der einst vielbeschäftigte Tenor steht, in die Jahre gekommen, zwar nicht mehr auf der Bühne, aber NDR, Radio Bremen, Saarländischer Rundfunk und andere Sender strahlen Aufnahmen mit ihm immer wieder aus.

Der aus der Holsteinischen Schweiz, vom Selenter See, stammende sangesfreudige junge Mann studierte an der Lübecker Musikhochschule, als die noch Musikakademie hieß, „musica et belcanto"; er konnte sich mit seiner erfrischenden Naturstimme bald die Engagements aussuchen. Mit dem Ottavio im „Don Giovanni" debütierte er in Bonn. Mozart, die Kantilenen Puccinis, Wagners „Holländer"-Steuermann — einem jungen Tenor kommt viel entgegen. „Don Rudolfo" ergriff die Chancen. Im Lübecker Großen Haus glänzte er neben vielen anderen Partien als Hans der „Verkauften Braut". Wanderjahre: Krefeld, Mönchen-Gladbach, das Staatstheater Wiesbaden und andere Opernbühnen dazu holten sich den Sänger mit der norddeutschen Naturkraft ins Ensemble. Und dann entdeckte der Rundfunk den so gut zum Mikrophon passenden Sitz seiner Stimme. Das Radio in den fünfziger, sechziger Jahren hatte für Paustian eine Fülle an Aufgaben. „Gehobene Unterhaltungsmusik" hieß die Richtung, Ralph Benatzky, Theo Mackeben, Peter Kreuder, Franz Grothe, Werner Bochmann, Michael Jary schrieben die sangbaren, dankbaren Melodien. Musik zwischen Schlager und Oper, mehr zur Oper hinneigend — ihre schwingende Schönheit wird heute übertönt. Nur wenn Professor Uwe Röhl, der Gründungsrektor der Lübecker Musikhochschule, auf NDR 3 seine Matinee-Sendungen macht, ist mal ein Stück von Mackeben oder Grothe dabei. Paustians große Zeit; auf die „Hamburger Hafenkonzerte" war er geradezu abonniert, und wenn der NDR mit seinen Solisten in den Städten und Kurorten des Sendegebiets einen „Strauß beliebter Melodien" überreichte, stand sein Name großgedruckt auf den Plakaten. Über 250 mal hat er allein am NDR gesungen.

Zu Paustians schönsten Erlebnissen gehörte, daß er bei einem Treffen ehemaliger Kriegsgegner 1985 beim Gottesdienst in der Basilika von Monte Cassino geistliche Kompositionen von Bach und

Schubert singen durfte; es hat ihn bewegt, eine Stimme des Friedens zu sein.

Lübeck war und bleibt der Mittelpunkt seines Lebens. Er kümmert sich heute um den Nachwuchs, fördert Begabungen und hat das Glück, sich immer wieder mal zu hören — im Radio.

Als Mitglied der Johannis-Freimaurerloge „Zur Weltbruderkette" ist Rudolf Paustian dabei, Talente auszusuchen — so die aus Breslau stammende Kathrin Kolbanowicz vom Johanneum, eine 13jährige Geigerin mit schönen Anlagen. Er bleibt der Musik verbunden.

Gerd Albrecht und die Musik-„Generäle" der Nachkriegsjahrzehnte

Schöne Geste der Zuneigung: Gerd Albrecht war zur Überraschung der Musikwelt zum Chefdirigenten der Tschechischen Philharmonie gewählt worden und begann die erste von ihm geleitete Konzertreise mit seinem Orchester auf eigenen Wunsch in Lübeck. Frankfurt/Main, Düsseldorf, Köln standen auf dem Reiseplan; warum Lübeck, nicht etwa Hamburg?

Jedem Anfang wohnt ein Zauber inne; der Zauber für Albrecht ist mit Lübeck verbunden. 1963 trat er in jungen Jahren ein hohes Amt an: Der in Essen Geborene war 26, als er Lübecker Generalmusikdirektor wurde. Intendant Arno Wüstenhöfer, „Sir Arno", hatte eine glückliche Hand. Deutschlands jüngster Musikchef enttäuschte weder ihn noch die Lübecker. Der Sohn eines namhaften Musikwissenschaftlers (Vater Dr. Hans Albrecht stand lange dem Landesinstitut für Musikforschung in Kiel vor) probierte

in Lübeck neue Vermittlungsformen der Musik aus. Gesprächskonzerte, Werkstattkonzerte, und er hatte keine Scheu, bald als „gesprächiger" Dirigent vor die Fernsehkameras zu treten.

Über das Lübecker Konzert des fast 60jährigen in der MuK ist Gutes zu sagen. Die Lübecker empfingen ihn herzlich. Er dirigierte u.a. die 7. Sinfonie von Dvorak — „sie steht dem Norddeutschen Brahms am nächsten", erklärte er. Danach gab es, entspannt und glücklich, ein Wiedersehen mit der Stadt der frühen Jahre. „Wenn ich an Lübeck denke, muß ich an ein Handtuch denken", erzählte er im Kreis alter Freunde. „Ich leitete ein Konzert mit der Lübecker Singakademie, es war am 6. 6. 66, das vergißt man nicht." Außerdem war 1966 das Jahr, in dem er nach Kassel ging, um dort die Nachfolge seines Lübecker Vorgängers Christoph von Donanyi (in Lübeck von 1957 bis 1963) anzutreten — auch so etwas vergißt man nicht.

Albrechts Erinnerung: „Bei den Proben verausgabte ich mich oft so, daß ich mir den Schweiß von der Stirn wischte. Nach dem Konzert bekam ich ein riesiges Handtuch überreicht, in das alle Damen der Singakademie ihre Namen eingestickt hatten." Das Band nach Lübeck besteht aus guten Erinnerungen — und aus Frottee.

Dies ist der Platz, um allen Chefdirigenten nach der Wiedereröffnung des Theaters ein ehrendes Gedenken zu widmen.

Berthold Lehmann, der Sohn des bedeutenden Naturlyrikers Wilhelm Lehmann, stand seit 1941, damals 33 Jahre alt, dem Orchester vor. Er erfüllte seit 1945/46 die Aufgabe, das Publikum mit den bis dahin verbotenen Komponisten bekannt zu machen. Der erste Hindemith, der in Lübeck nach Kriegsende zu hören war, der erste Mahler, der erste Honegger — sie waren ihm zu danken; er lebt heute zurückgezogen im westfälischen Hagen. **Rudolf Schulz-Dornburg** war 56, als er 1947 ans Lübecker Pult trat. Er verließ Lübeck bereits 1948 und starb 1949. Ihm folgte der 45jährige **Gotthold Ephraim Lessing**, der bis 1957 seinen Hörern in Oper und Konzert viele Werke der Moderne nahebrachte; er ging danach an die Musikhochschule München, war später als Chef der türkischen Philharmonie in Ankara tätig und starb 1975 in München. Dann kam ein junger Mann mit großem Namen: **Christoph von Dohnanyi**. Er war 28, als er begann — damals der jüngste Musik-"General" zumindestens Deutschlands. Studiert hatte der Hochbegabte bei Großvater Ernst von Dohnanyi und Leonard Bernstein. Er blieb bis 1963, ging nach Kassel, Köln, Frankfurt und Hamburg und ist heute als Chef des Weltklasseorchesters von Cleveland einer der Großen in der Musikwelt.

Über Albrecht ist oben berichtet worden. Ihm folgte 1966 der 30jährige **Bernhard Klee**, der mit Mozart, aber auch mit Spätromantik und gemäßigter Moderne die Hörer für sich — und für seine Frau Edith Mathis — einnahm. Er ging 1973 und ist nach GMD-Jahren in Düsseldorf heute Chef der Radio-Philharmonie Hannover. **Matthias Kuntzsch** brachte 1973 als 38jähriger Erfahrungen u.a aus den Opern von München und Hamburg mit, bot ein farbenreiches Programm, holte u.a. Janaceks „Jenufa" und Alban Bergs „Wozzeck" ins Große Haus und baute sich über Saarbrücken eine internationale Karriere auf; freischaffend lebt er heute in San Francisco. Als Kuntzsch 1977 über-

Rudolf
Schulz-Dornburg

Gotthold
Ephraim Lessing

Christoph
von Dohnanyi

Bernhard Klee

raschend ging, sprang der bereits pensionierte Stuttgarter Staatskapellmeister **Josef Dünnwald** (68) ein. Er war eine Interimslösung, wie man sie sich nicht besser wünschen kann. Seine Erfahrung bewies sich in einem von dem 35jährigen Musikdramaturgen Veit Jerger inszenierten „Parsifal", dessen feierliche Gralsszenen und Klangsinnlichkeiten um Klingsor beeindruckten. Dan Musetescu erfüllte die längste Baßpartie der Opernliteratur, den weisen Gurnemanz, mit stimmlicher Würde; Clark Dunbar, heute Leiter des künstlerischen Betriebsbüros, gab dem König Amfortas anrührende Tönungen. Der heute dem Chor angehörende Joe Turpin sang mit leuchtenden Höhen den Gralsritter. Dünnwald dirigierte nur eine Saison, aber ist unvergessen.

1978 begann die neunjährige Aera **Matthias Aeschbacher.** Der 33jährige Sohn des Schweizer Pianisten Adrian Aeschbacher brachte ungeheuren Ehrgeiz mit. Er liebte das zyklische Musizieren, führte Bruckner und Mahler nahezu komplett auf, fühlte sich in südlichen Gefilden überaus wohl (mit Debussy, Ravel, Manuel de Falla, Ottorino Respighi, Camille Saint-Saens) und schaffte das grandiose Ereignis, 1983 im 100. Todesjahr Wagners den „Ring des Nibelungen" geschlossen zu präsentieren. Aeschbacher leitet heute die Philharmonie in Essen und dirigiert die großen Opern im dortigen Theater, einem Werk des finnischen Architekten Alvar Aalto. Er verabschiedete sich in Lübeck mit „Tristan und Isolde"; noch einmal zeigte das „Wagner-Gespann" Aeschbacher-Rothacker sein sensibles Verständnis für den Komponisten (Ingrid Haubold und der hervorragende Norbert Orth sangen die Titelpartien). Als Matthias Aeschbacher für den betont herzlichen Applaus des Hauses dankte, kam der Klarinettist Bernd Rodenberg vor den Vorhang und überreichte ihm einen Blumenstrauß — der Dank des Orchesters.

Das nächste Zwischenspiel (1987-1988) trägt den Namen des jungen Österreichers **Wolfgang Dörner**. Der 28jährige Wiener brachte Selbstbewußtsein mit — Studium u.a. bei Charles Makkerras und einen ersten Preis des Dirigentenwettbewerbs von Besançon. Doch er war bei allem guten Willen zu wenig praxiserfahren. „In Lübeck haben immer Endzwanziger oder Anfangdreißiger ihre Karriere gestartet", sagte er hoffnungsfroh in einem Interview. „Auch Furtwängler war ja noch nicht Furtwängler, als er hier war." Er konnte aber die Reihe der jungen Aufsteiger nicht fortsetzen und gab nach Querelen auf. Sein Entschluß war richtig für alle; als Assistent von Lorin Maazel holte er in Paris die Praxis nach und ist heute Operndirigent in Graz.

Auftritt **Erich Wächter**. Als der Erste Kapellmeister des Staatstheaters Mannheim 1989 nach Lübeck kam, war er 44 und brachte bereits internationales Ansehen mit — er hatte als Gast u.a. in Berlin, Dresden, München, Wien, Stockholm und Oslo dirigiert. Mit künstlerischer Kompetenz und der Fähigkeit, das Orchester anzuspornen und das Publikum zu begeistern, war er der richtige Mann für einen notwendigen Neuanfang. Er hatte die Kraft, mit einer Häufung von Schwierigkeiten fertig zu werden. Nicht allein, daß das Haus in der Beckergrube für Jahre geschlossen werden mußte — auch die Stadthalle, der wenig geliebte Ort der Konzerte, mußte von einer Stunde zur anderen aufgegeben werden — Asbestfasern bedrohten die Lungen von Künstlern und Besuchern. Auch das Kolosseum als Ersatz konnte nicht gehalten werden. Seltsame Situation. Lübeck war die Heimat eines guten Orchesters, aber dieses gute Orchester hatte kein Heim. Da hätte manch anderer das Weite gesucht. Wächter blieb. Lübeck dankte es ihm; aus der Holstentorhalle, einem Ort für Sport und Spiel, machte die Stadt entschlossen einen Konzertsaal für die Jahre dazwischen. Denn am Horizont zeigten sich helle Streifen. Die Musik- und Kongreßhalle (MuK) auf der Wallhalbinsel entstand, in der Beckergrube zogen die Bauleute ein und bekamen mit Hilfe vieler Bürger die einmalige Möglichkeit, die verbretterten Jugendstilelemente freizulegen.

Matthias
Kuntzsch

Matthias
Aeschbacher

Wolfgang
Dörner

Erich Wächter

Wächter, der mit einem feurigen Verdischen „Otello" dem „alten" Theater den Abschied gab, setzt Wagners festliche „Meistersinger von Nürnberg" an den Beginn des „neuen" Theaters. Die 84 Millionen „teure Halle", in der Rekordzeit von 22 Monaten errichtet, wurde mit einem Paukenschlag eingeweiht – dem Beginn von Beethovens dritter Leonoren-Ouvertüre, gespielt vom Orchester der Hansestadt unter Generalmusikdirektor Erich Wächter. Glück, eine leidenschaftliche Hinwendung zur großen Oper und viel Erfahrung mit Stimmqualitäten kamen zusammen, als der GMD die theaterlose Zeit nutzte, um wahre Operndelikatessen konzertant aufzuführen. Zustimmung war ihm sofort sicher, weil viele Opernfreunde erkannten, daß damit drei herrliche Möglichkeiten verbunden sind – es können Rarissima der Opernliteratur gehört werden, es sind Solisten von europäischem Rang fast zum Anfassen nahe zu erleben, und nicht zuletzt ist das aus dem Graben herausgekommene Orchester unglaublich delikat zu vernehmen. Oper ist auf ihre

Eine Freude für ihn und alle Musiker (67 Planstellen) ist es, daß die Hansestadt ihrem Orchester am 28. September 1995 den Titel „Philharmonisches Orchester" verliehen hat – als Anerkennung für das hohe Niveau der Konzerte, als Vorbereitung zugleich für einen runden Geburtstag: 1997 besteht das Orchester hundert Jahre.

musikalische Grundsubstanz „reduziert" — aber eine Reduzierung ist damit nicht verbunden, eher die Aufforderung an den Hörer, sich seine eigene Inszenierung im Kopf herzustellen. Und so ist aus der Not eine Tugend geworden: Auch zukünftig soll neben den Opern in der Beckergrube gelegentlich die konzertante Essenz geboten werden. Da hat Erich Wächter noch schöne Pläne.

Heino Heiden

Die Tänzerin Ruth St. Denis und der junge Dichter Hugo von Hofmannsthal waren voneinander verzaubert. Sie träumten von der Schönheit der allerletzten Dinge. Als Hofmannsthal den Operntext der „Elektra" schrieb, setzte er ihrer Gemeinsamkeit ein Denkmal, das nur Liebhaber der Tanzkunst würdigen. Wenn Elektra ihre jüngere Schwester zum Tanz auffordert, heißt es: „Wer glücklich ist wie wir, dem ziemt nur eins — schweigen und tanzen!" Der Tanz, sagt der Dichter damit, steht über dem Wort. Wie eng aber Tanz und Glück beieinander sind, zeigt das Leben des Tänzers und Choreographen Heino Heiden.

Als 1967 wieder einmal einschneidend gespart werden mußte, kam der Gedanke auf, die Truppen von Lübeck und Kiel zusammenzulegen. Die „Ballett-Gemeinschaft Lübeck-Kiel" wurde gegründet. Ihr Chef: Heino Heiden. „Ja, mach nur einen Plan", heißt es in der „Dreigroschenoper". „Sei nur ein großes Licht!/ Und mach dann noch 'nen zweiten Plan/ Gehn tun sie beide nicht." Wie wahr. Als Heiden die Doppeltruppe übernahm, sollte das der Beginn einer neuen Ära werden. Doch es erwies sich, daß die Addition keine doppelstädtische Tanzgemeinschaft ergab; es entwikkelte sich ein kompliziertes, letztes Endes überteuertes Ballett-Transportunternehmen daraus. Ende.

Ein Vierteljahrhundert später, als das Haus in der Beckergrube geschlossen werden mußte, half Heiden dem Theater auf andere Art. Er hatte sich in der Dr.-Julius-Leber-Straße 23 ein kleines, feines eigenes Theater geschaffen, dem er den mutmachenden Namen „Theaterhaus" gab. Am 19. Januar 1989 wurde es eröffnet: 99 Plätze, Durchgang von der Straße, ein paar Treppen hoch — ein Privat-Theater mit Atmosphäre. Der Bühnenpraktiker Michael Goden, Ausstattungschef in der Beckergrube, hatte damit aus einer schlichten Produktionshalle ein vollfunktionsfähiges Theater gemacht. Es gab darin experimentelles Schauspiel, Kabarett, Chanson-Abende — alles, was einer großen Stadt als Ergänzung zum etablierten Theater zukommt. Das „gro-

ße" Schauspiel richtete im Sommer 1993 in der „Doktor-Julius"
sein Studio ein und konnte mit ungewöhnlichen Stücken in va-
riablen Spielformen das „Theaterhaus" gut bis sehr gut füllen.
Heino Heiden hatte aber auch mit seinem eigenen, besonderen
Tanztheater oft bewirkt, daß das Große Haus bis zum letzten
Rangplatz besetzt war. Seine Schöpfung war das „Lübecker Kinder-Tanztheater" (LKT); es bleibt mit seinem Namen verbunden. Seine sehr junge Truppe tanzte in vielen Städten, von
Ansbach bis Würzburg, um es alphabetisch zu umgrenzen,
aber auch in Kopenhagen, Venedig
(im reizvollen Teatro Goldoni) und
Llangollen/ Wales.
Als die Ballett-Ehe Lübeck-Kiel geschieden wurde, hatte er sich entschlossen, seine Erfahrungen pädagogisch zu nutzen. Aus seiner „Schule für Ballett" wuchs das LKT heran:
Die kleinen Tänzerinnen und Tänzer
wollten ihr Können den Eltern zeigen,
die brachten Freunde mit, die Faszination, ganz junge Menschen in kindge-
mäßen Choreographien tanzen zu sehen, sprach sich herum, und so kam
es, daß Heino Heiden im „Nußknak-
ker"Ballett nach Tschaikowsky, in Prokofjews „Peter und der Wolf", vor allem
in dem Ballett „Die grüne Flöte" nach
ausgewählter Musik von Mozart ein
wachsendes Publikum glücklich ma-

chen konnte. Die Grundlage für „Die grüne Flöte" stammt von Hugo von Hofmannsthal; Heiden war damit auch in vielen Vorstellungen u.a. im Hamburger Congreß-Centrum (CCH) und im Münchner Deutschen Theater erfolgreich.

Mehrere volle (Große) Häuser gab es mit dem märchenhaften Handlungsballett auch in Lübeck. Zur Erinnerung: Die Flöte aus Jadestein wird von Prinz Sing Ling gespielt, der auf seinen Wanderungen durch fernöstliche Zauberwelten die Hexe Ho trifft. Ho hält die Prinzessin Fay Yen gefangen und will sie mit ihren Gefährtinnen dem Zauberer Wu opfern. Die Liebe zwischen dem Prinz und der schönen Prinzessin und dazu die Hilfe der Flußgöttin und ihrer guten Geister und natürlich die Wunderkraft der Jadeflöte bewirken, daß Ho und Wu und ihre bösen Helfer, die Drachen und die verzauberten Teesklaven, besiegt werden.

Wer Heidens phantasievolle Choreographie in den herrlichen Kostümen seines Helfers Hans-Ulrich Hettinger 1983 im Großen Haus erlebt hat (die 40. Vorstellung insgesamt fand am 28.Oktober 1984 statt), vergißt ihren Zauber nicht. Das ging auch den Juroren des Hanse-Kulturpreises so: Am 8. September 1985 erhielt Heiden für sein LKT aus der Hand des Bürgermeisters Dr. Knüppel den Hanse-Kulturpreis 1985 — im Großen Haus an der Beckergrube.

Der am 10. Oktober 1923 in Wuppertal geborene Heiden hat zurückgedacht ans Jahr 1932, als er neunjährig sein Debut in Hagen gab, der Stadt, in der er aufwuchs. „Der Piccolo Heino Heiden ist ein so kleiner, netter, blonder und heller Kerl, daß ihm das Publikum Sonderovationen bringt", stand in der Hagener Zeitung — Heino war im Schwung durch Benatzkys „Weißes Rößl" gehüpft. Den Piccolo und Ähnliches spielte er in Berlin, Köln, Dortmund; in München lief er an der Hand von Leo Slezak durch die Operette „Die liebe Augustin". Seine Auftritte mußten um neun Uhr beendet sein — später durften Kinder nicht auf die Bühne. Im dem Film „Peterle" hatte Heino eine Kinderrolle und wäre zum Jungstar avanciert, hätten die Eltern nicht auf Vollendung der Schule gepocht. Sein Lebenswunsch aber wurde ihm erfüllt — Tänzer. Die Eltern suchten ihm die beste Ausbildung aus, die es gab; er bekam Unterricht bei Tatjana Gsovsky in Berlin, und es dauerte nicht lange, da war er an der Berliner Staatsoper im ersten Engagement.

Ein Tänzerleben. Nach dem Krieg ging er als Solotänzer an die Staatsoper Dresden, wechselte zur Komischen Oper nach Berlin, tanzte bei der umstrittenen, trotzdem berühmten „Abraxas Tournee Balet Company" und bekam bald am Gärtnerplatztheater in München als Solotänzer und Ballettmeister interessante Aufgaben.

1952 wagte er einen großen Sprung: Er folgte seiner Freundin Igna, die später seine Frau wurde, nach Kanada. Schnell kam das Angebot, in Vancouver zu Weihnachten Prokofjews

„Die grüne Flöte"
Ballett nach Musik
von W. A. Mozart

„Cinderella" zu inszenieren. Ein Erfolg folgte dem anderen. Ravels „Daphnis und Cloë", „Apollon Musagete" nach Strawinsky, Ballette nach Ibert, Poulenc, Liszt und Egk machten ihn in der internationalen Ballettszene bekannt. Das kanadische Fernsehen holte ihn für eine Serie von Tanzproduktionen, Musical-Choreographien folgten, er inszenierte in Washington, Winnipeg, Amsterdam. 1960 ging Heiden auf Empfehlung von Werner Egk als Ballett-Direktor ans Nationaltheater Mannheim. In gleicher Position ließ er sich an die Königliche Oper Antwerpen verpflichten, und als 1967 der Ruf an die Bühnen der

Hansestadt Lübeck kam, packte er die ihm wichtig erscheinende Aufgabe der Ballett-Gemeinschaft mutig an. Sein Lebenswerk aus Glück und Tanz ist und bleibt mit Lübeck verbunden, auch wenn es inzwischen von einem Jüngeren geleitet wird (Johannes Kritzinger) – das „Lübecker Kinder-Tanzthe-ater"; und fast jeder ergänzt noch immer: „Heino Heiden". Für das Theater in der Beckergrube zeichnet sich inzwischen eine neue Zwischenlösung ab. Die „Tanz Companie Lübeck" unter der Leitung der tüchtigen Juliane Rößler ist bereit, Ballett-Lücken zu füllen. Vielleicht ein erster Schritt . . .

Henner Leyhe

Karriere ohne Fehl und Tadel – Henner Leyhe führt sie vor. Vom Sänger der Lübecker Knaben-Kantorei, der er zehn Jahre angehörte, bis zum Liedgestalter und Operntenor, vom Meisterschüler Fischer-Dieskaus bis zum Meister, der als Hochschulprofessor selbst junge Stimmen ausbildet. Dazu gehört eine Stimme, der man vertrauen kann; ebenso wichtig ist die Kraft, sich zu dem zu bekennen, was man singt – anders ausgedrückt, nur das zu singen, was man als zu sich gehörend anerkennt. Eine Karriere ist zu großen Teilen auch eine intellektuelle Leistung.

Der Opernsänger hat viele Seiten. Leyhe gab der Lübekker Bühne einen würdigen, edlen Tamino der „Zauberflöte"; er sprang wie ein Artist durch die „West-Side-Story"; er vergnügte sich und sein Publikum aus voller Brust im „Boccacio"; er sang einen lyrisch bezaubernden, sanft kolorierten Pelleas in Debussys „Pelleas und Melisande". Das

Besondere aber sind die Werke des zeitgenössischen Musiktheaters; er ist der Mann fürs Außerordentliche der Moderne.

Unvergessen ist die „Weiße Rose", die Oper des 1943 in Dresden geborenen Udo Zimmermann. Darin werden die letzten Stunden von Sophie und Hans Scholl vor ihrer Hinrichtung erschütternd verdichtet. Das Theater hatte sich, August 1987, einen Raum von eigener Würde für dieses würdevolle Stück gesucht, den Oberchor der Katharinenkirche (zum ersten, bisher einzigen Male). Zimmermann kam aus Dresden, um seine Oper an diesem ungewöhnlichen Ort selbst zu dirigieren.

Das Werk braucht zwei junge, bewegliche Stimmen. Kirsten Blanck gab der Sophie die anrührende Schönheit ihres Soprans. Leyhe konnte in innerem Erleben die seelische Not von Hans Scholl heraussingen. Er verstand sich mit dem Komponisten gut, vielleicht, weil auch Udo Zimmermann aus einer Knaben-Kantorei kam, den Dresdner Kruzianern.

Zu Benjamin Britten fühlte sich Leyhe von jeher hingezogen. Die Partien, die der Engländer für seinen Freund Peter Pears geschrieben hat, sind Wunschaufgaben auch für ihn. Ein Beispiel unter mehreren: Im Juni 1988 wurde Brittens Kirchenoper „Die Jünglinge im Feuerofen" in der gotischen Hallenkirche St. Petri aufgeführt; Michael Rothacker führte Regie. Das Werk ist nach einem Gleichnis im 3. Kapitel des Buches Daniel entstanden. Drei vom babylonischen König Nebukadnezar zum Fest geladene junge Juden werden, da sie nichts essen und den Götzengott Merodak nicht anbeten wollen, als feindliche Ausländer betrachtet; der König läßt sie in den Feuerofen werfen, doch ein Engel beschützt die Jünglinge — sie bestehen „des Glaubens Feuerprobe".

In der hochgewölbten Akustik konnte sich Leyhe als Nebukadnezar kraftvoll entfalten. Die Aufgabe, nicht eine Figur allein, sondern ihre Beweggründe und ihren Charakter sängerisch zu umreißen, wurde von ihm eindrucksvoll gelöst, im dramatischen Zugriff ebenso wie in den vielen ariosen Stücken seines Parts.

Der Liedsänger Leyhe kann internationale Erfolge aufzählen, von Frankreich bis in die skandinavischen Länder. Sein Repertoire ist groß. Gefragt ist auch der Oratoriensänger — Bachs Johannes-Passion in Jerusalem zu singen, die Passionsgeschichte am Ort des welthistorischen Geschehens künstlerisch zu gestalten, war ein bewegendes Erlebnis. Seine Hingabe war nicht kleiner, als er die Johannes-Passion am Karfreitag 1995 in der Lübecker Marienkirche sang und seinen Part mit der gewachsenen Schönheit seines Tenors erfüllte; seine Stimme hat in den tieferen Lagen an Kraft, in den Höhen an lyrischem Wohlklang gewonnen. Leyhes

„Weiße Rose"
Henner Leyhe und
Kirsten Blanck

Leistung: Musikalische Intelligenz und Innigkeit stimmten überein.

Und hinter ihm in St. Marien stand seine Lübecker Knaben-Kantorei.

Eine Besonderheit war es, als Henner Leyhe im November 1995 in St. Petri die Titelpartie in „Josua" sang. Georg Friedrich Händels spätes Oratorium ist selten zu hören. Um so reizvoller, unter Leitung von Heinz Arlt — mit der Martins-kantorei und dem Orchester des Johanneums — einen Leyhe zu erleben, der Josua stimmlich eindrucksvoll als Persönlichkeit von Glaubenskraft und Würde gestaltete. Neben ihm glänzte Dan Musetescu mit seinem gefühlsstarken Baß; schön, dem Sänger so vieler Partien in der Beckergrube, der in Würzburg engagiert ist, wieder zu begegnen; die Gedanken gingen zurück, als Leyhe und Musetescu in St. Petri mit Brittens „Jünglinge im Feuerofen" zu hören waren.

„Die Zauberflöte"

Ulf Bästlein, Christine Dammann

„Aber in Lübeck hat er angefangen" ist ein Satz, der für viele Sänger steht — auch für Ulf Bästlein. Der aus Flensburg stammende junge Bariton hat mehrere Spielzeiten lang in vielen Opernaufgaben neben seinen stimmlichen Qualitäten gezeigt, daß er auch ein durch Persönlichkeit überzeugender Schauspieler ist.

Ein Beispiel. Regisseur Götz Fischer, als Salzburger Assistent von Oscar Fritz Schuh mozartisch vorgeprägt, gab in seiner Inszenierung der „Hochzeit des Figaro" die Oper als Spielwerk der erotischen Konflikte — ein geglückter Beitrag des Hauses zum Mozartjahr 1991. Nichts von klassischem Faltenwurf, keine Mozart-Bonbonniere in Zartbitter, sondern ein feines, erotisch aufgeladenes Lebensstück. Es handelte von jungen Menschen und ihrer spannenden Partnersuche. Figaro (Poul Teddy Rasmussen) hüpfte in neudeutschen Turnschuhen über Tische und Stühle. Bästlein spazierte lässig und lüstern wie ein Edelplayboy durch die Partie des Grafen Almaviva und gab dessen Appetit auf ein abwechslungsreiches erotisches Menü zu erkennen. Er ließ als Kavaliersbariton dabei hören, wie wunderbar Mozart seine Bühnenmenschen charakterisiert hat.

Es paßt an diese Stelle, auf Christine Dammann aufmerksam zu machen. Über ihr Gesangsstudium an der Lübecker Musikhochschule und ihre Mitwirkung bei der Jungen Oper Lübeck fand sie den Anschluß ans Lübecker Ensemble. Sie debütierte als Cherubin im „Figaro" und gab der reizvollen Figur nicht nur ihre noch wie vor dem Erwachen stehende lyrische Stimme. Dazu aber packte sie die erotischen Möglichkeiten so fix bei allen Schöpfen, daß der kleine Schwerenöter schon wie ein junger Don Giovanni wirkte. Eine schöne Leistung der jungen Sängerin, deren Karriere bisher so glücklich weiterlief, daß man bald sagen wird, auch sie habe in Lübeck angefangen.

An Bästleins fröhlichen, herzlich naiven Papageno soll erinnert werden; Generalmusikdirektor Wächter gab mit der „Zauberflöte" seine Lübeck-Premiere. Bästlein sang und spielte einen Papageno aus Mozarts Geist, einen Naturburschen im Federkleid, der in die überspannte Welt der Ideologie unmittelbar die Gnade der heiteren Geschöpflichkeit einbrachte − „der Herr Koch und der Herr Kellermeister sollen leben".

Er ist zu einem Liedgestalter mit einer hohen Ästhetik geworden, der in vielen Ländern zu Gast ist. Seine bewegliche Stimme hat frische Kraft, ein zumeist leuchtendes Timbre, kann aber auch

„Die Zauberflöte" mit Inge Weissenberger

„Figaros Hochzeit" mit Marie-Ann Hetherington

145

Wehmut und Verzweiflung dunkel deuten. Schuberts dunkles Wunderwerk, die „Winterreise", wird mit ihm zu einem ergreifenden Erlebnis. Er setzt, ohne dies zu forcieren, die innere Bewegung der Lieder in Beweglichkeit um. Schuberts Zyklus hat viel mit Wandern zu tun, mit Gehen, mit Weggehen. Bästlein singt manchmal wie im Gehen, wie mit wandernden Schritten und mit der Körpersprache eines Menschen, der sich behauptet, der trotzig sein Haupt nicht beugt.

Der 1959 Geborene hat Altphilologie und Germanistik studiert und seine Studien 1989 als Stipendiat der Studienstiftung des Deutschen Volkes mit der Promotion zum Dr. phil. abgeschlossen. Parallel studierte er in Freiburg Gesang und wurde von Elisabeth Schwarzkopf und Leonore Kirschstein in deren Meisterkurse aufgenommen.

Nochmals „Winterreise" — er vermittelt singend, daß er den Symbolwert von Worten zu schätzen weiß. Stimme plus Kopf. Da werden Wörter wie Wetterfahne, Wolkenfetzen oder Schnee zu kühlen Chiffren der Lebensangst, und wenn er nur mal das Wort Mai schubertisch aussingt, fängt die Welt gleich an zu blühen. Mindestens ebenso liegen dem Norddeutschen die Lieder des norddeutschen Komponisten Johannes Brahms. Natur als Urgrund menschlichen Erlebens gehört in den seelischen Umkreis beider. Brahms nach Texten von Geibel („Mit geheimnisvollen Düften") oder Storm („Über die Heide"), von Ulf Bästlein mit Geist und Gefühl erfüllt — es ist kunstvoll und künstlerisch komprimierter Norden.

Illa Hedergott

Studienrat Hedergott im märkischen Bernau gab seiner Tochter den Namen Ilse. Aber da sie schon als Kind Illa genannt wurde, nahm Ilse Hedergott die flotte Form in ihre flotte Karriere mit. Die Schauspielerin, die bei Paul Wegeners Frau Lydia ausgebildet wurde, ist gern einverstanden, als „ein bißchen crazy" charakterisiert zu werden. Sie hat ihr hochgedrehtes Temperament und ihre oft hitzige Komik in ungezählten Rollen vorgezeigt und pflegt ihren speziellen Ruf noch heute. Die ganze Welt ist für sie türkisblau.

Sie ist, schauspielerisch gesehen, Urgestein. „Ich bin wohl die letzte, die aktiv miterlebt hat, wie das Theater hier nach dem Kriege wieder auf die Beine kam", sagt sie ohne Scheu. Sie war dabei, als Wulf Leisner 1945 die „Landesbühne Lübeck" ins Leben rief und 1947 daraus die legendäre „Komödie" entwickelte. Den Erinnerungen von Illa Hedergott sind die folgenden Aufzeichnungen zu verdanken. Deshalb ausdrücklich: Danke! Leisner war Oberspielleiter am Stadttheater, ein vom Theater Begeisterter. Bald nach Kriegsende begann er, Schauspieler und Schauspielerinnen zu sammeln, um wieder zu spielen.

Aber wo? In der Beckergrube spielten
englische Künstler, da durften Deutsche nicht mal zuschauen. Der Kur-
saal in Travemünde bot sich an. Dort
hatte am 11. Oktober 1945 mit Kleists
„Zerbrochenem Krug" die neuge-
schaffene Landesbühne Premiere; die
Zeit des Theaters begann wieder.
Das Katholische Gesellenhaus an der
Parade, schräg gegenüber dem Dom,
bot sich als Spiel-Platz in Lübeck an.
Die Theaterleute gingen mit unglaub-
licher Kraft und Begeisterung daran,
in einer Zeit der Not Schwierigkeiten
aus dem Wege zu schaffen, die heute
überhaupt nicht nachempfunden werden können (was tun, wenn plötzlich
nur noch eine Glühbirne dünnes Licht
gibt?) — stets aber gelang es, das „Nu-
delbrett" der Bühne, 7 mal 5 Meter, mit

Illa Hedergott und
Karl-Heinz Martell
in „Ein Glas
Wasser"

stolzen Stücken zu füllen, von der aufmunternden Unterhaltung bis zum Klassiker. Schillers „Kabale und Liebe" wurde gespielt, Hauptmanns „Biberpelz" kam heraus, dazu gab es gut
gemischt „Raub der Sabinerinnen" und „Krach im Hinterhaus".
23 Inszenierungen wurden in den Jahren 1945, 1946, 1947 geboten, mit Abstechern von Ahrensbök bis Timmendorf, Bargte-
heide bis Kücknitz, Ratzeburg bis Reinfeld. Theaterkarten waren Mangelware.
Zu bewundern waren die phantastischen Kostüme, mit denen
Charly Ritter alle beglückte; keiner im Publikum sah, daß sie
aus umgefärbten Uniformen oder Gardinenresten zusammengebastelt waren (Charly hat seine Erfahrungen in seine internationale Karriere als Modeschöpfer mitgenommen).
"Die Komödie" nannte sich das Haus, als die Spielzeit 1947/48
begann. Das klang eleganter. Große Namen meldeten sich.
Günther Lüders spielte mit Freuden in mehreren Stücken, Ursula Grabley und Franz Schafheitlin kamen, und Wulf Leisner
glückte ein Fang. Er hatte erfahren, daß Henny Porten in Ratzeburg untergekommen war. Er überredete den seit Stummfilm-
zeiten weltbekannten Star, bei ihm zu spielen. In „Sophienlund"
von Weiß und Woedtke gab sie die Frau Sigrid des Schriftstellers Erik Stjernborg (Hans Karl Friedrich); Premiere war am
11.Oktober 1947. Gäste aus Hamburg und Berlin waren gekommen. Henny Porten hatte zwar schon Kinderrollen in Berlin gespielt, betrat aber in Lübeck zum ersten Male als Schauspielerin eine Bühne.
„Sie war wahnsinnig aufgeregt" — das erkannten alle, die den
Abend miterlebten. Das Publikum bibberte mit ihr und verzieh
ihr, daß sie aus den „gepackten Koffern", mit denen sie das
Haus ihres Bühnengatten verlassen wollte, „bekackte" machte.

147

Man unterdrückte das Schmunzeln. Bei anderer Gelegenheit verging dem Ensemble das Lachen. Tilly Wedekind, die Witwe von Frank Wedekind, war gekommen, um sich eine Aufführung der „Büchse der Pandora" anzusehen, die später von Wedekinds Tochter Kadidja zusammen mit „Erdgeist" zur „Lulu" umgearbeitet worden ist. Frau Wedekind lobte überschwenglich — die Aufführung sei ja besser als die in München, der Ton sei herrlich getroffen. Die Freude über solches Lob sank zusammen, als die Lübecker herausbekamen, daß die würdige alte Dame nahezu taub war.

Ach Gott, Geschichten. Diese hier ist nur zu verstehen, wenn man die mageren Zeiten bedenkt. Ein verehrender Besucher, Besitzer eines Gartens mit Beerenobst, hatte für die junge Darstellerin der Luise in „Kabale und Liebe" vor der Vorstellung ein Glas Marmelade als Dank abgegeben, eine unverhoffte Köstlichkeit. Die Vorfreude auf einen seltenen Genuß war groß. Als die entscheidende Szene, 5. Akt, kam, in der die sterbende Luise ihrem Ferdinand ein furchtbares Geständnis machen muß, antwortete sie ihm auf eine bange Feststellung („Deine Limonade war in der Hölle gewürzt") mit dem pathetischen Ausspruch: „Gott, allerbarmherzigster! Gift in der Marmelade ..." Da war nichts mehr zu machen, da wurde das Trauerspiel für ein paar Augenblicke zum Lustspiel. Aber insgeheim hat es jeder im Publikum verstanden. „Ich habe es selbst erlebt", erzählt Illa Hedergott, „ich hab' mitgespielt..."

Über Illa Hedergott ist bewundernd hinzuzufügen, daß sie längst zur Charakterdarstellerin geworden ist. Zwei Beispiele unter ihren vielen Rollen sollen es zeigen. In der deutschen Erstaufführung des Schauspiels „Das Interview" von Hans Krendlesberger, einem medienkritischen Stück, war sie die Freundin der Hauptfigur, einer Reporterin, und machte die seelischen Hintergründe und Ängste eines verschatteten Lebens glaubwürdig. Und als Regisseur Michael Wedekind Borcherts „Draußen vor der Tür" mit Hans-Georg Panczak herausbrachte, machte sie eine Hamburger Hausfrau in genauer Zeichnung fast erschreckend deutlich.

Theater in Lübeck — da gehört sie dazu.

Horst Vinçon

Unser Theater konnte etwas aufweisen, was selten in vergleichbaren Bühnen anzutreffen ist — einen Hausdichter. Der Schauspieler Horst Vinçon, in jeder Rolle formbewußt und auch als Regisseur kompetent — dieser zuverlässige Theatermensch hat sich auch als Komödienschreiber einen Lorbeerkranz verdient. Drei seiner Stücke

wurden in der Beckergrube uraufgeführt. Weil die Rollen ein
Schauspieler für Schauspieler
schrieb, einer, der weiß, wie
gesprochen wird und wie
Sprache in Bewegung übertragen werden kann, waren seine
Stücke erfolgreich, wurden
von anderen Theatern nachgespielt und schafften den
Sprung ins deutsche, österreichische und sogar belgische
Fernsehen. Ein Kenner des
Komödiantischen lieferte komödiantisches Theater.

Ehe Vinçon für über ein Vierteljahrhundert eine der
Stützen der Gesellschaft im
Lübecker Haus wurde, waren
das Staatstheater Oldenburg,
Theater in Heidelberg und
Frankfurt/Main und das Deutsche Schauspielhaus Ham-
burg seine Stationen. Erste
Adressen. Den Faust hat er gespielt, den Hamlet, den Max
Piccolomini, da kann einer
schon zufrieden sein. Aber er
legte auch einen Grafen Dra-
cula hin, der sich des Erfolgs
wegen durch drei Spielzeiten
beißen mußte.

Genau in Gestik und Ton war
sein Amtsvorsteher Wehrhahn
im „Biberpelz": Kritische
Schärfe ohne Überzeichnung.
Der Wehrhahn ist ein Gockel
(nomen est omen), der dauernd Kikeriki schreit; es gibt
Schauspieler, die plustern
sich auf und machen eine
Witzblattfigur aus dem märkischen Mannsbild. Vinçons
Wehrhahn war eher leise,
brüllte nicht dessen Autori-
tätssucht heraus, sondern
zeigte unheimlich genau, daß
so ein Herrenmensch dem
wuselnden Volk im Grunde

unterlegen ist. Vinçon pur:
Erst denken, dann spielen.
Unvergessen sein Caliban in
Shakespeares „Sturm", von El-
mar Gehlen als verschlüsselte
Clownerie inszeniert; Vinçons
Urmensch wirkte, als sei er
eben im wiegenden Blues-
Rhytmus aus Onkel Toms Hüt-
te gekommen. Vinçon, der

„Gipfeltreffen"
Komödie von und
mit Horst Vinçon

Verwandlungskünstler von
Format. In „Mephisto" nach
Klaus Manns Roman hatte er
den Mut, in Lübeck leibhaftig
als Thomas Mann zu erscheinen – und so, daß sich weder
Lübeck noch Vinçon noch
post mortem Thomas Mann
schämen mußten.
Er weiß, daß der Menschheit
Würde dem Schauspieler in
die Hand gegeben ist. Er hat
Haltung und Lebensart und eine von den französischen Vorfahren weitergereichte feine,
manchmal spitzfingrige Eleganz.

149

Einen seiner Siege feierte er im April 1983 mit seinem ersten Stück, der „Siegesfeier". Zeit: 1741; Ort: eine Stadt in Preußen. In der Schlacht von Mollwitz wurde die österreichische Reiterei von den Grenadieren des jungen Königs in die Flucht getrieben, und nun soll zur Siegesfeier im Städtchen ein Theaterstück aufgeführt werden, das der Stadtschreiber zusammengebastelt hat (Theater auf dem Theater, immer wirksam). Die Akteure einer Wanderbühne proben schon, da platzt ein österreichischer Deserteur in die Szene, ein Komödiant von Haus aus. Die preußischen Kollegen verstecken ihn solidarisch (Menschenjagd, Versteckspiel, auch immer wirksam). Vinçon stellt in sein Personal aus Strebern und Dummköpfen, Intriganten und Eiferern einen Simplicius, einen der Schauspieler, einen Naivling, der letzlich über alle erhaben ist: Der schlichte Komödiant ist der bessere Mensch. Eine Siegesfeier fürs Theater. Lübeck applaudierte heftig.

Gleich in der nächsten Spielzeit folgte dem Kostümstück die Boulevard-Komödie „Gipfeltreffen". Zeit: Gegenwart; Schauplatz: ein verschneiter Gipfel in den Hochalpen. Ein Minister a.D. zieht sich wegen einiger Affären in die Einsamkeit hoch droben auf dem Berg zurück, doch bleibt er nicht lange allein — es kraxeln ein Parteifreund, eine junge Geliebte und eine attraktive Ex-Gattin hinauf, und eine resche Berghausdame ist auch im erotischen Angebot. Der Herr Minister im Silberhaar, von Vinçon selbst vergnügt und mit Charme gespielt, hat die freie Auswahl. Es gibt Pointen der feineren Art und wieder Rollen von dankbarer Fülle. Die Lübecker amüsierten sich in 25 ausverkauften Vorstellungen, das Stück wurde in mehreren europäischen Ländern nachgespielt und ins Fernsehen geholt.

Im März 1988 kam der dritte Streich: Uraufführung der Komödie „Bildersturm", Vinçons hübscher Versuch in sanftem Sex. Darin wird eine junge Malerin mit einem Kunstpreis geehrt, schickt aber statt ihrer gerühmten Blumenbilder satte Erotik in die Landesausstellung — eine griechisch-sonnenselige Begegnung mit einem Schauspieler (!) hatte sie diesbezüglich beeindruckt. Shocking. Spaßiges kommt ins Spiel, von der ehrpussligen Kunstvereinsvorsitzenden bis zum um den Sessel fürchtenden Kultusminister, vom pfiffigen Kunsthändler bis zur erwachsenen Tochter der Sexmalerin. Der Stückeschreiber Vinçon ist ein guter Beobachter. Sein Publikum fand viel Geschmack an seiner Erotik in feinstem Öl.

Der heute frei arbeitende Schauspieler, der Regisseur, der Stückeschreiber Horst Vinçon kennt die Grundregel der Komödie: Kunst ist um so besser, je unterhaltender sie ist, und sie ist um so unterhaltender, je besser sie ist.

Drei Intendanten:
Wüstenhöfer, Vibach, Thoenies

In den Jahren nach 1945, die von vielen Theaterbesuchern noch gut und gern überblickt werden, hat es sieben Intendanten in der Beckergrube gegeben, Friedrich Siems, Dr. Hans Schüler, Dr. Christian Mettin, Arno Wüstenhöfer, Walter Heidrich, Karl Vibach, Hans Thoenies; der achte ist der amtierende Dietrich von Oertzen. Ein Theater wird durch seine Intendanten geprägt. Jeder der Genannten trug (und trägt) auf seine Art dazu bei, dem Haus ein Gesicht zu geben.

Drei aus der Reihe werden im folgenden näher vorgestellt. Alle acht ausführlich zu würdigen, würde ein neues Buch ergeben. Der Dank, der den dreien abgestattet wird, gilt erweitert allen Hausherren.

„Ein Intendant sollte daran denken, daß ihm am jüngsten Tag alle seine Produktionen noch einmal vorgeführt werden. Er muß so arbeiten, daß er sich nicht vor sich selbst zu schämen braucht."

Diese Antwort gab Karl Vibach in einem Interview, als er aufgefordert wurde, „goldene Regeln" für Intendanten

Arno Wüstenhöfer

zu formulieren. Wir halten uns sinngemäß daran. Nicht, daß wir „jüngsten Tag" spielen; wir begnügen uns nicht mit einer Aufzählung ihrer Verdienste oder dem Zusammenkrümeln ihrer Pannen, sondern zeigen die drei in ihren jeweils wesentlichsten Produktionen — mit denen sie sich nicht zu schämen brauchen, sollten sie sie noch einmal vorgeführt bekommen. Es geht um Arno Wüstenhöfer (1959-1964) und seinen gewonnen Kampf (es war ein Kampf) um Brecht, um Karl Vibach (1968-1978) und seine Theaterphantasie u.a. mit Aufführungen vor dem Holstentor, um Hans Thoenies (1978-1991) und u.a. seine wagemutige Wendung zu Wagner.

Arno Wüstenhöfer hat in schwieriger Situation seine künstlerische Freiheit durchgesetzt und ein Beispiel dafür gegeben, daß sich politische Entscheidungen nicht auf die freie Spielplangestaltung auswirken dürfen. Da seine Sache auch juristisch beurteilt wurde, ist ein Präzedenzfall geschaffen worden.

Am 13. August 1961 wurden Deutschland und die Welt aufgeschreckt durch den perfiden Mauerbau in Berlin (niemand konnte ahnen, daß drei Jahrzehnte später die Mauer eine böse Erinnerung sein würde). Im August 1961 probte der Regisseur

151

Weber, dem seine Eltern die Vornamen Carl Maria zugemutet hatten, in Lübeck die Brecht-Bearbeitung des Schauspiels „Pauken und Trompeten". Wohlgemerkt: Eine Bearbeitung. George Farquhar, der eigentliche Autor, war ein irischer Schauspieler, der 1678 in Londonderry geboren wurde und 1707 in London starb.

Weber war einer der „jungen Leute" um Brecht; er lebte in Ost-Berlin. Wüstenhöfer hatte ihn engagiert, um das Stück brecht-nahe auf die Bühne zu bekommen. War Weber Mitglied der SED, jener Partei, die den Mauerbau wesentlich zu verantworten hatte? Leserbrief in den „Lübecker Nachrichten": „Inszeniert am Lübecker Theater ein SED-Mann?" Der Intendant erkundigte sich und antwortete am 7. September öffentlich: „Nein, kein SED-Mitglied".

Im Protokoll der Senatssitzung vom 28. August 1961 steht: „Mit der Frage einer Aufführung des von Brecht bearbeiteten Stükkes ‚Pauken und Trompeten', die im Rahmen des Spielplans 1961/62 vorgesehen war, wird sich der Kulturausschuß in seiner nächsten Sitzung befassen." Wichtig ist das Drei-Buchstaben-Wörtchen „war". Wüstenhöfer ist nicht gehört worden, weder vom Senat noch vom Ausschuß — das Stück ist mit dem „war" gleichsam gestrichen worden, ohne ihn zu fragen.

In der Kulturausschußsitzung vom 7. September kamen die Positionen zum Ausdruck. Nun ging es nicht mehr um Weber, sondern um Brecht. Der Intendant weigerte sich, „Pauken und Trompeten" abzusetzen. Für ihn sei Brecht in erster Linie Dramatiker von Rang, erst in zweiter Linie Kommunist. Die Kommunalpolitiker sahen das anders. Brecht war für sie ein Kommunist, von dem selbst eine Bearbeitung in den Zeiten des Mauerbaues nicht gespielt werden dürfe. Auf einen Kompromißvorschlag ging Wüstenhöfer nicht ein. Er lehnte es ab, die Premiere „aus technischen Gründen" zu verschieben.

Ergebnis der Sitzung: Der Ausschuß empfahl dem Intendanten einstimmig, „ohne in dessen Zuständigkeiten einzugreifen, die Aufführung ... wegen der gegenwärtigen politischen Situation zu verschieben". Wüstenhöfer nahm die Empfehlung zur Kenntnis, befolgte sie aber nicht. Senatsbeschluß vom 13. September: Die Kultursenatorin Frau Dr. Luise Klinsmann möge die Sache mit dem Intendanten nochmals durchsprechen. Tat sie — aber es änderte sich nichts.

Die nächste Mitteilung aus dem Senat vom 20. September, nicht einstimmig, aber mit Stimmenmehrheit, schlug einen neuen Ton an: „Eine Aufführung des Stückes hat wegen der politischen Lage in Berlin vorerst nicht stattzufinden." Das Wort „vorerst" stand nicht im stenographischen Protokoll. Es wurde später dazugeschrieben. Auf den Gedanken, den Besuchern die Entscheidung zu überlassen, ob sie das Stück überhaupt besuchen wollen, und wenn, ob sie es nicht in eigener Entscheidung empört ablehnen könnten, kam noch kaum jemand.

„Pauken und Trompeten"

Die Senatsentscheidung, von Emotionen getragen, forderte Emotionen heraus. Wüstenhöfer sah die Freiheit des Intendanten in Gefahr, Proteste aus dem Theater und von Lübekker Bürgern gegen den Senatsbeschluß bestärkten ihn. In einer erregten Bürgerschaftsdebatte am 28. November wurde allerdings deutlich, daß der größere Teil der Bürgerschaft, durch alle Parteien, bei der Ansicht blieb, die Politik könne künstlerische Entscheidungen revidieren. Brechts „Pauken und Trompeten" blieben stumm — vorerst.

Wüstenhöfer übergab seine Sache einem Anwalt. Ob der Jurist die Senatsmitglieder überzeugte oder ob die Einsicht aufkeimte, ein Künstler dürfe in einem freien Lande nicht von seinen politischen Ansichten her beurteilt werden — Ansichten, die bei Brecht ohnehin ambivalent waren — , das wird man nie genau erfahren. Fest steht: Der Senat zog seinen Beschluß zurück. Am 11. Januar 1962 hatte „Pauken und Trompeten" Premiere. Wüstenhöfer ging in der Auseinandersetzung um die Freiheit eines Theatermenschen als Sieger hervor.

Karl Vibach war ein Theatermann mit der Kraft der Phantasie und dem Können, seine Vorstellungen umzusetzen. Von Haus aus Schauspieler, war er acht Jahre Assistent von Gründgens, führte dann als jüngster deutscher Intendant drei Jahre das Nordmark-Landestheater Schleswig und ging danach als Schauspieldirektor in der Nachfolge von Günther Lüders nach Stuttgart. Er wußte, was er wollte: „In Schleswig hatte ich mich bemüht, komödiantisches Theater zu machen. Von 18 Schauspielern waren zwei Drittel Anfänger, ungeschliffene Edelsteine. In einem komödiantischen Theater konnten sie sich entwickeln. Schleswig war eine Anfangsstufe für mich und für die Schauspieler. In Lübeck befinde ich mich in einem Theater der mittleren Position. Hier müssen die Schauspieler nicht nur spielen, hier verlange ich, daß sie darüber nachdenken, was sie spielen." Ein Mann der unentwegten Lust am Theater. In seinen elf Jahren brachte er 140 eigene Inszenierungen heraus. Er entdeckte die Vieh-Verstei-

Karl Vibach

gerungshalle an der Lohmühle, die „Schwarzbunte", fürs Theater. Es war mutig, dort das Revolutionsstück „Optimistische Tragödie" von dem 1897 in Odessa geborenen Valentin Katajew in der Form des entfesselten Theaters aufzuführen; Eva Renzi wurde für eine Hauptrolle geholt. Als „Bullenstall" dient das wuchtige Viereck unter von Oertzen für oft aufregendes Theater in der Umbaupause der Beckergrube. Bei Katajew hieß das Haus nicht so, roch aber streng nach Bullen und Stall. Herausragend durch Quantum und Qualität war Vibachs Inszenierung von Brechts „Mutter Courage und ihre Kinder" im September 1977 vor dem Holstentor. Abgesehen von einer vergessenen lokalen Aufführung in den dreißiger Jahren war das der erste Versuch, Welttheater vor dem fünfhundertjährigen Denkmal zu spielen. Er wollte ausprobieren, ob vor einem so „egozentrischen" Symbol von Stadt überhaupt ein Spiel möglich sei (4 000 sitzende, 1 000 stehende Zuschauer). Seine Bearbeitung bevorzugte die aktionsreichen Teile. Daß das Tor Szenen der Stille erdrückt, war ihm klar, daß eine auf Heraldik hinauslaufende Inszenierung erforderlich war, ebenfalls. Er wußte, daß es nur eine starke Darstellerin in der Titelrolle schaffen konnte, dem Holstentor die Hauptrolle streitig zu machen. Vibach holte die in der DDR schon zur Legende gewordene Ingrid Ohlenschläger; die hochdekorierte Künstlerin hatte Ost-Berlin den Rücken gekehrt. Sie war eine Courage in der kraftvollen Lebensmitte, nicht so ausgezehrt, wie sie in der Weigel-Nachfolge vorgeführt wurde. Sie hatte Holstentor-Stil, in den großen Armbewegungen, der schmerzverkrümmten Körperhaltung, in Gesten und Gängen und im Volumen ihrer Stimme.

Ihr am nächsten stand der Koch von Roderich Wehnert, ein knorriger, wie aus dem Bruyèreholz seiner Tabakspfeife geschnitzter Kriegskerl. Frauke Janssen, bei vielen Theaterfreunden in bester Erinnerung, lieferte als stumme Kattrin ein beredtes Spiel ohne Worte. Dagmar Laurens führte als Yvette ihre Lust an der Verwandlung vor.

Was die Wirkung betrifft, mußte allerdings erkannt werden, daß sich Theater nicht mit sich selbst multiplizieren läßt.

Karl Vibach war ein ins Genre verliebter Förderer des Musicals. Am Hamburger Operettenhaus hatte er 1967 mit nachwirkendem Erfolg die deutsche Erstaufführung von „Anatevka" herausgebracht; in Lübeck ist neben vielen anderen „Applaus! Applaus!" unvergessen; vielfachen Applaus erhielt in der Beckergrube „Sorbas" nach dem Roman von Kazanzakis mit Luise Ullrich und Olivia Molina; die Lübecker gastierten damit in Hamburg und Berlin. Daß Lübeck lange als deutsche Hauptstadt des Musicals galt, war Vibachs Verdienst.

Er steckte voller Pläne. Nach seinen Jahren in der Beckergrube leitete er das Theater des Westens, wo „Cabaret" seine Intendanz eröffnete. Als er Intendant der Festspiele von Bad Hersfeld war, wollte er Goethes „Faust" doppelt besetzen, den alten, weisen Faust mit einem alten, weisen Schauspieler, den jungen, verliebten Faust mit einem jungen, verliebten Schauspieler. Wie Vater und Sohn sollten sie wirken. Er hatte schon ihre Zusagen: Will Quadflieg und Christian Quadflieg. Der Traum wurde nie verwirklicht. 1987 ist Karl Vibach kurz vor seinem 60. Geburtstag gestorben. Vergessen ist er nicht.

Hans Thoenies ist einer von jenen unerschrockenen Theaterleuten, für die Theater die Fortsetzung des Daseins mit anderen Mitteln ist. Er packt an. Er kennt den Zauber der Bühne, daß man das Wort nicht nur hört, sondern auch sieht. Für ihn ist Theater gespürtes Leben.

Als er in Lübeck anfing, hatte er einen irrsinnigen Plan im Kopf. In dem damals lübeckfrischen jungen Generalmusikdirektor Matthias Aeschbacher und in dem kurz zuvor in die Beckergrube geholten Opernchef Michael Rothacker gewann er Mitstreiter. Sie wollten Wagners Welttheater vollständig bringen, den vierteiligen „Ring des Nibelungen"; keiner von ihnen hatte vorher damit zu tun gehabt.

Sie haben es geschafft. Ein einziges Mal erfolgt die zyklische Aufführung des gewaltigen Werks. Das Ensemble wurde durch Gäste aufgestockt. Es gereichte auch der Stadt zur Ehre, daß das Wagnis mit viel Zustimmung des wagnerfreundlichen Publikums gelang — der Applaus näherte sich an jedem Abend

Hans Thoenis

der Halbstundengrenze. Da es viele Besucher gibt, denen das Ereignis noch lebhaft in der Erinnerung steht, wird das Wagnerfest dokumentiert: "Rheingold" (Sonnabend, 30. Oktober 1982): Kammersänger Rolf Kühne (Wotan), Clark Dunbar (Donner), Henner Leyhe (Froh), Hans Jürgen Schmidt (Loge), Hans-Georg Knoblich (Alberich), Franz Kasemann (Mime), Dan Musetescu (Fasolt), Dieter Brencke (Fafner), Elisabeth Glauser (Fricka), Eleonora Strass (Freia), Mali Henigman (Erda), Margrit Cuwie (Woglinde), Marie-Louise Ages (Wellgunde), Angela Nick (Flosshilde). – „Walküre" (Sonntag, 31. Oktober 1982): Hans Jürgen Schmidt (Siegmund), Dan Musetescu (Hunding), Anthony

Raffell (Wotan), Ingrid Haubold (Sieglinde), Marie Heyward-Segal (Brünnhilde), Mali Henigman (Fricka), Eleonora Strass (Helmwige), Margrit Cuwie (Gerhilde), Marie-Louise Ages (Ortlinde), Angela Nick (Waltraute), Mali Henigman (Siegrune), Ursula Mührer (Rossweiße), Ingeborg Hoge (Grimgerde), Heidemarie Marcoll (Schwertleite). – „Siegfried" (Freitag, 5. November 1982): Elliot Palay (Siegfried), Franz Kasemann (Mime), Anthony Raffell (Wanderer), Hans-Georg Knoblich (Alberich), Dieter Brencke (Fafner), Mali Henigman (Erda), Marie Heyward-Segal (Brünnhilde), Janice Harper (Stimme eines Waldvogels). – „Götterdämmerung" (Sonntag, 7. November 1982): Elliot Palay

(Siegfried), Dan Musetescu (Gunther), Hans-Georg Knoblich (Alberich), Dieter Brencke (Hagen), Marie Heyward-Segal (Brünnhilde), Ingrid Haubold (Gutrune), Mali Henigman (1. Norn), Angela Nick (2. Norn), Eleonora Strass (3. Norn), Inge Weissenberger (Woglinde), Eleonora Strass (Wellgunde), Angela Nick (Floßhilde), Rainer Klohs, Herbert Rätlein (2 Mannen).

Es war ein Triumph. Alle Abende ausverkauft. Als Aeschbacher am Ende in glücklicher Erschöpfung vor dem Vorhang die Ovationen entgegennahm, geschah Seltenes: Aus dem Orchestergraben wurde ein großer Blumenstrauß nach oben gereicht. Die Musiker dankten ihm.

Festspielatmosphäre herrschte im Hause. Vier Abende dicht hintereinander im Theater, da begrüßte man die Nachbarn wie gute und gleichgestimmte Bekannte; man war fast 20 Theaterstunden lang in der Faszination dieser verlockenden, verzaubernden Musik.

Michael Rothacker hatte in jahrelanger Arbeit Stein auf Stein gesetzt. Am 29. September 1979 wurde das Unternehmen mit der „Walküre" eröffnet; die aus Uetersen stammende Anke Eggers stellte sich als Fricka vor. Das davorgehörende „Rheingold" wurde am 17. Mai 1981 nachgereicht.

„Das Rheingold"

Am 27. September 1981 wurde „Siegfried" zum Erfolg, und am 10. Oktober 1982 rundete die „Götterdämmerung" das Werk, das sich dann ab 30. Oktober — siehe oben — in voller Größe zeigte.

Wagner war eben dreißig, als er stürmisch mit seinem „Siegfried"-Drama begann; er hatte die sechzig überschritten und Schopenhauers pessimistische Weltsicht eingesogen, als er die Tetralogie abschloß. Siegfried, der Idealmensch einer neuen Weltstunde, und der resignierende Wotan-Wanderer sind nicht unter ein gemeinsames szenisches Dach zu bringen. Rothacker hat sich bewußt den Brüchen des Werks gestellt und fand in Heidrun Schmelzer eine Bühnenbildnerin, die ihm zuarbeitete. Wie gelungen, um nur ein Bild herauszuheben, war die Rheinszene der „Götterdämmerung". Die „liebliche Landschaft am Ufer" zeigte niederländische Farben, ein warmes Braun, ein sanftes Ocker, aber auch schon das gelbe, fahle Signal dafür, daß sich ein Mord ereignet.

Lübeck gehörte zu den wenigen deutschen Theaterstädten, die zur hundersten Wiederkehr von Wagners Todestag (13. Februar 1983) einen geschlossenen „Ring" vorweisen konnten. Größere Häuser wie die Hamburgische Staatsoper oder die Frankfurter Oper haben unterwegs aufgegeben und ihren „Ring" halbfertig liegengelassen.

"Ein Werk wie dieses ist, was Ursprung, Wachstum und Vollendung anlangt, das einzige seiner Art in der Welt und vielleicht das mächtigste Kunstgebilde der letzten Jahrtausende", schwärmte einst Gerhart Hauptmann. Thomas Mann raunte von „mythischer Urtümlichkeit".

Der gelernte Schauspieler Thoenies gab auch dem Sprechtheater gute Chancen, das sei nicht vergessen. Er inszenierte Shakespeares „König Lear" mit Fried Gärtner in der Titelrolle als bitteres Mysterienspiel von der Welt Ende (Mahlers Auferstehungssinfonie im Hintergrund); Regisseur Paul Bäcker, ein Anhänger der realistischen Präzision, schuf in der Thoenieszeit viele kraftvolle und gutzsitzende Inszenierungen und gab dem Theater mit Barlachs „Blauem Boll" (grandios Günter Hutsch) ein komprimiertes Stück Norddeutschland; der unvergessene, als Persönlichkeit verehrte Schauspieldirektor Werner W. Malzacher war so mutig, Kleists „Prinz von Homburg" in poetischer Kraft mit Musik von Pink Floyd zu kombinieren, und als er den „Sommernachtstraum" auf die Bühne brachte, erlaubte Malzacher jedem Schau-

Matthias Aeschbacher und Michael Rothacker

spieler, in der Kleidung aufzutreten, die er für seine Rollenauffassung als passend ansah, und so stand ein alter Grieche neben einem Kollegen im Straßenanzug. Für Giraudoux' „Irre von Chaillot" lud Thoenies Hannes Fischer ein, den Chefregisseur des Dresdner Staatsschauspiels, was 1979 noch etwas Außerordentliches war. Er ließ die wunderbare Irene Marwitz wie eine Märchengestalt durch Paris gehen, eine Mutter Courage der Clochards.

Spitzlichter nur; sie zeigen die Kraft des Theaters. Drei Intendanten nur; sie zeigen, beispielhaft für ihre Kollegen, den Anspruch auf, den Lübeck an die Herren des Hauses stellt.

Bildschirm statt Bühne

Es gehört zu den Gegebenheiten der Zeit, daß sich die elektronischen Medien grundsätzlich Hilfe aus den Theatern holen. Lübeck liegt nahe an einer der deutschen Hauptstädte von Funk und Fernsehen. Da ist es selbstverständlich, daß sich Lübecker Künstler gern nach Hamburg bitten lassen, um auch in kleineren Aufgaben dabei zu sein.

Wer NDR 3 (Rundfunk) einschaltet, darf sich freuen, wenn er die Stimmen von **Hannelore Telloke** oder **Dagmar Laurens** erkennt — beide haben ein Wort mitzureden, wenn E-Musik präsentiert wird, und auch als Nachrichtensprecherinnen sind sie zuweilen angenehm zu hören. Und wenn Studio Hamburg für ein norddeutsch ausgestattetes Fernsehspiel einen knorrigen, pfiffigen Bauern des Landes braucht, steigt **Werner Berndt** in den Zug zur hanseatischen Nachbarstadt. **Rainer Luxem** ist zur Stelle, wenn mal die Rolle eines Beamten von der Zollverwaltung im Hafen zu besetzen ist, und wird ein klettergewandter Nachwuchsgangster gesucht, steht **Sven Simon** gern zur Verfügung. **Otto Sawicki** ist dabei, wenn Komödiantisches gefragt ist.

Es mag das Zubrot sein, das dazu verlockt, die erprobten Fähigkeiten vor Kamera oder Mikrophon auszuwerten — Glückwunsch denen, die eine Gelegenheit dazu finden. Doch wird es auch eine gewisse Neugier sein, so die Frage aller Darsteller beantwortet zu bekommen: „Wie sehe ich denn eigentlich aus, wenn ich spiele?"

Aber das ist ein anderes Thema. Wir blättern in Theaterprogrammen vergangener Jahre und lesen Namen, die heute in den Nachspannen der Fernsehspiele und der Familienserien stehen. Bildschirm statt Bühne. Viele zog es fort in die Ateliers; man braucht nur die „Lindenstraße" einzuschalten, um zu erkennen, daß Lübeck viel in die Kölner Kulissen abgegeben hat. Eine Überraschung bleibt nicht aus.

„Ich bin Reisende in Liebe,/ muß um unsern Globus jetten;/ wenn ich auch mal gern wo bliebe,/ warten schon die nächsten

Marie-Luise
Marjan mit
Sylvia Anders

Betten..." Ein ambulantes Freudenmädchen — Theaterautoren denken sich solche Rollen aus, das Publikum genießt und klatscht. So eine Hure auf Achse gab es in dem italienischen Musical „Himmel, Arche und Wolkenbruch" von Giovannini, wobei das Wort Arche auch ausgetauscht werden konnte. Die Reisende in Liebe heißt darin Consolazione, die große Trösterin. Aufgeführt wurde es im Juni 1977 im Großen Haus.

Sollte man raten, wer die hauptberuflich liebe Dame damals gespielt hat, könnte man viele Namen nennen. Nur einen nicht: Mutter Beimer. Es war in der Tat **Marie-Luise Marjan**, die in dem Musical unter Karl Vibachs Regie den bis dahin größten Applaus ihres Lebens bekam. Die dunkelgelockte Sylvia Anders, die Tochter des unvergessenen Sängers Peter Anders, war als Bürgermeistertöchterchen Angelina ihre Partnerin. Wer der munteren Marie-Luise damals prophezeit hätte, daß sie sich als Fernsehmütterchen mit sanftmolligen Rundungen in die Sympathie vieler Menschen spielen würde, wäre ausgelacht worden. Das ist eine Karriere — von der Göttin zur Gattin.

„Manchmal weiß ich nicht, ob ich noch Frau Marjan oder schon Frau Beimer bin", sagte sie mal freimütig. Die Lindenstraße ist für sie eine kleine Heimat geworden. Sie lebt darin. Ob sie auch ahnt oder weiß, was sie aufgegeben hat? Sie war, bei Professor Eduard Marks in Hamburg erstklassig ausgebildet, eine Hochbegabte, die in Karlsruhe, Bonn und Bochum schon Rollen von Rang hatte, die Eve in Kleists „Zerbrochenem Krug", die Barblin in Frischs „Andorra", die Luise in Schillers „Kabale und Liebe".

Eine amüsante Ergänzung ist, daß ihre kesse Lübecker Liebesdienerin damals kein Ausrutscher war. Denn so ging das Stück weiter: Consolazione kommt in ein italienisches Dorf, wird von den einfachen Leuten angenommen, ändert sich und wird die Frau eines schlichten Bauernburschen — und ist dort bestimmt vielfache italienische Mamma.

Ihren abwandernden Ehemann hat sie sich, denkt man, aus Lübeck in die Lindenstraße geholt. **Joachim Luger** gehörte lange zum Ensemble in der Beckergrube und ist in der kühlen Genauigkeit seines schauspielerischen Wesens vielen in guter Erinnerung. Er ist heute noch kein Berserker; aber damals, als er im Schauspielerberuf anfing, war er ein richtig dünnes Kerlchen. Die Rolle des arbeitslosen Pinneberg in der Bühnenbearbeitung von Falladas Roman „Kleiner Mann, was nun?" war ihm auf den hageren Leib geschrieben.

Er hat sich mit Zähigkeit und Intelligenz hochgearbeitet. Im berühmten „Schwarzen Jahrmarkt" war er mit seinem heimatlichen Berliner Slang rollendeckend dabei; in dem Schauspiel „Rosenkranz und Güldenstern" des Engländers Tom Stoppard kam er an der Seite von Dirk Galuba mit Glanz in die barocke Rhetorik der absurden Vorlage hinein, und kaum jemand, der ihn jetzt in den immer gleichen Posen als gestreßten Mann und Vater sieht, erinnert sich daran, daß Joachim Luger einmal den Preis der Hersfelder Festspiele als bester Nachwuchs-Schauspieler bekommen hat. Glücklich, Herr Beimer?

Fest engagiert und dies gewiß auf Jahre hinaus in der „Lindenstraße" und ebenso als Mann seiner ihn liebenden Ärztin ist **Michael Marwitz**, der Sohn des Kammerschauspielers Horst Mehring vom Oldenburger Staatstheater. „Der reinste Wahnsinn" — nein, nein, das ist kein Kommentar zu seiner Fernsehkarriere; es ist der Titel eines Schauspiels von Michael Fayn, einem der Erfolgsstücke in den Lübecker Kammerspielen. Es lebt von der genialen Idee, Theater hinter den

Joachim Luger mit Dagmar Laurens in „Kleiner Mann, was nun?"

Michael Marwitz in „Die Katze auf dem heißen Blechdach"

Kulissen zu beobachten, ein herrlicher Klamauk — unvergessen aber bleibt, wie Michael Marwitz artistisch durch seine Rolle turnte (und wie quirlig, frisch und ansteckend fröhlich Nancy Illig sein konnte, die sonst in Strindbergschem Mezzo die Düsterdamen spielte).

Betont männlich, selbstbewußt, phantastisch schnell in Aktionen und Reaktionen war Marwitz in dem von Erica Hermann ganz heiß und hurtig inszenierten Studiostück „Aikona, Boss" (Paul Slabolepsky, Schauplatz Südafrika). Marwitz führte eine schlanke darstellerische Gelenkigkeit vor, die ihn unter den Gleichaltrigen auszeichnete. Daß er auch hart und genau typisieren konnte, zeigte er in dem Krimi „Zeugin der Anklage" als Mörder in der von Tyrone Power im Film geprägten Rolle. Er liefert nun seine Lindenstraße-Lektionen gewissenhaft und engagiert ab. Aber die Lübecker Theaterbesucher wissen, daß er sehr viel mehr kann.

Dirk Galuba — der Name ist eben genannt worden. Gangster Galuba, Gauner Galuba, Ganove Galuba — das Fernsehen kommt ohne sein Gewalt ausstrahlendes Gesicht wohl nicht mehr aus. Das Medium kann gar nicht anders. Mit ihm kommt Böses ins Bild. Da ist er bei dem heutigen Angebot gut beschäftigt. Aber auch bei ihm wissen viele Lübecker Theaterbesucher, daß der aus Bremen stammende Galuba mehr kann als die fürs Fernsehen typisierte Gewalt. Er war schon Oberleutnant der Bundeswehr, als er in den Schauspielerberuf umschwenkte; das Militärische ist als grober Raster geblieben.

Aber wie elegant stilisiert spielte er in der Beckergrube den Tambourmajor in Büchners „Woyzeck", wie gekonnt war seine unheimliche Tücke und seine erotische Ausstrahlung als Obdachloser in Jo Ortons „Seid nett zu Mr. Sloane". In Lübeck konnte er seine

Vielseitigkeit aufschlagen, so auch als herrlich fechtender Laertes („Hamlet"). Nun verdient er viel, aber fast immer als Gangster vom Dienst.

Eine Entwicklung von der Vielseitigkeit des Theaters zu einer Typisierung des Fernsehens hat **Eva-Maria Bauer** hinnehmen müssen. Man möchte meinen, daß das Medium so eine Art Berufsberatung ausübt, und als sich deren Damen und Herren mit der resoluten Darstellerin Bauer befaßten, hätten sie einstimmig befunden: „Oberschwester!" Sie hat ihre Aufgabe in der idyllischen „Schwarzwaldklinik" gut gelöst — Herzlichkeit unter angerauhter Schale, Verständnis und Durchsetzungskraft, und dazu die etwas leise Wehmut des beginnenden Alters bei der Beobachtung der Liebeshändel ihrer jüngeren Umgebung. Sie hat Persönlichkeit gezeigt, und das muß sie nun immer wieder, und immer wieder auf ähnliche Art — sie kommt aus dem weißen Kittel in den Studios kaum noch heraus.

Sieben Jahre, von 1955 bis 1962 hat das lebensfrische Mädchen Eva-Maria in Lübeck gezeigt und erfahren, daß zum Schauspielerleben halt Vielseitigkeit gehört. Die vielen und schönen Rollen der jugendlichen Liebhaberin, mit denen die Theaterdichter aller Zeiten die Bühne reich bedienen, hat sie wonnig ausgefüllt; sie haben ihr und dem Theaterpublikum Freude gemacht. Etwas Keckes, Kesses hatte sie damals schon; als das Theater die deutsche Erstaufführung des Musicals „Cabaret" herausbrachte, bekam sie als Fräulein Kost eine ihr zusagende Aufgabe; die flotte Kost ist die leichte Dame, die sich einen Matrosen nach dem anderen ins Bettchen holt. Wenn das die Oberschwester wüßte... Es war vorhersehbar, daß Gerhart Hauptmanns Mutter Wolffen aus dem „Biberpelz", diese herrliche ehrbare Diebin, für die Menschengestalterin Bauer eine Erfüllung sein würde.

Sobald sie in die Figur der zupackenden Waschfrau hineinpaßte, spielte sie die herzhafte Berlinerin. Und wenn sie heute vom Chefarzt mal Urlaub bekommt, geht sie auf Tournee und erholt sich — mit der Wolffen. Da macht sie besonders gern in Lübeck Station. So kommen viele Namen zusammen — Schauspielerinnen, die heute im Fernsehen oder beim Film gefragt sind, sich aber in der Beckergrube oft ihren ersten Applaus geholt haben. **Reinhild Solf** stellt ihre schauspielerische Eleganz und feingliedrige Erscheinung gern der Kamera zur Verfügung und konnte in den verfilmten „Buddenbrooks" als blonde Tony Buddenbrook das Wesen der Schwester des Senators (Volkert Kraeft) so glücklich verkörpern, daß sich die Lübecker Kenner mit der Gestaltung anfreunden konnten; Elisabeth Buddenbrook, die Konsulin, war bei der einst in Lübeck engagierten Ruth Leuwerik in guten Händen, und auch Christian Buddenbrook hatte mit Gerd Böckmann eine Lübecker Theatervergangenheit. Die aus Mitteldeutschland gekommene Reinhild Solf tat bei Intendant Heidrich ihre ersten Bühnenschritte; ihre Jessica, Shylocks geliebte Tochter im „Kaufmann von Venedig", war ein beglückendes Theatergeschöpf. Und als Hilde Hildebrandt die „Irre von Chaillot" mit großer komödiantischer Geste und rauchiger Stimme spielte, hatte sie als Engelchen Irma aus dem Café „Chez Francis" eine entzückende Reinhild Solf zur Seite. **Witta Pohl** gehört in die Gruppe. Eine Vielbeschäftigte, die von einer Familienserie in die andere übergeht und auf die schon etwas reiferen Frauen spezialisiert ist, ohne sich dabei im Ausdruck groß ändern zu müssen. Was für ein Erlebnis war ihre Olga in Tchechows „Drei Schwestern", die der Prager Gastregisseur Vaclav Hudecek in Lübeck inszenierte. Witta Pohl spielte die Directrice des Mädchengymna-

siums in der russischen Provinz, eine Frau, die ihre Tristesse in Ausbrüchen der Verzweiflung äußert. Großes Schauspielertheater. Frauke Janssen (Mascha) und die junge Silvia Idler (Irina) waren ihre Partnerinnen. Unvergessen Roderich Wehnert, der Militärarzt, der seinen Lebensplan im Wodka versickern läßt.

In unterschiedlichen Fernsehaufgaben erscheint **Angelika Wedekind** auf dem Schirm; sie hieß Draak, als sie in Lübeck spielte und noch nicht mit dem Regisseur Michael Wedekind verheiratet war; von dem jungen Theatermann, der als Assistent von Heinz Hilpert viel von dessen solidem Können profitierte, ist achtungsvoll festzuhalten, daß seine Lübecker Inszenierung von Dürrenmatts Shakespeare-Adaption „König Johann" beim Norddeutschen Theatertreffen 1977 im Deutschen Schauspielhaus Hamburg den ersten Preis erhielt. Angelika — eine vielseitige Schauspielerin mit starker komödiantischer Ausstrahlung. Als englische Erzieherin am Hofe des Herrschers von Siam zeigte sie in dem Musical „Der König und ich" unter ihren vielen Fähigkeiten auch tänzerischen Schwung und steckte damit ihren Partner Freddy Quinn an; der Erfolg half mit, den Ruf Lübecks als deutsche Hauptstadt des Musicals zu vergrößern.

„Der König und ich"

Dazu beigetragen hat auch die Südamerikanerin **Olivia Molina** unter anderen Aufgaben in Lübeck mit ihrer temperamentgeladenen Rolle im „Sorbas"-Musical. Und **Freddy Quinn**, eben schon genannt, kam gern in die Beckergrube, um seine kernige norddeutsche Seemannsstimme (dabei ist er Österreicher) in mehrere Musicals einzubringen. Seine Spitzenleistung war der Landpfarrer Ehrwürden Don Silvestro in „Himmel, Arche und Wolkenbruch", eine Art Don Camillo aus den Abruzzen, der eine neue Arche bauen will. Freddy sang mit dunkler

Stimmfülle und kam auch darstellerisch der Figur nahe. In „Feuerwerk" brachte er es fertig, auf einem Hochseil Trompete zu spielen – ohne Netz. Ein irgendwie naiv-liebenswerter Künstler; schauspielerische Aufgaben löste er in schlichtem Geradeaus-Stil, doch sobald er zu singen hatte, lockerte sich sein Gesicht. Das Publikum spürte das und wandte seine ganze Aufmerksamkeit dem Sänger Freddy zu.

Sein Gegenspieler in „Himmel, Arche und Wolkenbruch" war **Heinz Fabian** in der Rolle des Bürgermeisters, ein Sängerschauspieler von grundehrlicher, handfester Art und Kraftstimme, der mehrere Jahre in Lübeck die Aufgaben der gradlinigen Männer übernahm und in „My Fair Lady" neben dem Higgins von Luxem als Müllkutscher Doolittle das Prachtstück in der Inszenierung von Hans Thoenies wurde. In Plenzdorfs Goethe-Paraphrase „Die neuen Leiden des jungen W." zeigte er sich in mehreren kleineren Rollen, die er so gewitzt spielte, daß ihm Applaus auf offener Szene dankte.

Folker Bohnet mit Nikolaus Reinecke in „Hamlet"

Folker Bohnet, nicht nur Serienspieler, sondern auch in anspruchsvollen Fernsehspielen zu sehen, brachte aus seinen Lübecker Jahren einen der schönsten Erfolge seines Lebens mit. Er durfte in Vibachs Inszenierung 1972 den Hamlet spielen. Bohnet gab den Dänenprinzen so überzeugend in der Analyse der Gewissenskonflikte und mit einer eigenartig kühl versteckten Leidenschaft, daß er seinen Erfolg bei den Hersfelder Festspielen wiederholen durfte.

Die zweite bedeutende Rolle in Shakespeares Trauerspiel ist der König Claudius. **Henry Kielmann** spielte den Herrscher mit dem schweren Gewicht des „ersten und ältesten der Flüche, dem Mord eines Bruders". Der hochgewachsene und ebenso hochintelligente Schauspieler gehörte von 1966 bis 1971 zum Lübecker Ensemble und gab mit seiner königlichen Gestalt so manchem Theaterfürsten Würde und geistiges Gewicht. Eine seiner Glanzrollen gab er in Shaws ironisch gebrochener Historiengeschichte „Cäsar und Kleopatra"; da war er der alternde Herrscher, der sich selbst kennt und die anderen durchschaut, eine Mischung aus Vernunft und Selbstironie — die kindlich kokette Kleopatra von Josta Hoffmann war ihm ebenbürtig.

Wer ihn zum Partner hatte, durfte froh sein; Kielmanns kalkuliertes und doch immens komödiantisches Spiel zog die Umgebung mit. Henry Kielmann ist ganz und gar zum Fernsehen übergegangen, führt Regie, schreibt Drehbücher und veredelt mit seinem charmanten Witz auch so manches Dummstückchen. Die genau angepaßten, zuweilen in die Groteske hochgedrehten Pointen der „Golden Girls" stammen aus seiner Feder.

Hans-Georg Panczak, einer der schillerndsten deutschen Fernsehschauspieler, der das Abgründige im Menschen in durchdachter Form darstellen kann, stand mehrfach mit dem Lübekker Ensemble auf der Bühne. 1975 war er der aufsässige Edgar Wibeau in den „Neuen Leiden des jungen W.", 1978 verhalf er dem Heimkehrer Beckmann in Wolfgang Borcherts „Draußen vor der Tür", der großen Erschütterung der ersten Nachkriegszeit, drei Jahrzehnte nach der Premiere von 1948 zu einer überraschenden Auferstehung — immer schon ein erstklassiger Schauspieler.

Im Fernsehen ist auch immer wieder mal das tiefernste Komödiantengesicht von **Günter Bothur** zu erleben. Ein Schauspieler mit einer eigenen Farbe und mit der Lust daran, Komisches gegen den Strich zu spielen. Im „Cabaret"-Musical rückte er den „Master of Ceremonies", wie die Rolle im Original heißt, in den Mittelpunkt, den quirligen Entertainer, der die Handlung und das dazugehörende Tanztheater spielerisch zusammenhält (den Clifford Bradshaw, den Amerikaner in Berlin, gab Henry Kielmann). Gefeiert wie nie zuvor wurde Bothur in dem Theaterspaß „Ich war Hitlers Schnurrbart" des Kabarettisten Günther Neumann — ein kleiner Beamter mit großer Ähnlichkeit zu seinem Führer. Als Ende 1995 in Oslo eine Filmbiographie über Knut Hamsun gedreht wurde, zu der auch dessen spektakuläre Begegnung mit dem NS-Diktator auf dem Obersalzberg gehört, wurde der Filmhitler aus Lübeck geholt — Bothur.

Ob in den Kreis der Lübecker Schauspielerinnen, die ihre Karriere im Fernsehen ergänzen oder fortsetzen, auch Dagmar Laurens gehören wird, muß abgewartet werden. Der Versuch wird unternommen. „Daggy", wie sie im Theater genannt wird, steht im Mittelpunkt einer Serie mit dem Titel

„Girlfriends", von der in und um Hitzacker an der Elbe die ersten 13 Folgen gedreht worden sind und für die vorläufig noch 12 weitere geplant sind. Lorbeer auf Vorschuß wird nicht gegeben. Aber man ist gespannt und man wird sehen.

Im Ensemble . . .

Marianne Schubart

„Muntere" stand auf dem ersten Vertrag von Marianne Schubart. Früher gab es solche Schubladen für Schauspieler. Die muntere Marianne spielte am 1. Juni 1942 ihre erste Rolle in der Komödie „Der blaue Strohhut" von Friedrich Michael. Es geschah am Alten Theater Leipzig. Als ihr Name in einer Kritik gedruckt wurde, kaufte sie sich zehn Zeitungen. Man kann schnell ausrechnen, daß das vor über 50 Jahren passiert ist. Da ist die Vermutung nicht falsch, daß aus dem Strohhut-Mädchen eine würdige ältere Dame geworden sein mag. Irrtum. Marianne Schubart ist die Muntere geblieben. Ein munteres Beispiel: Kurz vor der Sanierungspause gab es im Großen Haus als deutsche Erstaufführung eine Revue von Jerome Savary: „Zazou und die Swing Boys". Tempe-ramentvolles Musiktheater im Milieu von Saint-Germain-des-Près. Swinging Paris. Etwas für junge, artistisch begabte Schauspielerinnen und Schauspieler. Und während Zazou mit ihren Boys über die Bühne steppte, holte sich eine nicht mehr so junge Kollegin allabendlich Szenenapplaus für ein Solo: Marianne Schubart legte als temperament-volle „Tante Medee" einen Flamenco auf die Bretter, daß das Haus angesteckt jubelte.

Damit konnte sie ein Jubiläum feiern: Fünf Jahrzehnte mit nur kleinen Unterbrechungen durch die Zeitgeschichte beim Theater. Grund zum Gratulieren. Intendant und Kultursenator kamen gemessenen Schritts mit einer Urkunde auf die Bühne — der Senat hatte Marianne Schubart zum Ehrenmitglied des Theaters ernannt. Allein ihre

Lübecker Rollen reichen an die 100 heran. Sie hat, was man Theaterblut nennt.

Sie stammt aus einer Juristenfamilie und ist im niedersächsischen Celle zur Welt gekommen. Ihre Mutter verließ die sie einengende Diktatur, nahm sie mit, und so ist das Mädchen Marianne international aufgewachsen, in Spanien, in Paris, später in England. Weil sie unbedingt zum Theater wollte, ist sie nach Deutschland zurückgekehrt.

Marianne Schubart mit Antje Birnbaum in „Nacht, Mutter"

Viele Stationen. Leipziger Auftakt, dann ein Wanderleben: Göttingen, Kassel, Bonn, Krefeld, Wiesbaden, eine halbjährige Tournee durch Brasilien, Hamburger Schauspielhaus unter Gründgens, Schleswig, Stuttgart — und seit 1967 Lübeck. Zwischendurch stand ihr Name auch in Berlin und bei den Hersfelder Festspielen auf dem Programmzettel.

Amüsant, daß sie oft mit Ordnungshütern zu tun hatte. „Derrick" Horst Tappert war in Göttingen, Kassel und Bonn mit ihr im Engagement, Erik Ode, der langjährige ARD-„Kommissar", war mehrfach ihr Bühnenpartner, in Stuttgart spielte sie mit Klaus Löwitsch („Peter Strohm") u.a. in „Stopp die Welt, ich will aussteigen".

Sie ist vielseitig. In „Nacht, Mutter" von Marsha Norman zeigte sie im Studio eine Mutter, die in tiefer seelischer Not ihre Tochter vor Selbstmord bewahren will. Das Publikum brauchte eine Pause, um erschüttert zum Applaus zu finden. In der Petrikirche

Erik Ode mit Karl-Heinz Lemken in „Tod eines Handlungsreisenden"

169

war sie unter der Regie des unglaublich vielseitigen Andreas von Studnitz in Gerhart Hauptmanns Traumspiel „Hanneles Himmelfahrt" die heimliche Herrscherin im Armenhaus eines schlesischen Gebirgsdörfels, eine Hauptmanngestalt. Ihr verstorbener Mann Karl Vibach habe oft mit ihr schlesisch gesprochen, sagte sie zur Erklärung für die Genauigkeit ihrer Sprache. Stolz ist sie auf die von ihr mit Professor Roger George ins Leben gerufene Lübecker Kinder-SchauSPIELschule. Fast zwei Jahrzehnte lang hat sie ganz jungen Menschen die Freude an der gestalteten Bewegung vermittelt. Ideen des englischen Pädagogen Alexander Neill gaben den Ausschlag für ihr Credo: „Kinder sollen mit der Phantasie bekanntgemacht werden, die die Basis unseres Schauspielerberufs ist."

Der Satz ist ein Schlüssel für ihr Können und ihre Freude daran — Marianne Schubart lebt aus der Kraft der Phantasie.

Krafft-Georg Schulze

Großer Abend für einen Schauspieler, wenn er als Achtzigjähriger auf genau der Bühne steht, die genau sechs Jahrzehnte zuvor dem Zwanzigjährigen das größte Theatererlebnis brachte — eines, das er auf der Bühne mitgestalten durfte. Schließt sich ein Ring?

Krafft-Georg Schulze spielte 1995/96 im Deutschen Schauspielhaus Hamburg den Ferapont in Tschechows „Drei Schwestern". Eine Aufgabe, wie sie der Lübecker liebt. Er gestaltete das zeitlose menschliche Symbol jener russischen Provinzstadt, aus der sich Olga, Mascha und Irina nach Moskau wegsehnen. Ferapont ist ein leises Echo der Wünsche, Ängste und Verzweiflungen der jüngeren. Die Zeit, er weiß es, ordnet am Ende vieles. Er hat keine Wünsche mehr. Ferapont ist achtzig, Krafft-Georg Schulze ist achtzig.

Manche Theaterbesucher erinnern sich an seinen 70. Geburtstag. Intendant Thoenies machte ihm eine Wunschrolle zum Geschenk. Das mag für andere die Versuchung sein, die ganz große Rolle nachzuspielen, die an ihnen vorübergegangen ist. Schulze suchte sich eine betont kleine Rolle aus, den Amtsdiener Mitteldorf in Hauptmanns „Biberpelz". Er puzzelte sie aus vielen Einzelheiten zusammen, aus Beobachtungen mit Lichtern und Schatten, und er schaffte das Wunder, über dem vom Dasein geschundenen armen Kerl Hauptmanns heimlichen Heiligenschein der Menschlichkeit leuchten zu lassen.

Krafft-Georg Schulze liebt Rollen der Stille. Er gibt in unserer lauten Welt den leisen Stimmen Raum. In persönlicher Art erfaßt er das Wesen seiner Figuren. Zur gestochenen klaren, hellen Stimme und zum oft naiven, offenen Gesichtsausdruck kommt seine aus Beobachtungen erarbeitete Kraft, die Dargestellten in der Bewegung zu erfassen. Er geht gern auf der Bühne hin und her und spricht damit auch ihre Körpersprache. Erfahrung gehört dazu, und Menschenliebe.

Wie leise und fein spielte er den Uralt-Kammerdiener Firs in Tschechows „Kirschgarten", wie ergreifend war die Würde des Fürstendieners in Schillers „Kabale und Liebe" mit seiner auch aus der Haltung herausgeholten Klage um die verkauften Landeskinder, wie scharfgeschnitten kam der Saint George in Goethes „Clavigo". Schulze läßt scheinbare Nebenfiguren wichtig werden, ohne sich damit wichtig zu machen. Er holt Randfiguren in die Mitte.

Er ist Lübeck pur. Obwohl Vorfahren väterlicherseits aus der Altmark kamen (das beschwörende „Krafft" weist ins Märkische), hat sich in ihm ein Stück Lübeck verdichtet. Sein Vater war Kaufmann. Das hat er gemeinsam mit den beiden anderen Lübekker Schauspielern von Rang, Lüders und Ponto, Kaufmannssöhne beide. Und beide hat Krafft-Georg verehrt, mit Lüders verband ihn eine lange Freundschaft; daß er mit ihm mehrfach auf der Bühne stand, macht ihn stolz.

Stationen: Die Theater von Beuthen in Oberschlesien und Bautzen in der Oberlausitz standen am Beginn; nach Krieg und Gefangenschaft kam die Landesbühne Niedersachsen in Hannover, und seit 1969 ist er wieder in der Beckergrube, wo alles angefangen hat — wo den Sechsjährigen im Weihnachtsmärchen der Zauber des Theaters überwältigte („Pips der Pilz" hieß es, er weiß es genau). Der Knabe von damals ist Ehrenmitglied des Ensembles. Die Würde wurde ihm vom Intendanten an seinem 75. Geburtstag am 31. Dezember 1989 auf der Bühne im Kreise des Ensembles überreicht.

„Hauptmann liegt mir", sagte uns Schulze einmal. Es gibt unter seinen Rollen nicht nur den Mitteldorf. In den „Ratten" hat er gespielt, in den „Webern", im „Friedensfest" (Untertitel „Eine Familienkatastrophe") war er 1991/92 der tyrannische Familienvater Dr. med. Fritz Scholz. Vor Jahrzehnten ist er mal mit dem zehn Jahre älteren Lüders am Möllner See spazieren gegangen. „Du mußt Deine Rolle beherrschen, das ist klar", sagte der ihm, „doch das Wichtigste ist, daß Du sie mit Deiner eigenen Farbe gibst — sonst Fehlfarbe!" (Schulze: „Das Wort Fehlfarbe hatte Günther gern"). Er denkt oft an diesen Rat.

Nochmals Deutsches Schauspielhaus Hamburg 1995. Es ist selten, daß einer aus Lübeck zum großen Nachbarn engagiert wird. Krafft-Georgs Gedanken gingen auf „seiner" alten Bühne sechs Jahrzehnte zurück: Deutsches Schauspielhaus Hamburg 1935. Fehling inszenierte Schillers „Don Carlos". Der Regisseur war aus Berlin gekommen, weil er dort bei den Machthabern, die ein freies Theater nicht dulden wollten, Schwierigkeiten bekommen hatte. Das hanseatisch noch immer etwas freiere Hamburg hatte ihm eine Arbeitsmöglichkeit geboten. Das Wort des Marquis Posa aus dem dritten Akt war Fehlings Maxime: „Ich kann nicht Fürstendiener sein". Schiller schrieb in den „Don Carlos" auch einen Aufruf, den Diktatoren fürchten: „Geben Sie Gedankenfreiheit!" Ihn im dritten Jahre der Hitlerzeit auf der Bühne sprechen zu lassen, war ein Wagnis. Fehling wollte es und teilte das dem

Hamburger Theaterverantwortlichen Staatsrat Wüstenhagen deutlich mit. Der sagte ihm nur gelassen, daß Striche in einem Stück allein Sache des Regisseurs seien. Hamburg war eben anders.

Krafft-Georg empfand es der Größe und Würde des Theaters zugehörend, als Werner Hinz die Sätze sprach: „Geben Sie die unnatürliche Vergötterung auf, die uns vernichtet! Gehen Sie Europens Königen voran. Geben Sie Gedankenfreiheit." (Nebenbei: Das Sire, mit dem der Satz oft zitiert wird, steht nicht in Schillers Text).

Der Applaus in die Szene hinein, so erinnert sich Schulze, war demonstrativ. Die Zuschauer standen auf. Schon vor Beginn der Premiere hatte sich herumgesprochen, daß Fehlings Berliner Freunde und Kollegen nach Hamburg gekommen waren, auch um Posas Worte zu erleben und ihnen zuzustimmen. „Da saß Gustaf Gründgens, Karl Krauß war da, Aribert Wäscher, wir entdeckten Käthe Dorsch, Elisabeth Flickenschildt — ein Erlebnis, die Großen der deutschen Bühne zu sehen." Augenblicke des Theaters, meint Krafft-Georg Schulze, die man nicht vergißt — „und ich bin jetzt noch dankbar dafür, daß ich dabei sein konnte." Er hat 20 Vorhänge gezählt — „und eine Gruppe junger Leute rief ‚Es lebe der Geist Schillers'. Als der Eiserne heruntergelassen worden war, kamen viele auf die Vorbühne und pochten mit den Fäusten darauf, um weiter zu applaudieren. Der

Eiserne im Deutschen Schauspielhaus hat aber keine Tür wie der in Lübeck, also wurde er wieder hochgezogen, Hinz und Hansgeorg Laubenthal, der Carlos, umarmten sich abermals, und auch Gustav Knuth, der eindrucksvolle Großinquisitor, mußte wieder auf die Bühne. Fehling verbeugte sich gelassen, übrigens im Frack, wie es in großen Häusern üblich war — ein Herr aus Lübeck!"

Unvergessen auch dies: Aus ihren Ankleidezimmern kamen die Protagonisten plötzlich in großer Garderobe heraus, Abendkleid, Smoking, Frack. Das Fest des Theaters wurde bei der Premierenfeier im „Atlantic" fortgesetzt. Schauspieler waren erste Gesellschaft.

Ein Ring hat sich geschlossen. Doch das Spiel für Krafft-Georg Schulze geht weiter. In Lübeck wartet — zur Eröffnung der neugestalteten Kammerspiele — wieder ein Schiller auf ihn. In „Kabale und Liebe" ist er der Kammerdiener des Fürsten, eine Rolle, die ihm schon deswegen lieb ist, weil sie oft von dem verehrten Erich Ponto gespielt worden ist.

Thomas Birklein

Höchst selten ist, daß ein junger Schauspieler mit einem Salto ins Engagement springt. Mit Thomas Birklein war das zu erleben. Er konnte sich in „Figaros Hochzeit" (Beaumarchais) in der Titelrolle vorstellen. Regie führte Sylvia Richter. Sie ermunterte ihn, per Salto einen Abend zu eröffnen, der zu Recht den Titel trug: „Figaros Hochzeit oder Der tolle Tag".

Ein vielseitig interessanter Schauspieler. Das versprach sein toller Sprung, das hat er seither oft bewiesen. Er hat Fröhlichkeit im Gesicht. Er ist ein kluger Komödiant mit reichen darstellerischen Möglichkeiten. Wie vergnüglich war Birkleins Mondfahrer in Paul Linckes „Frau Luna" (Bullenstall). Da überspielte er sogar glatt, daß ihn Ausstatter Martin Rupprecht in schlabbernde Unterhosen gepackt hatte.

Eine Freude war, Birklein in dem hausgemachten Musical „Teddy Kupferstein and his golden Sextett" zu erleben.

In Liebe und Haß verbunden: Dagmar Laurens, Rainer Luxem

Die Geschichte einer großen Liebe (auf der Bühne, bitte!) ist so seltsam schön nur bei einem Theater von der Größe und Struktur des Lübecker Hauses zu erleben.

Zum Wesen der Verbindung zwischen Theatererlebenden und Theaterschaffenden gehört es, daß man mit seinen Schauspielern alt — sagen wir: reifer werden kann. Man erlebt den Prozeß an den Menschen auf der Bühne und erkennt, daß man dabei sein eigenes Leben vorgespielt bekommt. Das können so weder Film noch Fernsehen vermitteln, auch das Tourneetheater kann es nicht, und in den reicher ausgestatteten Theatern der Weltstädte wird einem das so jedenfalls auch nicht zuteil. In Lübeck ist es möglich, daß man sich in schönen Augenblicken geborgen fühlt bei den Menschen auf der Bühne.

Nehmen wir Dagmar Laurens und Rainer Luxem. Zwischen beiden besteht eine subtile Beziehung — auf der Bühne, muß immer gesagt werden. Als Paar konnten sie längst Silberhochzeit feiern: Seit drei Jahrzehnten sind sie ineinander verliebt und einander herzlich verhaßt, hell voneinander entflammt, leidenschaftlich verbunden und ebenso leidenschaftlich böse — auf der Bühne, lieber Leser.

Die dramatische Literatur kennt nichts Interessanteres als die Liebe und deren Umkehrung, den Haß — zu allen Zeiten und in allen Zonen. „Mann und Weib und Weib und Mann/ reichen an die Gottheit an", singt Mozarts Pamina. Das wissen alle Theaterdichter, und so geht es ihnen vor allem um die himmelhochjauchzenden und zu Tode betrübten Gefühle zwischen Mann und Weib und Weib und Mann.

Im Weihnachtsmärchen 1961 standen Laurens-Luxem zum ersten Male zusammen auf der Bühne; Dagmar war Aschenputtel, Rainer so eine Art Bruder Grimm. Aber „das gildet nicht", wie es bei Kindern und Künstlern heißt. Ihre Erinnerung daran ist verblaßt. Wie oft sie danach einander in den Armen lagen, wie viele Schläge sie sich androhten — sie wissen es nicht. Keiner führt Buch über Rollen und Erfolge. Auch Vergangenheit „gildet nicht"; beide leben bewußt in der Gegenwart — wichtig sind die Rollen, an denen sie arbeiten.

Szenen einer Ehe. In Gogols „Revisor" waren sie ein sturmerprobtes Ehepaar, Rainer als Stadthauptmann Anton Antonowitsch, Dagmar als Gattin Anna Andrejewna. Anton und Anna werden böse hereingelegt; Rußlands kräftigste Komödie gab dem Schauspielerpaar eine neue Erfahrung — sie spielten eine auch in der Erniedrigung bewahrte Treue. „Der eine lacht bei uns über den anderen, und sogar in unserer Erde steckt etwas, das über alles lacht", heißt es bei Gogol. Heiteres Darüberstehen in einer verlachten Liebe — sie wurden verdutzt damit fertig.

Ein anderes Mal sind sie in Stunden um Jahre gealtert; in dem Lustspiel „I do, I do" gestalteten sie zärtlich ein gemeinsames

Leben, von der ersten Leidenschaft bis zur Liebe im Silberhaar. Sie haben sich raffiniert befetzt, sie als intelligentes Flittchen, er als maßlos eifersüchtiger Strindberg in dessen „Nacht der Tribaden". In dem Psychostück „Betrogen" haben sie sich ganze Tierparks von Hörnern aufgesetzt. In „Don Juan oder Die Liebe zur Geometrie" ließ sie sich, um ihn zu ködern, zielstrebig ein Kind machen. Sie waren, sie als Ärztin, er als Kranker, in zaghaft angedeuteten Zärtlichkeiten verbunden — „Ist das nicht mein Leben?" hieß das Stück. Sie mußten in „Bye-bye Show Biz" eine verrückte Bettgeschichte verrückt herunterwälzen. Das alles ist nur eine kleine, kleine Auswahl.

Was Mann und Frau auf der Bühne durchmachen, geschieht Mann und Frau im Leben kaum zum zehnten Teil. Die Frage ist, wie zwei Menschen sich aushalten, die sich jahrzehntelang so komprimierte Gefühle entgegenbringen. Gewiß: Aufgabe eines Schauspielers ist es nicht, ein biestriger Kerl zu sein, sondern einen biestrigen Kerl zu spielen. Auf unsere Frage sagen Dagmar und Rainer, daß sie die Freude genießen, sich schauspielerisch haargenau zu kennen; sie nehmen im Spiel die kleinsten Signale auf und wissen sofort die nonverbalen Antworten. Kann so viel Gefühl füreinander ohne Gefühle bleiben?

Wir haben für unser Theaterbuch mit beiden darüber gesprochen. Ihre Antwort interessiert allein schon, weil beide als altvertraute Kräfte des Theaters Möglichkeiten zur Identifikation bieten — sie sind die Bilder, die man von sich selbst hat oder sich gern machen möchte. Sie sind das auf der Bühne veröffentlichte eigene Ich.

Dagmar und Rainer sind privat einander zugetan, gestehen sie unisono; sie empfinden sich als „künstlerisches Ehepaar", nicht als „Künstler-Ehepaar" — auf den kleinen Unterschied kommt es an. Wirklich privat gehen beide eigene Wege. Sie besuchen sich mal im Urlaub, wenn es sich ergibt, und sie lassen sich, selten genug, mal gemeinsam einladen. Mehr gibt es nicht.

Wenn sie spielen, gehen sie aufeinander ein. Falls es einen Hänger gibt, helfen sie sich mit der Gelassenheit vertrauter Kollegen. Natürlich gibt es mal Hänger; es braucht nur vor der Vorstellung ein Gewitter herunterzugehen, schon ist die Konzentration beeinträchtigt, auf der Bühne wie vor der Bühne. Die auf der Bühne haben im Gegensatz zu denen vor der Bühne lange Texte vor sich, woran die Zuschauer ruhig immer wieder mal denken sollten.

Dagmar und Rainer fühlen sich künstlerisch füreinander verantwortlich, und der Zuschauer, der sie über die Jahre beobachtet, spürt das. „Das ist so wie beim Kleinen Prinzen — wenn du mich erziehst, mußt du auch die Verantwortung für mich übernehmen" — so Rainer Luxem über die Zu-Wendung. Und Dagmar Laurens weiß, daß beide bei so vielen Jahren „einen Vorlauf an Wissen umeinander" haben.

Können so alte „Eheleute" auch eifersüchtig sein. Mit der Antwort zögern sie. In „Peer Gynt" mußten sie ihre Ehegemeinschaft aufgeben. Luxem in der Titelrolle hielt es, wie Ibsen das wollte, mit einer Jüngeren, mit der fröhlichen Solveig (Tatjana Hölbing); Dagmar Laurens hatte die sie fordernde Rolle der alternden, herzerwärmenden Aase, Peers Mutter, die sie trotz fehlender Jahre ohne Übertreibung spannend erfüllte. Das „Ehepaar" mutierte zu Mutter und Sohn — schwierig genug.

„Peer Gynt", die Faust-Paraphrase des Nordens, war ein großer Abend. Peers Szenen mit Aase waren bewegend, weil Dagmar Laurens als Mutter auch das Mädchen mitschwingen ließ, das Aase einmal war. Sie spielte die körperliche Erinnerung des Alters an die Jugendzeit. Gerade im „Peer Gynt" waren Laurens-Luxem Theaterleute, die sich im Spiel genießen konnten; unvergeßlich, wie Peer seine Mutter ins Gudbrandstal trägt. Und doch: Leise war bei unserem Gespräch zu spüren, daß sich Dagmar Laurens wohl gern als Solveig in Peers Armen gefühlt hätte. Der Schauspieler muß ein Geheimnis haben, sagte Max Reinhardt. Unser Gespräch mit Dagmar und Rainer deutete an, daß es bei so einer Beziehung darauf ankommt, auch voreinander ein Geheimnis zu bewahren.

„Wer hat Angst vor Virginia Woolf?" haben sie gespielt, eine Allegorie des Hasses, zugleich ein Symbol für die Unauflösbarkeit einer Bindung. Dunkler Zauber liegt darin, daß sich die Eheleute George und Martha, zwei sich quälende, sich sehnende Menschen, selbst nicht verstehen — schwierig-schöne Aufgabe für L und L. Albees Stück ist ein schauspielerisches Quartett. Der alte Herr Heimeran hat in seinem „Stillvergnügten Streichquartett" geschrieben, daß die Sache klappt, wenn sich die beiden

Violinen verstehen; Viola und Violoncello würden sich dann schon einfügen.

Dagmar Laurens und Rainer Luxem im Spiel — da klingen alle Saiten auch im Zuschauer mit.

Nach so viel Gemeinsamkeit sei aber auch dargestellt, daß sie nicht nur Hand in Hand durch die schöne Welt des Theaters gehen. Sie haben eigene Kraft.

Dagmar Laurens: Als sie in Tschechows „Möwe" die Schauspielerin Irina Nikolajewna Arkadina spielte, hatte sie einen Satz, der eigentümlich genau zu ihr gehört: „Ich habe nie ein einziges langweiliges Stück gespielt!" Sie war selbstverständlich auch in langweiligen Stücken; das bleibt nicht aus, wenn jemand über 120 gestaltete Rollen aufzuweisen hat. Die Grundlage ihres Erfolgs ist aber, daß sie keine Rolle langweilig gespielt hat.

Faszinierend. Als Marthe Schwerdtlein im „Urfaust" ist sie eine schon recht reife Person, und im Handumdrehen zittert sie als junges Ding im musikalischen „Himmelbett" der ersten Liebe entgegen. Sie hat den Spaß der schöpferischen Schauspielerin an der Vielfalt, sie hat Freude daran, immer neue Figuren ins Leben zu holen. Sie lernt viel von den Menschen, die sie spielt, sie gibt ihnen aber auch viel von ihrer eigenen Lebenserfahrung.

Auch Schauspielerinnen können verehren. Dagmar Laurens ist von jeher fasziniert von Marianne Hoppe, obwohl sie eigentlich ein anderer Typ ist. Aus der Fülle aller Laurensrollen können nur drei beispielhaft herausgeholt werden — drei, mit denen sie vor Marianne Hoppe bestehen könnte.

In Schillers „Maria Stuart" war sie die Elisabeth. Regisseur Gehlen konnte aus dem Goldschnitt-Klassiker unverkrampft ein psychologisch spannendes, modernes Stück machen, eine erotische Staatstragödie; er zeigte, daß die Gegenspielerinnen Maria und Elisabeth ein Gemeinsames haben — die Gier nach Macht und nach Männern. Dagmar Laurens spielte die stolze Elisabeth mit barschen Zügen der Eifersucht; sie war eine Königin der eitlen Gesten, brennend in Sehnsucht, aber trotz aller Perückenpracht irgendwie hilflos, nackt in ihren Begierden. Sie war erregend gut.

Ganz anders die zweite Rolle. Im „Sturm", dem herrlichen letzten Werk Shakespeares (Regie abermals Gehlen), war Dagmar Laurens der Luftgeist Ariel. Luftgeist? Sie stellte die Spielfigur frech und vorwitzig aus, wie ein Stück Vorkriegsberlin, Wedding, „Kai aus der Kiste" — blendend in gestischen Nuancen und in so gegenwärtiger Präzision, daß man meinte, alles sei ihr im Augenblick des Spiels in den kessen Sinn gekommen.

Einen Abend lang stand Dagmar Laurens — dritte Rolle — allein auf der Bühne, in der „Liebesgeschichte des Jahrhunderts" der finnischen Autorin Märta Tikkanen. Eine harte, ehrliche Geschichte: Eine Frau mittleren Alters ist mit einem Alkoholiker verheiratet, wehrt sich gegen Demütigungen, möchte verzweifelt weglaufen, findet aber die Stärke, bei ihm zu bleiben — sie liebt ihn; wie als Belohnung gewinnt sie mit wachsendem Bewußtsein ein neues Verhältnis zu sich selbst. Dr. Paul Bäcker inszenierte das Stück psychologisch genau als Geschichte einer Selbstfindung. Die gedemütigte und befreite Frau schreibt am Ende „ich bin's" an die Wand. Ein Egotrip, sagt man in der Psychologensprache heute dazu. Das konzentriert mitgehende Publikum spürte, daß Dagmar Laurens mit Märta Tikkanen eine Entdeckungsreise in die eigene Seele erlebte. Die zwei Wörter „ich bin's" sind die vollkommene Erklärung für die Schauspielerin Dagmar Laurens.

Rainer Luxem: Freude an der Verwandlung ist sein Gütezeichen. Einer, der viel kann, sich viel auflädt und viel Freude daran hat, sein Können vorzuweisen. Nur ein paar signifikante Rollen ebenfalls aus einer Fülle, die er selbst kaum noch übersieht — Vergangenes interessiert ihn wenig.

In Brechts unverwüstlicher „Dreigroschenoper" war er natürlich die Nummer eins — Mackie Messer (Regie Wolfgang Poch). Stimmgewaltig und mit großer Geste bot er ein Spitzenereignis, biegsame Eleganz der Stimme, Lässigkeit des Körpers — und den schauspielerischen Spaß daran, sich selbst auszustellen. Da kam viel zusammen, und es kam die Ironie dazu, diesen Edelschurken Mackie, den Haifisch mit Zähnen im Gesicht, in Gutsherrenart zu geben. Jovial. Haifisch in Aspik. Das Publikum jauchzte vor Vergnügen.

Oder Shakespeares wuchtiger „Othello", im Großen Haus von Regisseur Holger Berg nicht mehr als romantisches Melodram der Leidenschaften ausgebreitet, sondern als Stück von Blut und Wunden, zur Warnung des Menschen vor sich selbst. Rainer Luxem in der Titelpartie — er war die Fanfare, letzter Ritter in einer Welt, die ihre Ritterlichkeit verloren hat; in Stimme und Geste besaß er sofort alle Zeichen des Außergewöhnlichen. Die Szene gehörte ihm.

Und was war er für ein hoch-
eleganter, mit britscher Art
vertrauter Henry Higgins in
„My Fair Lady". Gentlemanlike.
Da zeigte er, daß er, sogar bis
in die tänzerischen Aufgaben
und mit volltönender Stimme,
offenbar alles kann. „Wunda-
schön".
Textilkaufmann sollte er werden. Sein Chef, der seine
Theaterleidenschaft kannte,
zeigte ihm einen Zeitungsarti-
kel über ein Bauernhausthea-
ter in Witten: „Junge Talente
gesucht". „Und schon war ich
da", erinnert er sich gern. Es
hielt ihn nicht im Bauernhaus
(Kost und Logie frei, 45 Mark
Taschengeld); er wechselte zu
einem Tourneetheater. „Eine
zauberhafte Schmiere!" Als er
später am Frankfurter Schauspiel engagiert war, mußte er
den Kollegen immer wieder
Geschichten davon erzählen.
Die hatten das ja nie erlebt.
Eine ist die von seinem Intendanten, der so eine Art Striese
war. Nach den Vorstellungen
mußten die Theaterleute mit
den Honoratioren der kleinen
Städte ihr Bier trinken, das gehörte dazu. Um ihn, den gut-
aussehenden jungen Schau-
spieler, bei einer kunstbeflis-
senen Bürgermeistersgattin
interessant zu machen, stellte
ihn sein Chef pfiffig als den un-
ehelichen Sohn des großen
Berliner Schauspielers Horst
Caspar vor. Rainer wollte seinen Oberen nicht bloßstellen
und erzählte aus dem Stegreif
als Caspar junior von seinen
unglaublich schönen, un-
glaublich erlebnisreichen
Jahren mit „Vater" in der Berliner Bohème. Die Geschichten
purzelten nur so aus ihm her-

aus. Die Dame war hingeris-
sen. Das Städtchen hieß Big-
ge-Ohlsberg. „Wir spielen immer", sagt Rainer Luxem
heute dazu.
Kränze für die Mimen — es gibt
sie doch. Marianne Tidick, die
Kultusministerin von Schleswig-Holstein, ernannte Rainer
Luxem im Juni 1995 zum Professor — „in Würdigung seiner
langjährigen Lehrtätigkeit an
der Musikhochschule Lü-
beck"; Luxem gibt am Institut
für Bühnen- und Konzertge-
sang seit 1979 dramatischen
Unterricht. Er bereitet den singenden Nachwuchs darauf
vor, in den Opernhäusern
nicht nur die Arme auszubreiten und zu singen, sondern
Opernpartien auch schau-
spielerisch zu erfassen.
Professor Luxem. Wir meinen,
die Ehrung sollte nicht nur seiner Lehrtätigkeit gelten, sondern seiner schauspielerischen Gesamtleistung — und
dem Theater, an dem Rainer
Luxem seit 1971 (mit kurzer
Kieler Unterbrechung) für
Wert und Würde der dramatischen Kunst wirkt.

Norbert Orth, Ingrid Haubold

Der junge Wagnersänger machte in Lübeck gern Zwischensta-
tion. Er war auf gutem Wege in die Weltkarriere und hatte bereits in Bayreuth die Schönheit seiner heldisch glänzenden,
warm timbrierten Stimme vorführen können. Mit „Tristan und
Isolde" wollte er sich ausprobieren und prüfen, wie der Tristan
zu gewichten sein; er sang die Partie in der Beckergrube zum
ersten Male und packte sie so geschickt, daß er für den Fieber-
wahn des dritten Aktes noch offene Spitzentöne mühelos bereit hatte. Als seine Isolde feierte Ingrid Haubold mit ihrem
überglänzten Sopran erneut Triumphe, wie schon als Sieglinde
der „Walküre". Die Stimmen von beiden zeigten sinnliche
Schönheit und harmonierten in den Farben. Es dauerte übrigens nicht lange, da sang Norbert Orth an der New Yorker Met.
Lübeck hatte ihm gut getan, auch schon ein paar Jahre zuvor.
Denn hier hatte er sich mit dem ersten „Tannhäuser" seines Lebens für Bayreuth empfohlen. Für den einstigen Knabentenor
aus dem Kirchenchor der Vaterstadt Dortmund war Lübeck
eine wichtige Station.

Angela Nick, Françoise Pollet

Die Stimmfarbe ist im Musiktheater wichtig, wenn es darum geht, Opernpartien mit den der Atmosphäre entsprechenden stimmlichen Valeurs zu besetzen. Angela Nick, seit Jahren ein immer noch wachsender Gewinn des Ensembles, weist viele Farben auf, und es ist ein Vergnügen, ihre vokalen Mittel nicht nur mit Adjektiven wie leuchtend, warm oder füllig zu benennen, sondern die Farbenlehre heranzuziehen.

Ein Abend der Liedgestalterin im Audienzsaal bot den Anlaß. Ihr Mezzosopran hat, wenn sie den dunklen Volksliedklang von Brahms ausdrückt, die Farbe von Altgold und leuchtet beim Übergang von Moll zu Dur heller auf. Singt sie Dvoraks Zigeunerlieder, kommt einem ein kräftiges Rot in den Sinn. Nähert sie sich dem Altklang der Wiegenlieder von Britten, leuchtet ruhiges, beruhigendes Blau auf.

Eine Stimme der wunderbaren Wandlungen. Angela Nick besitzt aber auch als singende Schauspielerin erstaunliche Wandlungsfähigkeit. Eine der Sternstunden der Oper war es, als im Oktober 1983 das 75-jährige Bestehen des Theaters mit einem festlichen Strauss'schen „Rosenkavalier" begangen wurde. Michael Rothacker hatte den schon ahnungsvoll elegischen Zeitgeist Wiens um 1800 inszeniert; Michael Goden schuf in den Bühnenbildern gemalte Musik, im sanften Braun und Beige des Schlafgemachs, in der kalten Marmorpracht bei Faninals, im graugrünen „Beisl", das schon ein bissel nach Knoblauch und Balkan duftete; Matthias Aeschbacher leitete das festlich inspirierte Orchester. „Ein ernster Tag, ein großer Tag! Ein Ehrentag ..." Mit diesen Worten eröffnet Herr von Faninal den zweiten Akt. Er kennzeichnete die unvergessene Aufführung insgesamt.

Angela Nick war Oktavian — der liebestrunkene Quin-quin des ersten Akts, der forsche Degenjüngling im zweiten, das herzliebe Mariandl im dritten. Sie gab den Facetten der Rolle die zugehörigen Stimmfarben und zeigte dazu mit schauspielerischer Kompetenz Haltungen und Gebärden. Gesanglicher Gipfel ist das Terzett der drei Frauenstimmen im Schlußakt. Die Mezzostimme von Angela Nick verband sich mit den Sopranen von Inge Weissenberger (Sophie von Faninal) und von Françoise Pollet (Marschallin) zu einem Rosenzauber, wie er selten aufblüht.

Ein Opernfest, das in der Erinnerung nicht zuletzt mit der aus Versailles stammenden Pollet zusammenhängt. Marschallin und Oktavian gehören zusammen; deshalb sei die Französin hier mit Angela Nick gemeinsam gewürdigt. Sie war eine Entdeckung. Es geschah etwas, das so nur im Theater möglich ist. Françoise Pollet war in München Choristin, als sie nach Lübeck engagiert wurde. Die Marschallin war ihre erste Soloaufgabe, und gleich ihre Traumrolle —

sie wurde zu einem der Erfolge, wie sie in der Beckergrube selten sind.

Françoise Pollet sang von 1983 bis 1987 die großen Sopranpar-
tien von der „Arabella" bis zur Amelia im „Maskenball". Sie wurde vom Appplaus verwöhnt — ihre aufblühende Hallen-Arie im
„Tannhäuser" war ein Fest für sich. Für so eine Sängerin mußte
Lübeck eines Tages zu klein sein. Stufe um Stufe. In der Oper
von Marseille wurde sie als deutsche Agatha in Webers „Freischütz" gefeiert, in Nancy sang sie die Fiordiligi in Mozarts „Cosi
fan tutte", in Montpellier erlebten die Besucher als Kalifen-
tochter Rezia in Webers „Oberon" und umjubelten ihre halsbre-
cherische Arie „Ozean, du Ungeheuer". Paris war wie selbstverständlich die nächste Station, aber längst nicht ihre Endstation.
Opera Comique (Vitellia in Mozarts „La Clemenzia di Tito") und
Grande Opera (Margarethe in Gounods hochromantischem
„Faust") standen auf dem Weg in den Londoner Covent Garden
und die Metropolitan Opera New Yorks. Sie gehört der Welt und
begann in Lübeck.

Als Rolf Liebermann, der einstige Intendant der Hamburgischen Staatsoper, im September 1995 seinen 85. Geburtstag
mit einer Uraufführung an seiner alten Wirkungsstätte feierte
(„Freispruch für Medea"), wünschte er sich Françoise Pollet für
die Titelrolle. Sie kam, hatte großen Erfolg — und erinnerte sich
an Lübeck.

„Ach ja, der Rosenkavalier — als nach dem ersten Akt der Applaus aufbrandete, schob mich der Intendant hinaus. ‚Das ist

der Marschallin-Applaus', sagte er. Mir schlug ein Orkan entgegen, es war wie eine riesige Welle, die mich gegen den Vorhang zurückdrängte." Und nachdenklich: „Lübeck — das war eine Liebesgeschichte von Anfang bis Ende."

„Arabella" mit
Dan Musetescu

Angela Nick nochmals. Was sie kann und meistert, ist glücklicherweise immer wieder — auch in den konzertanten Opern — zu erleben. Eine sängerisch und darstellerisch eigene Farbe, von niemandem im weiten Umkreis erreicht, gab sie 1984 in der Silvesterpremiere: Sie sang und spielte den Boccacio in Suppés gleichnamiger Operette; Hannes Houska, damals häufiger Regiegast, inszenierte die Überraschung.

Giovanni Boccaccio im mittelalterlichen Florenz ist ein Mannskerl, der die Mädchen der Stadt begeistert, die Damen beglückt und selbst aus Zufallsbegegnungen noch erotisches Kapital schlägt. Ein Macho, würden wir heute sagen. Daß Angela Nick die übersprudelnde Partie meisterte, war nicht etwa der

Angela Nick in „Der Rosenkavalier"

Masken- und der Kostümbildnerin zu danken. Das auch. Aber sie siegte mit dem Glanz ihrer Stimme und ihrem komödiantischen Temperament.
Vielleicht wagt man so etwas nur auf einem Theater des Lübekker Formats. Aber herrlich — ein Boccaccio namens Angela.

Barbara Spieß

Karriere in Lübeck ist möglich, wenn stimmliche Voraussetzungen gegeben sind und Fleiß und selbstverständlich auch Ehrgeiz hinzukommen. Die Opernfreunde erleben ein Beispiel mit Barbara Spieß. Als die junge Sopranistin 1991/92 in die Bekkergrube kam, war sie Anfängerin. Sie stand, von kleinen Aufführungen der Musikschule Karlsruhe abgesehen, im Großen Haus zum ersten Male auf einer Bühne, und gleich mit einer umfangreichen Aufgabe: In Mozarts „La Clemenzia di Tito", verkürzt „Titus", sang sie die aufregende Partie der rachsüchtigen Vitellia.

Sie kam, sang, siegte. „In der großen Schlußarie hatte ihre Stimme edles Timbre und einen sinnlichen Glanz", hieß es in der Kritik. Das Publikum horchte auf. Heute steht Barbara Spieß im Mittelpunkt des Ensembles und singt alles, was einem jungen, strahlenden Sopran zukommt. Eine Karriere.

Barbara Spieß mit Matthew Carey in „Blume von Hawaii"

Sie hat das Glück, sich in den konzertanten Opernaufführungen mit internationalen Stimmen messen zu können, und sie besteht mit Glanz. Eine ihrer Partien (Mai 1995) sei herausgegriffen. Mit der Liu in Puccinis „Turandot" (MuK) drückte ihre Stimme die hochgespannten Gefühlswerte einer zum Opfer bereiten Liebe aus. Die gesanglichen Bögen kamen makellos, die sich verströmenden Melodien zeigten die Sicherheit ihrer Stimmführung, dazu kam das innere Erleben der Rolle — alles vorhanden, was einen Erfolg ausmacht. Barbara Spieß bestand neben der voluminösen Stimmkraft einer Maria Russo (Turandot) und neben der hinreißenden Dramatik eines Janez Lotric (Kalaf).

„Die schöne Römerin aus der Pfalz" hieß die Überschrift eines Interviews, zu dem sie am Beginn ihrer Lübecker Laufbahn gebeten worden war. Dem Eindruck, sie müsse italienischer Herkunft sein, widersprach sie. Sie komme aus dem kleinen Weinort Mußbach bei Neustadt/Weinstraße, Mutter Dresdnerin, Vater Franke. Nichts aus dem Lande Verdis.

Gesangsstudium in Karlsruhe. Und da auch Generalmusikdirektor Wächter aus Karlsruhe kommt, wäre es denkbar, daß ein dort entstandener künstlerischer Kontakt zum Erst-Engagement geführt haben könnte. „Ich habe Herrn Wächter einmal auf der Treppe der Opernschule gesehen", erläuterte Barbara Spieß. „Das ist alles. Damals ahnte ich nicht, daß ich einmal auf der Lübecker Bühne auf seinen Einsatz warten würde."

Weit gezogen sind ihre Möglichkeiten. Sie sang, um Eckdaten zu nennen, im Bullenstall mit Hoheitssopran die „Frau Luna" in der flotten Berliner Operette von Paul Lincke (und sah hinreißend aus). In Monteverdis 300 Jahre altem Musikdrama „Die Krönung der Poppea" gab sie in der Petrikirche mit lockender Samtstimme die Kurtisane, die sich zur Gattin des Kaisers Nero emporliebt (und sah in den Kostümen von Michael Goden abermals hinreißend aus).

Möglicherweise wären nicht so viele herrliche Partien auf sie zugekommen, hätte es nicht − der Not gehorchend − die konzertanten Aufführungen gegeben, erst in der Holstenhalle, anschließend in der MuK. Wahrhaft Große Oper konnte sich so ereignen − „Samson und Dalila" von Saint-Saens etwa wäre schon wegen des zusammenstürzenden Tempels nie aufgeführt worden, wir hätten nie die Melodienfülle und die großen Chorszenen live erlebt. Und ob wir die Revolutionsoper „André Chénier" von Giordano je gesehen hätten, ist fraglich. Oper konzertant − nichts lenke vom Genuß der Stimmen und der Musik ab, urteilen die Liebhaber des Belcanto, kein Bild, keine Bühnenbewegung. Das ist zu verstehen, aber falsch. Das Gesamtkunstwerk Oper braucht die Farben der Bühne, die Bewegungen der Chöre, die Körpersprache von Liebe und Haß. Aber schön ist es doch, Stimmen gewissermaßen unter die Lupe zu nehmen. Hin und wieder wird es ja auch künftig konzertante Opern geben.

Denn aus der Not ist eine Tugend geworden.

Hans-Georg Knoblich

Ein Bariton hat es gut. Er ist der Mann in der Mitte des Lebens. Die Liebesschwüre des Tenors, echt oder falsch, hat er hinter sich, an den Baßpartien möcht' er sich schon mal versuchen, wenn er allmählich in die Jahre kommt. Darf er auch. Kurzum: Für den Bariton gibt es immer zu tun. Er kann sich aus dem am reichsten bedachten Fach der Männerstimmen bedienen, lyrisch, heldisch, mit Charakter in der Stimme. Er ist die Stütze des Theaters und trägt auf zumeist etwas breiteren Schultern das Geschick vieler Opernabende.

Die zuverlässige Stütze in der Beckergrube seit Jahrzehnten heißt Hans-Georg Knoblich. Er ist einer der fleißigsten Sänger im Ensemble. Ein Bariton wird immer gebraucht − und geliebt. Warum? Die natürliche Stimmlage bringt es mit sich, daß man bei seinem unangestrengten Singen fast immer den Text versteht.

186

Natürlich muß man das alles können, gut studiert haben und sich von Rolle zu Rolle weiterentwickeln. Der aus Schlesien stammende Hans-Georg Knoblich kann das und hat seine Freude daran, stets saubere Leistungen abzuliefern. Sänger und Komödiant — auch das muß er bei so einer Fülle von Menschendarstellungen sein. Um aus dieser Fülle einige charakteristische Partien herauszunehmen: Wie er den dicken Sir John Falstaff in Nicolais „Lustigen Weibern von Windsor" gesungen und gestaltet hat, das war erstklassig. Er führte (in der Rolle, wohlgemerkt) mit einer für dicke Menschen bezeichnenden Kurzatmigkeit behende ein reiches gestisches Vokabular vor. Mit Freude ist er in des Basses Grundtiefen hinabgeklettert, um sich der Zeiten zu erinnern, da er „als Büblein klein an der Mutterbrust" seinen ersten, seither nie nachlassenden Durst gestillt hat — „komm, braune Hanne, her,/ reich mir die Kanne her…"

Ein Grundzug des Theatermenschen Knoblich kam schon bei diesem Beispiel heraus. Er denunziert die Figuren nicht, die er zu gestalten hat. Er zeigt, daß sie lustig sind, und das tut er selbst mit Lust. Aber er macht sich nie billig über sie lustig.

Zweites Beispiel ist der Baron Ochs von Lerchenau, den er im berühmten „Rosenkavalier" zum 75jährigen Bestehens des Theaters sang. Ochs ist ein Mann von verarmtem österreichischen Landadel, schlichten Gemüts, aber herzhaft frohgestimmt. Verarmung heißt nicht, daß er hungert. Und Landadel bedeutet, daß er sein Leben an der frischen Luft seiner immer noch vorhandenen Felder und Wiener Wälder zubringt, die Landmädchen im Heu schwängert und gleichzeitig in Wien ein Auge auf die junge Tochter aus dem Hause des neureichen Herrn von Faninal geworfen hat. Den Ochs

spielen die Komiker unter den Baritonstimmen oft als vulgären, ordinären Kerl und geben ihn dem Gelächter preis. Nicht so Knoblich. Sein Ochs war deftig, kernig, bei erotischen Gelegenheiten durchaus zugreifend. Aber er war auch der Herr Baron, ein Mann mit Manieren, ländlich-sittlich zwar, aber im Hintergrund alter Adel. Er hat das Gespür für das Altösterreichische am Lerchenau wohl aus der schlesisch-österreichischen Heimat mitgebracht.

Um die Breite seiner Möglichkeiten auszuschreiten, sei noch auf den Alberich im „Ring des Nibelungen" hingewiesen. Auch das ein Herrenmensch mit mancherlei Enttäuschungen, ein Goldsüchtiger, Machtsüchtiger. „Hagen, mein Sohn,/ hasse die Frohen!" singt Alberich. Aber es war Knoblichs

Hans-Georg
Knoblich als Ochs
von Lerchenau in
„Der Rosen-
kavalier"

Umseite:
Hans-Georg
Knoblich und
Herbert Lippert in
„Die Entführung
aus dem Serail"

Alberich, kein geifernder Bösewicht, sondern ein in der Tiefe unglücklich gewordener Herr des Ringes.

Denn das ist die große Kunst von Hans-Georg Knoblich — sängerisch und darstellerisch zu zeigen, daß seine Bühnenfiguren ein Schicksal haben.

Als sich Hans-Georg Knoblich als wutschnaubender Osmin in Mozarts „Entführung aus dem Serail" viel Applaus holte, war Herbert Lippert als flinker und frecher Diener und Gartenverwalter Pedrillo an seiner Seite — die beiden Haushüter des Bassa Selim. Lippert hatte danach in Mozarts erster Oper „La finta semplice" (Das schlaue Mädchen) in der Inszenierung des bedeutenden Wiener Regisseurs Wolfgang Weber als Capitano einen herzhaften Erfolg. Mit der Gestalt eines etwas tolpatschigen Liebhabers wurde der in Lübeck beliebte junge amerikanische Tenor Randall Cooper gut fertig — wie Cooper überhaupt sein wachsendes Talent in vielen Opern- und Operettenpartien zeigen konnte.

Dietrich Neumann

Er ist oft dabei, weil er viel kann. Man sieht sich ihn nie über. Dietrich Neumann hat die vom Theater wie vom Publikum geschätzte Fähigkeit, auch Episodenfiguren ein eigenes Leben zu geben. Er kann auf ernste Weise komisch sein, und weil er klug ist, schafft er es auch, die Dialektik seiner Rollen herauszuspielen.

Häufig muß er die komischen Seiten des Lebens vorzeigen. Es macht ihm Spaß, was an vielen Beispielen abzuhandeln wäre. Passionierte Besucher des Schauspiels erinnern sich an Feydeaus Komödie „Einer muß der Dumme sein", die Horst Vinçon mit dem Ensemble wie ein Ballettmeister einstudiert hatte. Neumann turnte geradezu durch seine Rolle und war auf ganz trockene Weise phantastisch. Der Regisseur gestattete ihm, einen Jux einzubauen. Neumann wechselte für ein paar Szenen in den Tonfall von Heinz Ehrhardt, mit allen Modulationen und sprachlichen Tricks des Vorbilds; das war mehr als ein Ulk, es war schauspielerische Artistik.

Spott, für ihn gewiß eine der leichteren Aufgaben, ist seine Sache nicht. Er knallt nichts heraus. In Edvard Bonds „Sommer" (Schauplatz ist ein osteuropäisches Küstenland) hatte er die peinliche Wurstelfigur eines dumm-überheblichen deutschen Urlaubers zu spielen. Die Figur war eine böse gemeinte Karikatur. Neumann schaffte es, diesen Kerl bei aller Komik in glaubwürdigen Grenzen zu halten und ihm sogar einen Hintergrund von menschlicher Wärme zu verschaffen. Eine typische Nebenrolle im Grunde. Wenn man die Hauptrollen längst vergessen hat, steht sie einem noch vor Augen.

Dietrich Neumann in „Die Stühle"

Mehrfach kam er in großen Aufgaben groß heraus. Der „Kontrabaß" von Patrick Süskind ist ein schauspielerisches Solo, das den ganzen Abend lang mit einem einzigen Schauspieler plus mannshohem Streichinstrument auskommt; Dietrich Neumann zog sich die Rolle über, wohl wissend, daß so eine Aufgabe nur einmal in einem Schauspielerleben auf einen zukommt. Ein Divertimento für einen Darsteller. Adagissimo bis Presto zu spielen, vom Ulk bis zur Elegie. Den Ulk servierte er mit Bierernst, und auch wenn sich das Publikum vor Lachen kringelte, verzog er keine Miene. Er steigerte die Figur des Kontrabassisten im Staatsorchester in eine fast tragische Würde. Er war überlegen genug, sich selbst elegant zu karikieren: An einer Stelle ahmt er den Stardirigenten nach und wirft gestisch dessen wallenden Künstlerschopf nach hinten — fast überflüssig, zu sagen, daß Dietrich Neumann Glatze hat. Zwei Rollen mit tragischen Rändern, um die großen Möglichkeiten zu zeigen. In dem Schulstück „Versäumte Stunden" des Engländers Simon Gray, das Werner W. Malzacher kühl und klug inszenierte, gab Neumann einen pädagogisch unfähigen Einzelgänger und

machte eine schwierige seelische Situation sichtbar, ohne ein Quentchen zuviel an Tragik aufzulegen. Eine seiner großen Rollen bleibt klar und bitter in der Erinnerung — die Titelfigur in „Bruder Eichmann" von Heinar Kipphardt. Vinçon war wieder der Regisseur; Dietrich Neumann gestaltete den Mann, dessen Name konkret und abstrakt mit dem Bösen belastet bleibt. Die Aufgabe war ihm nicht sympathisch, doch machte er sie in scharfer intellektueller Durchdringung des Eichmann-Phänomens menschlich verständlich. Leichter wäre es wohl gewesen, ein Monster aufzurichten. Klüger war es, das Problem in leiser Form aus dem Dunkel der jüngsten Vergangenheit auf die Bühne zu ziehen und zu zeigen, warum ein böser Mensch böse ist. Über Dietrich Neumann ist zu sagen, daß er schauspielerische Autorität hat.

Otto Sawicki

„Ich bin ein Komödiant", sagt Otto Sawicki. Er sagt nicht: Ich bin ein Komiker. Dabei ist er der seit Jahren beliebte Komiker des Schauspielensembles, und auch Leute, die selten ins Theater gehen, lassen sich von „Otto" hineinlocken. Ein Komiker hat es schwer, weil viele meinen, daß er immer komisch ist; dieser Anspruch ist oft eine schwere Vorgabe. Ein Komiker hat es aber auch leicht, weil er es stets mit Situationen zu tun

hat. Er soll nicht in grüblerischen Monologen die Welt erklären und braucht sich nur selten mit Feingefühl auf die seelische Wellenlänge einer Partnerin einzustellen. Er hat zu spielen. Das Theater wird für ihn nicht zum Tempel, das Drama nicht zum Gottesdienst. Er bleibt dem Wesen des Theaters nahe — dem Spiel.
Die „Fledermaus" wäre trotz ihrer musikalischen Werte nie so ein Erfolg, hätte nicht der

Textdichter den schwachen dritten Akt durch den Gefängniswärter Frosch aufgemuntert. Sawicki hat den Frosch auf der Eutiner Waldbühne gespielt. Er bewies sich als Equilibrist dieser Partie; obwohl es kräftig in die Champagnergläser regnete, blieb das Publikum erwartungsvoll sitzen — „Otto" kommt ja noch.

Sawicki privat — ist er die Lachnummer wie auf der Bühne? Die Hofnarren waren Melancholiker. Sawicki ist ein nachdenklicher, kein vor Lebensfreude aufjubelnder Mensch. Er bereitet seine Rollen akribisch vor. „Jede Premiere ist eine Tortur", sagte er einmal. „Ich muß mich zur Ordnung rufen und mir beibringen, daß ich bitteschön von mir überzeugt zu sein habe in diesem Beruf."

Klar, daß Sawicki nicht aus Friesland stammt. Seine Eltern waren Österreicher, geboren wurde er im einst österreichischen Czernowitz.

Er hat eine der dankbarsten Komikerrollen gespielt, den Elwood P. Dowd in „Mein Freund Harvey". Elwood ist ein sanfter Irrer, der als einziger den Hasen Harvey sieht, mit ihm spricht, mit ihm durch die Kneipen der Gemeinde zieht — mit einer Stimme, die eine Handbreit über dem Boden schwebt. Günther Lüders hat die Rolle Jahrzehnte vor Sawicki in der Beckergrube verkörpert; es gibt Theaterbesucher, die noch heute davon schwärmen. „Harvey" enthält einen Satz, den Sawicki gern zitiert: „In dieser Welt muß man ach so kampfeslustig sein oder ach so friedfertig;

jahrelang war ich kampfeslustig — ich rate jetzt, friedfertig zu sein." Er hat, zugegeben, schon klamottiert, daß einem die Augen tränten. Den Hasenfreund gab er mit dem Flair des Weisen, der über den dummen Dingen dieser dummen Welt steht.

Ein Spaß war es für ihn, in einem Dialog mit dem Autor des Buches „Thomas Manns Lübeck" in die Sprachgestalt von Thomas Mann zu gelangen.

„Welche Ehre", sagte er. Die größte Aufgabe war die Rolle in „Ich, Feuerbach" von Tankred Dorst. Das Ich ist weder der Maler Anselm noch der Philosoph Ludwig, sondern der Schauspieler Feuerbach. Ein Schauspieler spielt einen Schauspieler, anderthalb Stunden ohne Pause. Leere Bühne, Schauspiel pur. Feuerbach kommt zum Vorsprechen, er will nach schwierigen Jahren wieder ins Theater.

Otto Sawicki in „Ich, Feuerbach"

Otto Sawicki hat sich auf die Rolle mit einer Ehrlichkeit eingelassen, die das Publikum im Großen Haus überraschte. Er sah darin eine Liebeserklärung an seinen Beruf. Er spielte sichtbar den Zwang, in Gestalt und Konstitution eines anderen hineinzukommen. „Das ist eine immer diffizile Aufgabe, und das Glück, es zu schaffen, ist groß."

Es gibt Leute, sagt Lichtenberg, die glauben, alles wäre vernünftig, was man mit einem ernsten Gesicht tut, und es gibt Leute, die glauben, alles, was Vergnügen macht, sei nicht ernst zu nehmen. Sie verwechseln das Leichtfüßige mit dem Leichtfertigen. Otto Sawicki spielt zu unserem Vergnügen das Leichtfüßige, und eben das kann er auch mit ernstem Gesicht. „Ich bin", sagt der Komiker, „ein Komödiant."

Anneliese Welge, Heinrich Froschhauser

Ein Acht-Tage-Spielplan liegt vor uns: Großes Haus, von Sonnabend, 19. März 1955, bis Sonntag, 27. März 1955. Aus ihm läßt sich ablesen, wie intensiv eine Sängerin zu arbeiten hat, wenn sie gut und vielseitig ist. Es geht uns um einen Namen, der wie alle anderen im Wochenspielplan ohne Vornamen gedruckt ist. Welge.

Sonnabend, 19. März, 20.00-22.15: „Schwarzwaldmädel" ... Froschhauser, Rehkemper, Welge...

Sonntag, 20. März, 15.00-17.50: „Die Fledermaus" — zu ermäßigten Preisen ... Fahrenkemper, Rehkemper, Welge... 20.00-22.45: „Hänsel und Gretel" — zum letzten Male... Holm, Rohrbach, Welge... (Am Montag blieb das Theater geschlossen).

Dienstag, 22. März, 20.00-22.30: „Cavalleria rusticana" und „Der Bajazzo"... Koch-Hörnemann, Rohrbach, Welge...

Mittwoch, 23. März, 20.00-22.15: „Schwarzwaldmädel" ... Froschhauser, Rehkemper, Welge...

Donnerstag, 24. März, 20.00-22.30: „Cavalleria rusticana" und „Der Bajazzo" ... Koch-Hörnemann, Rohrbach, Welge...

Freitag, 25. März, 20.00-23.00: „Die Räuber" ... Ernst, Stolte, Uttendörfer ...(Schauspieltag)

Sonnabend, 26. März, 20.00-22.30: „Der Freischütz" — Neuinszenierung ... Brückner, Rohrbach, Welge...

Sonntag, 27. März, 14.00-16.45: „Die Fledermaus" — zu ermäßigten Preisen ... Fahrenkemper, Rehkemper, Welge...

Anneliese Welge, eine Sopranstimme vom Fach der Soubrette für Oper und klassische Operette, wie es damals hieß, hatte viel zu tun. Zu bedenken ist, daß „Freischütz" am Sonnabend neuinszeniert herauskam. Bis dahin mußte Vormittag für Vormittag geprobt werden. Künstlerleben schwingt

nicht im Walzertakt durchs Dasein, wie es Strauß im seinem Walzer „Künstlerleben" stilisierte. Es ist mit viel Arbeit und manchem Verzicht verbunden, etwa auf geruhsames Familienleben oder auf Abendspaziergänge in der Frühlingsluft.

„Schlürft das Feuer im Tokaier" singt sie in der „Fledermaus"; privat muß sie ganz kontrolliert leben, um vormittags die Probenarbeit und abends die Vorstellung zu schaffen. Ihr wirklicher Lohn ist der Dank des Publikums: Als Anneliese Welge ihre vier Jahrzehnte lange Verbundenheit mit dem Lübecker Theater feierte und am 4.November 1994 in den Großen Börsensaal einlud, war der Raum bis auf den letzten Stehplatz gefüllt. Dietrich von Oertzen bezeichnete sie vor dem Publikum als „wach, jung und sportiv". Da war sie glücklich.

Angefangen hat das Glück, wie so oft beim Theater, mit einem Zufall. Marianne Klakow sollte am Sonntag, 28. Februar 1954, den Cherubin im „Figaro" singen. Am Sonnabend wurde sie unerwartet krank. Was tun? Intendant Mettin gab mutig die schwierige Partie einer jungen Dame, die als Anfängerin im Hause war. Natürlich kam von ihr ein lautes „Ja" auf die Frage des Chefs, ob sie sich das zutraue.

Anneliese Welge, mit drei Schwestern in einem musikalisch interessierten Elternhaus in Wolfenbüttel aufgewachsen, wollte Geigerin werden und im Orchester spielen. Sie studierte in Heidelberg und folgte dem Rat ihrer

Anneliese Welge in „Zar und Zimmermann"

Anneliese Welge in „Der junge Lord"

Professoren, mit ihrer schönen Stimme doch Gesang wenigstens im Nebenfach dazuzunehmen. Das Nebenfach wurde zum Hauptfach, Gesang wurde in Braunschweig weiterstudiert, die Bühnenprüfung glänzend bestanden — und schon gab es ein erstes Engagement an eine Wanderbühne, die mit Operetten durchs Land zog.

Bühnensicherheit erwarb sie sich in Oldenburg und Bremerhaven, und dann kam Lübeck und der glückliche Sonntag im Februar 1954. Wie es weiterging, läßt sich am Spielplan von 1955 ablesen. Ein Jahr nach ihrem Cherubin sang sie fast an jedem Abend, italienische Oper, deutsche Märchenoper, klassische Operette, volkstümliche Operette. Die Kritik wies auf ihren „reinen, schmelzenden Sopran" hin und lobte an ihr „Charme und eine feine, naive Herzlichkeit".

Sie ist mutig. In Kiel fiel die Schwedin Monique Bryell als „Czardasfürstin" von einer Stunde zur anderen aus. Nachmittags kam der Hilferuf zu Anneliese Welge. Viele Bedenken; die Kieler flehten sie an. Also gut; der Operndramaturg kam im Auto plus Fahrer nach Lübeck, und unterwegs nach Kiel wurden Sprech- und Gesangstexte gelernt und abgehört. Die Partie hatte sie noch nie gesungen; „Gräfin Mariza" kannte sie. Alles schnellschnell; das Kostüm wurde noch am Leib zurechtgenäht, als der Vorhang aufgehen sollte. „Verwechseln Sie bloß die Texte nicht!" bangte

der Regisseur, „heute heißt es ,Tanzen möcht ich', die andere Nummer 'Einmal möcht ich wieder tanzen' ist aus der Mariza!" Das ausverkaufte Haus genoß selig — die „Czardasfürstin".

Als sie die vierzig feierte — nicht Lebensjahre, sondern Jahre der Zugehörigkeit zum Lübecker Theater -, ließ sie es sich von ihren Söhnen ausrechnen: Ihr Bühnenleben umfaßte bis dahin etwa 2 000 Vorstellungen, sie sang und spielte rund 6 000 Stunden vor Publikum — sie hat anderthalb Jahre auf den Brettern zugebracht, die für sie immer noch die Welt bedeuten, und dabei sechs Intendanten erlebt.

Anneliese Welge erinnert sich gern an ihren Kollegen Heinrich Froschhauser und an viele gemeinsame Erfolge; 1957 zum Beispiel — da war sie in „Wiener Blut" die vielseitig verliebte Tänzerin Franziska Cagliari, während Froschhauser ihren schlichteren Papa Kagler spielte. Vielen Theaterbesuchern ist der liebenswürdige, mit allen komödiantischen Wassern gewaschene Heinrich Froschhauser noch ein lieber Begriff. Ein Operettenkomiker braucht um Applaus nicht zu bangen; dieser aber konnte mehr als den Spaßvogel geben — er konnte singen, spielen, sprechen, tanzen. Und er hatte Geschmack. Als das Theater nach 1945 wieder zu spielen begann, war Heinrich Froschhauser in der Intendanz Friedrich Siems der erste Operettenspielleiter des Lübecker Hauses. Er wußte, was sich das Publikum in jenen Jahren wünschte: „Schwarzwaldmädel" ließ mit 68 Wiederholungen alle anderen Inszenierungen weit hinter sich — und er wußte auch, daß dies eine Wiedergutmachung an dem Komponisten Leon Jessel aus Stettin war, der einst als junger Kapellmeister in Lübeck seine ersten Erfolge erlebt hatte, dessen Werk aber seit 1933 verboten war, weil er den Rassenwahngesetzen nicht entsprach (Leon Jessel ist 1942 an den Folgen von Mißhandlungen durch die Staatspolizei gestorben).

Als der unternehmungsfreudige junge Regisseur Michael P. Schulz im Sommer 1995 die seit sieben Jahrzehnten bestehende Freilichtbühne in den Wallanlagen als „Lübekker Sommeroperette" wieder theaterfähig machte und mit „Der Vetter aus Dingsda" gemeinsam mit dem Impresario Knud Knudsen einen fast überraschenden Erfolg einfuhr, erhielt eine der Mitwirkenden Applaus in die Szene hinein — Anneliese Welge.

Heinrich Froschhauser in „Die Zirkusprinzessin"

Volkmar Bendig

Ein zuverlässiger Geradeausspieler, wie ihn jedes Theater braucht. Volkmar Bendig ist kein Chargenspieler, der sich selbst ausstellt, sondern seit vielen Jahren ein dienender Mitspieler.

Ein Schauspieler wird ja auf der Bühne erst zu einem König, wenn andere sich vor im erniedrigen und ihn damit erhöhen. Zu den anderen gehört Volkmar Bendig. Gelegenheiten, ihm zu applaudieren, sind nicht eben häufig. Und doch gibt es eine Reihe von Gestalten, die durch ihn haften blieben. Dazu gehört sein Onkel Eugen in Slawomir Mrozeks „Tango" (Walter Hollender hatte klug und witzig inszeniert). Da war er das theatralische Symbol — in den kurzen Hosen der Anarchie kennzeichnete er den ersten, in Billig-Breeches den zweiten Teil. Der gute Kent der Schillerschen „Maria Stuart" in Elmar Gehlens Regie war ganz ein Stück des guten Bendig. Und eine Leistung von Rang war sein tapsiger, aber auch verschlagener Spreefischer Wulkow in Gerhart Hauptmans „Biberpelz". Das war eine Rolle, die ganz und gar zu ihm paßte.

Michael Goden

Genannt wird, wer die großen Rollen spielt und die großen Partien singt. Genannt wird der Regisseur, der dem Abend die szenische Form gibt. Genannt wird der Dirigent, der die musikalische Grundlage schafft. Wer für die optische Ausstattung sorgt und die Zuschauer ins Bild setzt, kommt manchmal nur als Anhängsel vor. Bühnenbildner oder Ausstatter, wie er (oder immer häufiger: sie) auch genannt wird, ist wichtig für den Erfolg, wird aber oft nicht so wichtig genommen.

Wir können, wie ja auch bei anderen Theatertätigkeiten in diesem Buch, nicht alle nennen, die für bildhafte Ereignisse gesorgt haben. Ein Beispiel soll für die vielen stehen, ein Mann, der zu den beachteten Namen seines Fachs zählt und seine Erfahrungen seit längerem an der Hamburger Hochschule weitergibt: Professor Michael Goden.

Er ist Oberschlesier, 1939 in Gleiwitz geboren. Die Kunst, Theater im Geist des Dramatikers oder des Komponisten optisch umzusetzen, hat er bei dem berühmten Berliner Theaterprofessor Willi Schmidt an der Hochschule der Bildenden Künste studiert. Schmidt, international angesehen, inszenierte in Hamburg und Wien, in London und New York. Er schuf sich die Ausstattung stets selbst. Er vermied die Bezeichnung Bühnenbild. Er sprach lieber vom szenischen Raum; in dem Wort Bild stecke etwas Zweidimensionales. Goden hat es geschafft, ihn nach Lübeck zu locken; im Mai 1980 zeigte Willi Schmidt, daß „Andorra" von Max Frisch seine Kraft nicht verloren hat. Ein großer Abend, weil die Phantasie von Inszenierung und Ausstattung die Phantasie der Zuschauer anregte. Wie Marianne Schubart und Horst Vinçon ihre Aufgaben erfüllten, ist bei manchen unvergessen. Überzeugend an diesem Abend auch Sabine Hennemann und Edgar Marcus — es sei gern an sie erinnert. Michael Goden kam über Darmstadt nach Lübeck und ist seit

Prof. Willi Schmidt

„Sommernachts-
traum"
Oper von
Benjamin Britten

dem 1. August 1971 in der Beckergrube tätig; 1975 wurde er Ausstattungsleiter. Der agile, temperamentvolle Mann hat viele Schauspiel- und Opernabende sehenswert gemacht. Daß er nicht flach illustriert, sondern einen geeigneten Spiel-Raum gibt, ist selbstverständlich. Aber er schafft mehr. Er ist der Strukturalist unter den Bühnenbildnern. Er denkt sich, fühlt sich so intensiv in die Werke ein, daß er deren Strukturen sichtbar macht.

In Brittens Shakespeare-Oper „Sommernachtstraum" zum Beispiel, einem unvergessen schönen Theaterabend, konnte er die Glissandi der Partitur in bildnerische Glissandi umsetzen und so die drei Ebenen – Götterwelt, Liebesspiel, Rüpelderbheit – bildhaft in Beziehung setzen. Auch seine Farben, Blau und Violett im wechselnden Licht, strukturierten den lichten Zauber der Musik und der magisch changierenden Inszenierung des Operndirektors Michael Rothacker.

Jahre später nahm er die Farbverbindung Blau-Violett noch einmal auf, als er Michael Schlüter-Padbergs Inszenierung von Monteverdis Oper „Die Krönung der Poppea" in St. Petri szenisch betreute. Er setzte so die Chromatik der Partitur um, machte Hörbares sichtbar und bewies, daß Tonmalerei mit Malerei zu tun hat.

„Figaros Hochzeit"
IV. Akt

Wie gut konnte Goden die Seele des Stücks und die ihr nachhorchende Inszenierung in „Figaros Hochzeit" bildlich übersetzen. Regisseur Götz Fischer sah in dem Werk von Wolfgang Amadeus ein Spiel der erotischen Konflikte; Goden bebilderte weder eine italienische Revolutionsoper noch verpackte er die Oper wie eine Mozartkugel; er steckte Mozarts Quartett der

197

Dr. Werner
Malzacher

Liebessehnsucht in ein österreichisches Vor-Weltkriegs-Ambiente; da hätte sich Schnitzlers „Reigen" ebenso heimisch gefühlt.

Es gibt viele Beispiele für Godens theatergerechte Intelligenz. Beobachtungen seiner szenischen Vitalität könnten ein eigenes Buch füllen. Ein von ihm ausgestattetes Schauspiel sei erwähnt — nicht zuletzt, weil es uns ermöglicht, dem früh verstorbenen Werner W. Malzacher einen Dank hinterherzurufen. Der einstige Schauspieldirektor machte aus Kleists „Käthchen von Heilbronn" eine Art überirdischer Märchenrevue. Das war auf lange Strecken reine Parodie der Ritterromantik, zeigte aber hinter den Späßen der alten Rittersleut den Glanz von Käthchens Hingabe und einer heilig zu nennenden Vollkommenheit des Gefühls (die junge Tatjana Hölbing ging reinen Herzens durch die Rolle). Goden verfestigte die Heraldik des ritterlichen Hintergrunds in Blumen, Gräsern und Girlanden, käthchenhaft sanftmütig in den Formen, aber auch so, daß alles etwas an Zinnsoldaten erinnerte.. Er hatte mit einer Sicherheit, die aus der inneren Kenntnis des Werks stammt, die Strukturen dieses schönen Abends in die Optik geholt.

Mit Malzacher verband ihn eine künstlerische Freundschaft, die sich in vielen gemeinsamen Produktionen manifestierte. Malzachers Auffassung, sich als „Anwalt des Autors" zu fühlen, fand in Godens Arbeiten zu einer besonderen Form.

Er hat Witz. Das „Atomstück" im Studio („Strahlende Zeiten") stattete er mit einer blühenden Gartenumrandung aus; wenn die Souffleuse an einer unsichtbaren Leine zog, drehten sich alle Blumen um und verbranntes Gestrüpp zeigte sich. Goden hatte der Inszenierung den Punkt aufs i gesetzt: Das Lachen aber blieb einem im Halse stecken.

Seine szenische Intelligenz zeigte sich in der jüngsten Inszenierung, mit der sich St. Petri erneut als wuchtiger Spielort erwies. Johannes Koegel-Dorfs, ein junger Regisseur von der Essener Aalto-Oper, hatte Frank Martins „Zaubertrank" als raumergreifendes Spiel inszeniert. Michael Goden hütete sich, den mittelalterlichen Tristan-Stoff, die Grundlage des „Zaubertranks", als maskiertes Mittelalter zu bebildern. Er gab dem Abend eine sich ins Visionäre weitende Großform in Schwarz und Weiß. Ein Mann des 20. Jahrhunderts kommentierte damit den Kirchenbau des 13. Jahrhunderts.

„Strahlende
Zeiten"

Gruppenbild mit Damen

Es folgt, mit Marivaux zu sprechen, ein Spiel von Liebe und Zufall. Die Künstlerinnen und Künstler des Lübecker Theaters, auf die im folgenden eingegangen wird, sind dem Autor so lieb wie die anderen auch. Sie sind ihm aber durch Zufälle mancher Art vielleicht nicht so oft, vielleicht nicht so intensiv vor Augen gekommen — was sicher auch an ihm liegt oder an der Zeit, in der er sie beobachtend begleiten konnte. In das Buch „Lübeck und sein Theater" gehören sie mit Gewißheit hinein. Auch sie sind seit Jahren Teile dieses Theaters. Also folgt ein Gruppenbild — nicht nur mit Dame, wie Heinrich Böll seinen Roman betitelte, sondern: Gruppenbild mit Damen.

Hannelore Telloke. Mit dieser starken, zuweilen herben Schauspielerin verbinden sich Spielarten des Realismus. Sie stammt aus dem Berliner Osten und ist durch die hochangesehene Babelsberger Schule gegangen, eine Talentschmiede ersten Ranges, aus der auch eine Hildegard Knef gekommen ist. Ihre Rollen sind zuerst einmal mit ihrem Selbstbewußtsein angefüllt. Wenn sie Barlach spielt, kommt sie direkt aus dem Güstrow der zwanziger Jahre geschritten. Ein Theater in Norddeutschland muß glücklich sein, so ein personifiziertes Stück des Nordens (mit östlichem Anhauch) zu haben. Sie hat bei aller deutlichen Grundausrichtung viele Seiten. Fest in der Erinnerung steht ihre Frau Keferstein in Barlachs Schauspiel „Der arme Vetter". Da erfand sie für deren Gier und Neid so genaue Bilder, so scharfe Töne, daß man überrumpelt war. Daß sie mit ihrer trockenen Intelligenz gut karikieren kann, zeigte die eitel gestylte Kunstvereinsdame in Vinçons „Bildersturm". Sie hält Überraschungen bereit. Da war ein Vergnügen ihre Rolle in „Noch ist Polen nicht verloren", der Theateradaption des erfolgreichen Lubitsch-

Films. Sie zeigte blondhaarfein eine junge Dame zwischen Eva-Braun-Verschnitt und einer schönen Polin. Elegant und faszinierend.

Sven Simon. „Laßt mich den Löwen auch noch spielen", könnte das Motto des hochgewachsenen, schlanken Schauspielers sein. Er ist dauerbeschäftigt. Das liegt wohl weniger daran, daß er den Löwen auch noch spielen möchte. Er ist so gefragt, weil er so vielseitig ist. Die Komiker aller Valeurs spielt er mühelos vom Blatt. Er schlängelt sich in seiner vitalen Beweglichkeit durch viele Aufgaben und variiert geschickt immer sein „Prinzip Simon". Rollen der vernünftigen Verrücktheit kann er ebenso wie die klamottigen Absahnerrollen. Das aber ist nur der halbe Simon. In Gorkis Schauspiel „Kinder der Sonne" (inszeniert übrigens von Christian Mettin, dem Sohn des Intendanten der fünfziger Jahre) konnte er mit innerer Anteilnahme den Professor Protasov geben, einen Mann mit gutem Willen im Herzen und schönen Sprüchen auf den Lippen, der sich von den bösen Realitäten des Daseins entfernt hat; Sven Simon schritt die Rolle mit weiten, leeren Schritten aus, in seinem schmalen Gesicht trafen sich das naive Lächeln eines Traumtänzers und die unterdrückte Verzweiflung darüber, das eigentliche Leben zu verschütten. Gorki als Beispiel. In Hauptmanns „Friedensfest" oder in Wedekinds „Frühlings Erwachen" gab er ähnliche Figuren einer kalten Künstlichkeit. Sie zeigten seine Freude an der Präzision. Beispielhaft auch sein „Wunderheiler" von Brian Friel.

Irene Marwitz. Sie hat seit 1965 in vielen Jahren viele Gefühlsrollen gespielt, Komödiantisches, Tragisches, Schnippisches, Hämisches, von der intrigantischen Frosine im „Geizigen", der Schillerschen Elisabeth, der Virginia Woolf bis zur Sister George — ein weites Feld. Heidrich, Vibach und Thoenies waren ihre Intendanten; sie hörte es nicht ungern, als „Traveduse" apostrophiert zu werden. Mit großen Altersrollen bestätigte sie ihre im

Irene Marwitz und
Roderich Wehnert
in „Gin Rommé"

200

besten Sinne damenhafte Art, sich mitzuteilen, ohne anbiedernd zu werden. Sie war die „Irre von Chaillot" und fand mit leiser Kraft in das Labyrith der Rolle, in Giraudoux' Poesie der Pariser Halbwelt, nicht eine Mutter Courage der Clochards, sondern eher ein sorgendes Mütterchen in einem unterirdischen Märchenland. Und als das Theater eine spielerisch wie geistig anspruchsvolle Adaption der „Gefährlichen Liebschaften" von Lacros uraufführte, die Rudolf Fleck aus Kiel nach der Übersetzung von Heinrich Mann geschrieben hatte, gab Irene Marwitz mit aufgesetztem Lächeln jenseits von Gut und Böse eine der scharfgeschnitttenen episodischen Spielfiguren. Goldumrandete Herzenskälte — direkt aus dem Geist von Heinrich Mann.

Werner Berndt. Manches Schmuckstück bleibt lange weggeschlossen, manche schauspielerische Kraft liegt lange brach. Bei Werner Berndt kommt diese Erkenntnis auf, wenn seine Rollen vorüberziehen. Dabei ist er einer, der auf doppelter Ebene spielen kann. Er stellt sich auf die Dialektik der Figuren ein. In Kipphardts „Bruder Eichmann" war er der Gegenspieler von Neumanns Titelgestalt. Er konnte mit der ihm zu Gebote stehenden Kälte des Ausdrucks den israelischen Polizeihauptmann Chass geradezu vereisen lassen. Berndts Sprache ist sein größtes Kapital. Er ist ein Meister, jongliert damit gern, schneidet damit böse ins Fleisch seiner Rollen, führt aber auch klug beherrschte Komik bis in die Spitzfindigkeit vor. Sprache hängt für ihn mit der Moral des Schauspielerberufs zusammen. Nicht zufällig findet er ein anhängliches Publikum, wenn er deutsche Balladen spricht und etwa Schillers „Bürgschaft", die lästige Lernaufgabe früherer Schulzeiten, zu einem aufregenden gesprochenen Theaterstück macht. Wert und Ehre deutscher Sprache zu bewahren, ist sein Wunsch.

Doris Masjos. „Lübeck", sagt die Schauspielerin so selbstverständlich, ohne Gefühlsjubel, ohne Anbiederung, daß man es ihr glaubt, „Lübeck — das waren die schönsten Jahre meines Theaterlebens." Von 1970 bis 1973 hat sie in der Beckergrube die Frauenrollen gespielt, in die sie viel

von ihrer menschlichen Wärme übertragen konnte. Sie führte als Hamlets Mutter Gertrude die Tragik der Figur nicht abgefeimt böse, sondern begreifbar bis zum Mitleid vor (Folker Bohnet spielte hier seinen nachdenklichen, gleichnishaften Hamlet); auch das Fräulein Schneider im „Cabaret" lebte von ihren wärmenden Strahlen. In Hubaleks „Schlaraffenland" nach Heinrich Mann karikierte Doris Masjos mit Eleganz eine Dame der Gesellschaft, ohne sie billig zu verspotten. Ihre Mrs. Higgins der „Fair Lady", neben Rainer Luxem im Ernst-Deutsch-Theater Hamburg, hatte die leise Wehmut eines überholten Lebensstils. Und wie froh waren viele Lübecker Theaterbesucher, bei der unverwüstlichen „Lady" danach im Großen Haus auch ihre Doris Masjos wiederzusehen.

Peter Hofmann. Kann man sich vorstellen, daß ein Theater des Lübecker Formats einen Sänger von Peter Hofmanns Format als Eisenstein für die „Fledermaus" engagieren kann? Aber tatsächlich: Der international gefragte Tenor, gefeiert in Bayreuth wie in der Met, als Rocksänger auf Tournee, als „Phantom der Oper" aktiv, für ein mittleres Theater unbezahlbar — dieser Peter Hofmann war als Operettentenor in der Beckergrube durchaus kein Phantom. Er hat den Eisenstein allerdings in der Spielzeit 1972/73 gesungen, damals als Anfänger, aber auch damals schon mit einer kraftvoll strahlenden Stimme. Es wird manchen Opernfreund geben, der sich an Hofmanns jugendlich-heldischen Faust in Gounods „Margarethe" erinnert oder an den ebenfalls heldisch glänzenden Nero in Monteverdis „Krönung der Poppea". Auch Mozarts Kreterkönig „Idomeneo" füllte der stattliche Sänger stimmlich und figürlich hervorragend aus. Er hat Lübeck nicht vergessen — seinen Startplatz in die Weltkarriere.

Peter Hofmann
als Nero in
„Die Krönung
der Poppea"

Ute Vincing. Einmal, ein einziges Mal, hat es das gegeben — daß eine Weltkarriere in Lübeck begann und in Lübeck ihren triumphalen Abschluß fand. Das ist schon etwas Rares, etwas, das sehr für Lübeck und sein Theater spricht. Ute Vincing kam gegen Ende der sechziger Jahre in die Beckergrube und sang eine bezaubernde Elisabeth im „Tannhäuser". Sie glänzte mit groß ausgebreiteter Stimme als Puccinis hochdramatische „Turandot", als ganz liebesinnige Cho-Cho-San („Madame Butterfly"), als anrührende Desdemona in Verdis „Othello". Da horchten die Fachleute der Opernwelt auf. Über Wuppertal, Hannover und Berlin führte ihr Weg nach Berlin — und dann begann das, was man getrost als Weltkarriere bezeichnen darf. San Francisco, das berühmte Teatro Colon in Buenos Aires, die Wiener Staatsoper, wo sie als „Walküren"-Brünnhilde gefeiert wurde, die Dresdner „Elektra" von Ruth Berghaus, die Operngeschichte gemacht hat — das waren ihre Stationen. Aber nun geschah etwas, das den Opernfreund mit Rührung erfüllt: Als sich Ute Vincing von der Karriere und vom Theater überhaupt verabschiedete, tat sie das auf keiner Staatsopernbühne, sondern in der Lübecker Holstentorhalle. „Sie war eine der großen singenden Frauengestalterinnen, der man jede ihrer Opernfiguren menschlich glaubte", sagte ihr Lübecker Regissseur Michael Schlüter-Padberg. Sie lebt heute in Berlin und hängt an Lübeck; als die Gesellschaft der Theaterfreunde mit ihrem „Sesselverkauf" Sponsoren suchte, war Frau Vincing die erste, die sich meldete. Zweimal im Parkett ist ihr Name zu lesen.

Ute Vincing in „Die Walküre"

Günter Hutsch ist ein Kraftkerl mit sanfter Seele — so wie er ist, so waren seine Rollen in vielen Lübecker Jahren (er setzt seine Erfolge in Braunschweig fort). Er konnte in den Kammerspielen eine Figur geben, die wie ein Denkmal in der Erinnerung vieler Theaterbesucher steht — er war Barlachs „Blauer Boll". Ein Ereignis. Gutsbesitzer Boll aus dem Mecklenburgischen, stallwarm, blaugesichtig vom übermäßig genossenen Rotspon, breiten Schritts, ein Mann, der ins Fleisch gefallen ist — „gemästet mit Selbstachtung frisch aus der eigenen Weihräucherei", wie es stark im Stück heißt. Hutsch hat sich oft variiert und komödiantisch ausgestreckt — sein Franz Moor wuchs weit über das Schurkische hinaus; doch war er in seinen realistischen

203

Erfindungen voller Spielfreude nie so einig mit einer Rolle wie beim Boll. Und wie Dagmar Laurens als Bolls beschränkte Gattin seinen Vornamen aussprach, war unwiederbringlich gut: „Kuuuaart!" Lange nach seinem Abschied ist er ins damals noch unter Heidens Herrschaft stehende Theaterhaus mit einem Ein-Personen-Stück zurückgekommen: „Du bist meine Mutter" von Joop Admiral. Ein glanzvolles Solo — Mutter (im Altersheim) und Sohn (zu Besuch) werden nur einem Darsteller überantwortet; der straffe, starke Sohn Hutsch verwandelte sich langsam in die gebrechliche, quengelige Mutter Hutsch. Das Haus applaudierte viertelstundenlang.

Nancy Illig, Fried Gärtner. Ehepaare auf der Bühne sind selten, aber merkwürdigerweise sind sie selten ein Problem. Acht Jahre haben das Nancy Illig und Fried Gärtner in Lübeck gezeigt — und hatten 38 Ehejahre hinter sich, als sie gemeinsam nach Bremen wechselten. Sie, aus Gleiwitz stammend, er, Frankfurter, spielten dem Publikum so viel ehelichen Haß so überzeugend vor, wie das vielleicht nur gute Eheleute tun können. Als sie in Strindbergs „Totentanz" das in liebendem Haß verkrallte Ehepaar waren, lösten sie Betroffenheit aus, Fried Gärtner mit Bürstenhaarschnitt, mit den Augen voller Stolz und Angst, Nancy Illig mit ihrer ins Maskenhafte gekehrten seelischen Verhärtung. Das Theater wußte, was es an einer solchen Ehe hatte, die das Private ins Künstlerische hob. In Thomas Bernhards „Vor dem Ruhestand" waren sie abermals ein Paar, das sich liebend-hassend ineinander verbissen hat. Dazu große Sololeistungen, Fried Gärtners „Lear" aus menschlicher und hoher komödiantischer Kraft, Nancy Illigs dunkel durchkomponierte „Magd Zerline" nach Hermann Broch, eine Figur wie aus einem zerbrochenen Rahmen. „Es waren gute Jahre", erklärten beide, als sie gingen. Wie wahr.

Marianne Kühnel. „Sommernachtstraum" war das Motto eines Theaterfests, zu dem sich das Theater und die Gesellschaft der Theaterfreunde Lübeck zusammengetan hatten. Köstlich die Idee im kabarettistischen Teil des Abends, ersonnen von Horst Vinçon, daß Sängerinnen bei Neuengagements einer Kommission des Bauamtes vorzusingen hätten, um exakt zu prüfen, ob ihre Stimmen nicht zu kräftig seien fürs marode gewordene Haus. Großen Eindruck machte die Ausstattung aller Räume in der Beckergrube, die in bunte Blumenwiesen verwandelt worden sind, ein Werk der Kostüm- und Bühnenbildnerin Marianne Kühnel. Sie hat es erlebt, daß ihre Bühnenarbeiten mit lauter Bewunderung und sogar Applaus bedacht wurden, ihre farbsatten Kostüme zu „Porgy und Bess" etwa oder ihre liebevolle Old-English-Ausstattung der Bühne für die „Gesellschaftsspiele" von Hugh Carlton Greene; es war dies das einzige Stück des Journalisten, der bei der Gründung des NWDR in Hamburg entscheidend mitgewirkt hatte. Graham Greene applaudierte seinem Bruder in Lübeck gentlemanlike und beschloß mit ihm den Abend in der Schiffergesellschaft. Bilder der Erinnerung, wortwörtlich: Es sei erinnert an die phantasiereichen Kostüme von **Ilse-Marianne Wittneben** (u.a. „Kiss me, Kate"), an die so reizvoll unterschiedlichen bildnerischen Handschriften von **Ekkehard Kröhn, Olaf Zombeck, Harald Stieger, Pet Halmen**, an die Ballettbilder von **Robert Geiger** und die frühen Arbeiten von **Malte Marks**, dem Sohn des großen Schauspielerlehrers Eduard Marks. Eine optische Aufmunterung brachten stets die Bühnenbilder von **Ulrich E. Milatz** — märchenhaft schön in Norbert Schultzes „Schwarzer Peter".

Fiete Krugel-Hartig

Fiete Krugel-Hartig, Nikolaus Reinecke. Eine doppelte Erinnerung beschließt unser Gruppenbild, sie gilt der Schauspielerin Fiete Krugel-Hartig, der von vielen verehrten einstigen Seniorin des Ensembles, und dem unvergessenen Nikolaus Reinecke, dem einstigen Doyen. „Bernarda Albas Haus" von Federico Garcia Lorca; Michael Wedekind hatte die „Frauentragödie in spanischen Dörfern" als großes statuarisches Gemälde inszeniert; Michael Goden gab dem Haus des vergrabenen Lebens den unheimlich passenden, grauen, niederdrückenden Rahmen. Irene Marwitz zeigte in der Titelrolle ein versteinertes Symbol des Hasses. Das Erlebnis vor allem war die Magd Poncia von Fiete Krugel-Hartig; sie verstand es unvergeßlich, Lorca zu vermitteln – daß die eigentliche Freiheit in Bernardas Haus den Unfreien gehört. Ihre stolze Altersgestalt, das straff nach hinter gekämmte Haar, die feste Stimme, alles das bleibt in Verbindung mit Lorca von Fiete Krugel-Hartig als das Bild einer starken Schauspielerin bestehen. Wie glücklich war sie, als Achtzigjährige von Boy Gobert ans Hamburger Thalia-Theater geholt zu werden, um als altes Faktotum in Tschechows „Onkel Wanja" die seelische Größe des alten Rußland ins Spiel zu bringen. – Von den vielen Rollen, die Reinecke mit seiner Persönlichkeit erfüllte, war sein Dorfrichter Adam von besonderem Format. Da ließ der Schauspieler keine Möglichkeit aus, die Bauernschläue und pralle Lebensfreude der Figur füllig auszubreiten – dieser Adam saß fest und fröhlich im Fleisch. Ein Vollblutschauspieler; als er die Ehrenmitgliedschaft erhielt, erhob sich das Publikum und applaudierte lange. Er wurde geliebt.

Die Zukunft, hier speziell die des Sprechtheaters, verspricht Gutes. Feuilletonchef Hermann Hofer nannte in den „Lübecker Nachrichten" die Eckdaten des Erfolgs: „Mut zu brandneuen Stücken, die weitgehend geglückte Symbiose von abgeklärten älteren und heißhungrigen jungen Schauspielern, die Verpflichtung von unverbrauchten Regisseuren mit wirklichen Ideen im Kopf..." Kein Wunder, daß „Theater heute", Deutschlands führende Theaterzeitschrift, in ihrer April-Ausgabe 1995 dem Lübecker Schauspiel fünf volle Seiten widmete. Alles gute Aspekte fürs „neue" Haus.

Dritter Teil

Das sind ja
schöne Geschichten

Das sind ja schöne Geschichten

Theater lebt in Anekdoten

„Ha, Schurke!" schreit der Mime und spricht sich damit lautstark selbst Mut zu. Denn er hat vergessen, sich den Dolch ins Gewand zu stecken, mit dem er den Bösewicht theatralisch erstechen sollte. „Ha, Schurke!" nochmals. Große Szene, große Augen im Publikum, spannende Stille. Geistesgegenwärtig tritt der Held dem Widerling in dessen Gesäß. Und nochmals: „Ha, Schurke!" Dann endlich die Rettung: „Der Stiefel war vergiftet!" Theateranekdoten sind etwas Herrliches. Sie sind ein Spiel im Spiel, Spiel hoch zwei. Es gibt erfundene und es gibt echte. Hier folgen bald die echten, zu Anekdoten geronnene Geschichten, wie sie im Theater in der Beckergrube und im Umfeld der Lübecker Bühnen in den vergangenen Jahren, Jahrzehnten, Jahrhunderten passiert sind.

Die gut erfundene Anekdote mit dem vergifteten Stiefel ist gewissermaßen die Ur-Anekdote. Sie wird von Theaterleuten gern erzählt, ist sie doch ein witziger Hinweis auf das, was jeder Mime zu jeder Sekunde auch in der bestgearbeiteten Inszenierung auf der Bühne zu zeigen hat — Geistesgegenwart. Dafür noch eine (erfundene) Anekdote, bei der man versteht, daß sie gern erzählt wird, wenn Schauspieler beieinandersitzen.

Karneval. In der Stadt wird ein üppiges Kostümfest gefeiert. Die Theaterleute sind eingeladen. Ihr Intendant ist ein Mann mit spitzer Zunge, der hochmütig gern den Chef herauskehrt. „Jeder kommt als das, was er nicht ist", ordnet er vor dem Ensemble an und meint reichlich arrogant zu einem von ihm nicht sehr geschätzten Mimen: „Da kommen Sie doch gewiß als Schauspieler!" Der Angesprochene findet geistesgegenwärtig die Gelegenheit zu süffisanter Rache: „Kommen Sie denn als Intendant, Herr Intendant?"

Aller guten, auch der gut erfundenen, Dinge sind drei. Also noch eine aus dem Schatzkästlein.

Ein Schauspieler steht als Zeuge vor Gericht. Er muß, wie es üblich ist, Namen und Beruf nennen. Das macht er brav, und er sagt nach der Namensnennung: „... der Welt bester Schauspieler." Das spricht sich natürlich rasch herum, und noch am selben Tag fragt ihn einer aus dem Ensemble, ob diese Worte denn nicht doch reichlich übertrieben gewesen seien. „Aber werter Herr Kollege", antwortet der eitle Mime, „was sollte ich denn machen — ich stand unter Eid!"

In den drei Geschichten wird viel vom Wesen der Schauspielerinnen und Schauspieler deutlich. Mit ihren Anekdoten klopfen sie sich selbst auf die Schulter — denn es ist noch immer so, wie es Friedrich Schiller vor fast zweihundert Jahren im Prolog zu „Wallensteins Lager" (1800) ausgedrückt hat: „Dem Mimen flicht die Nachwelt keine Kränze." Also sorgen sie selbst dafür, daß die Nachwelt wenigstens etwas in der Erinnerung behält — Geschichten.

Anekdoten halten die Erinnerung wach. Falsch ist die Annahme, Theaterleute würden sich ihre Geschichten selbst erfinden und sie sich auf den Leib schneidern, wie man sich einen guten

Anzug anpassen läßt. Richtig ist, daß die meisten Theatermenschen gern von sich erzählen. Sie fangen mit einer schon stereotypen Wendung an: „Damals, als ich ...", und sie gehen etwa so weiter: „... in Bremerhaven die Mutter Courage spielte", „... in Wunsiedel als Mephisto dabei war". Bitte hört ihnen zu! Es sind Geschichten gegen das Vergessenwerden.

Die nun folgenden Lübecker Geschichten sind wahr, wahr und wahrhaftig. Es ist zu berichten, wie sie entstanden sind. Marianne Schubart und Krafft-Georg Schulze, die nichts dagegen haben, daß man sie achtungsvoll als Senioren des Ensembles bezeichnet, hatten schon vor unserem Theaterbuch hauseigene Anekdoten gelegentlich vor Publikum vorgetragen. Mit beiden saßen wir zusammen, oft und in zugegeben recht fröhlicher Runde, und erzählten, erzählten, erzählten. Horst Vinçon, langjähriges Ensemblemitglied, gehörte zu der Runde, Ingeborg Dietrich war dabei, die von vielen Theaterleuten verehrte Leiterin des künstlerischen Betriebsbüros, so eine — darf man's sagen? — Mutter der gesamten Companie; seit 1962 hielt sie vielen Intendanten das Haus in Ordnung, Arno Wüstenhöfer, Walter Heidrich, Karl Vibach, Hans Thoenies, bis sie am Ende der Spielzeit 1990/91 ruheständlerisch in den Zuschauerraum überwechselte. Und Dr. Rolf Sander saß in unserer Anekdotenrunde, der langjährige und noch sehr aktive Leiter des Theaterrings der Gemeinnützigen, ein von Jugend an vom Theater Begeisterter, der gern Theaterwissenschaft studiert hätte, aber auf Vaters Wunsch Jurist wurde — Menschen allesamt, die dem Lübecker Haus seit Jahrzehnten verbunden sind.

Ihre Geschichten spiegeln ihre Liebe zum Theater wider. Sie identifizieren sich, Potzwetter, mit Shakespeares Hamlet und dessen Hochachtung den Schauspielern gegenüber. Und so soll die schöne, von jedem Theatermenschen und von jedem anhänglichen Besucher des Theaters geliebte, berühmte Stelle aus dem „Hamlet" unsere Einleitung abschließen.

Hamlet: „Wollt ihr für die Bewirtung der Schauspieler sorgen? Laßt sie gut behandeln; denn sie sind der Spiegel und die abgekürzte Chronik des Zeitalters. Es wäre euch besser, nach dem Tode eine schlechte Grabschrift zu haben als üble Nachrede von ihnen, solange ihr lebt."

Polonius: „Gnädiger Herr, ich will sie nach ihrem Verdienst behandeln."

Hamlet: „Viel besser, Mann, viel besser!"

Die Ohrfeige aus der Kulisse

„Graf von Essex" stand auf dem Programm, ein Trauerspiel von Corneille (1606-1648); die Seuerlingsche Truppe trat damit 1756 im Ebbeschen Theater auf. Eine „Theaterkritik" ist erhalten (seit 1751 gab es die „Lübeckischen Anzeigen"). Darin wird kritisch angemerkt, „der Director deklamierte die Hauptrolle in dem Ton eines Marktschreiers, seine Frau gab die Königin Elisabeth mit äußerster Kälte und ohne alle Würde."

Bei dieser Schilderung darf man rasch mal an eine hübsche Theateranekdote aus jüngerer Zeit denken. Eine Schauspielerin, die erst später dran ist, sitzt noch vor dem Spiegel und fragt die Garderobiere, ob die Vorstellung schon begonnen habe. Die eifrige Helferin öffnet die Tür einen Spalt und horcht in Richtung Bühne. „Ja, sie sprechen schon unnatürlich ..."

Zurück ins Jahr 1756. Er: Marktschreier. Sie: Äußerste Kälte. Die Kritik war heftig, aber es sollte noch heftiger kommen. Offenbar lebte das theaterspielende Ehepaar nicht in schöner Harmonie. Denn wider Erwarten geriet Elisabeth I. an der Stelle, da sie ihrem Essex liebend über die Wangen zu streicheln hatte, in ein wütendes Feuer und haute dem Herrn Gemahl weitausholend mit der flachen Hand eine Ohrfeige herunter, daß es im Hause widerhallte.

Der „Herr Director" war Künstler genug, um nicht ebenso heftig zu reagieren. Er spielte selbstbeherrscht weiter, sann aber auf Rache — schon allein, um dem Publikum zu zeigen, daß ein Schauspieler nicht ohne weiteres auf sich einschlagen läßt. Die Gelegenheit kam ein paar Szenen später. Die Königin ruhte bequem in einem Lehnstuhl und rechnete eben mit der Herzogin ab, die es gewagt hatte, sich ihrem Günstling, eben dem titelgebenden Earl of Essex, liebevoll zu nähern — da fuhr unerwartet eine Hand aus der „Coulisse", wie der Beobachter der „Lübeckischen Anzeigen" schrieb — die Königin bekam die Ohrfeige von vorhin schallend zurück. Auch sie war Vollblutschauspielerin. Denn, so der Theaterkritiker von 1756, „die Hand verschwand, und die Königin, von dieser gleichsam electrischen Anfeuerung begeistert, ging von dem Augenblick an in den Charakter ihrer Rolle über."

Der Prinzipal der Seuerlingschen, muß man doch sagen, hatte eine glückliche Hand.

Ik kann et nich seggen, Herr König

Die Seuerlingsche Truppe spielte oft in Lübeck. Das Ebbesche Haus war groß genug, um erträgliche Einnahmen zu sichern; die Lübecker gingen gern ins Theater, der Besuch war gut. Und so kamen sie alle, die Mingottische Operntruppe, eine der besten des 18. Jahrhunderts, der Christoph Willibald Gluck (1714-1787) als Kapellmeister angehörte, Antonio Denzi mit den Seinen, die „Teutsche Schauspiele" und „französische Balletts" boten, Johann Friedrich Schönemanns Truppe, die Hamburgische Schauspielergesellschaft — und eben die Damen und Herren von „Director Seuerling".

Verbürgt ist die folgende Geschichte (der Schauspieler Brandes hat sie beobachtet und in seine Lebenserinnerungen aufgenommnen). Seuerling hatte ein Stück mit vier Würdenträgern angekündigt. Unerwartet hatte er aber nur noch drei Solisten zur Verfügung; er selbst spielte den König, wie es einem Principal zukommt. Einer seiner Akteure, ein schöner junger Herr mit leichtem Sinn, war ihm am Morgen durchgebrannt, weil er seinen Gläubigern zu entkommen hoffte. Schauspielerleben.

Unter den Statisten, die sich am Morgen gemeldet hatten, war ein langer Bäckergeselle aus Klütz im nahen Mecklenburgischen, der sagte, er sei schon mal Schauspieler gewesen. Seuerling erinnerte sich, ließ ihn suchen und gab ihm die Rolle; sie war nicht groß, die paar Antworten, die der junge Mann als Feldherr dem König zu geben hatte, werde er mit einiger Erfahrung schon packen — hoffte der Chef.

Die Vorstellung abends lief gut an. Des Feldherrn Auftritt nahte. „König" Seuerling redete den wackeren Bäcker emphatisch an: „Nun sprecht, mein Zikufarnes! Seid selbst der Herold eurer großen Taten, welche nebst mir die ganze Welt bewundert. Wie gelang es euch, diesen durch seine List wie durch seine Tapferkeit so gefährlichen Feind zu überlisten? Wie seine Heere zu überwältigen? Wie ihn so gänzlich zu vernichten? Sprecht, wir sind voller Erwartung!"

Pause. Nichts kam. Der Feldherr stand stumm und zitterte. Seuerling wollte ihm eine Brücke bauen und ermunterte ihn in sanfteren Tönen: „Nun redet! Laßt euch doch nicht durch meine Majestät abschrecken". Pause. Seuerling: „Diese Bescheidenheit — sie erhöht zwar eure Verdienste. Allein, eine kurze Beschreibung dieser so wichtigen Schlacht ist zu meiner Belehrung notwendig. Ganz kurz nur. Sprecht nun, mein tapferer Feldherr!"

Der tapfere Feldherr wußte sich nicht mehr zu helfen. Er fiel im wahrsten Sinne des Wortes aus der Rolle zurück in sein Gesellendasein und sprudelte beschämt hervor: „Ik kann et nich seggen, Herr König, ik bün by de Slacht nich mitwesen."

Der Chronist schrieb, die anderen Schauspieler hätten Mühe gehabt, unter dem Gelächter des Publikums den Ernst der Situation wiederherzustellen.

Ernst ist das Leben, heiter ist die Kunst (Schiller). Manchmal ist es halt umgekehrt.

Die Ehe des Herrn Borsdorff

Ein Theaterroman ließe sich schreiben über einen Lübecker Intendanten und seine Frau, ein Roman mit Höhen und Tiefen im Leben und Streben zweier der Kunst verbundener Menschen; komische wie tragische Elemente fehlen nicht.

Paul Borstorff leitete zwei Jahre die Geschicke der Bühnenkunst in Lübeck, von 1876 bis 1878. Er war Schauspieler und kam vom Meininger Hoftheater. Meiningen — das ist in der Theaterwelt heute ein belächeltes Wort. Es steht für ein uns unbekanntes Pathos, für die große Geste und für überfüllte Ausstattung. Am Theater der kleinen Stadt an der oberen Werra zwischen Thüringer Wald und hessischer Rhön suchte der kunstsinnige Herzog Georg von Sachsen-Meiningen eine dem klassischen Ideal nachstrebende Form. Der Satz „Dem Wahren, Guten, Schönen", wie er über dem Lübecker Haus steht, ist reines Meiningen.

Im Meininger Sinn versuchte das Theater, den aufkommenden Problemen der Industriegesellschaft noch einmal die Ideale einer hohen Menschlichkeit, einer mitmenschlichen Verantwortung und einer an klassischen Vorgaben ausgerichteten Humanität entgegenzusetzen. Da hat man heute leicht lächeln. Man muß in der Kulturgeschichte nachblättern, um zu erkennen, gegen welches Theater die Meininger anspielten. Sie wehrten sich gegen das bürgerliche Lachtheater, gegen hausbackene Genrestücke und gegen die harmonisierende Happy-End-Dramatik, die damals nur noch nicht so hieß.

Paul Borsdorff war jung, als er das Amt in der Beckergrube übernahm. Sein Vorgänger Peter Grevenberg war ein Sänger-Intendant und immer glücklich, wenn er selbst die Heldenpartien singen konnte. Borsdorff mußte gegen eine eingefahrene schauspielerische Gemütlichkeit ankämpfen, um sein Meininger Ideal durchzusetzen. Er war ein Begeisterter, und das heißt, daß er alle verachtete, die seine Begeisterung nicht teilten. So ist es zu verstehen, daß er sich bei Proben schnell zu ungerechten Urteilen hinreißen ließ.

Ein edler Eiferer. Das Schicksal wollte es, daß er hochgradig schwerhörig war, das heißt, daß er in heißem Zorn die Berichtigungen, gegebenenfalls die Entschuldigungen oder Beschwichtigungen seiner Schauspieler nicht verstand — und glücklicherweise auch nicht verstand, was die sich hinter seinem Rücken zuriefen. Seine Proben müssen von Komik nicht weit entfernt gewesen sein; doch ist stets zu bedenken, daß alles in dem heißen Bemühen geschah, dem Wahren, Guten, Schönen in dieser Welt zum Durchbruch zu verhelfen.

Es gab neben der Schwerhörigkeit noch ein Hindernis — die spielwütige Frau Direktor. Frau Borsdorff war schön, elegant, eine attraktive Erscheinung, konnte sich in der Gesellschaft bewegen und litt nie Mangel an Verehrern. Zudem war sie reich; man wollte im Theater und in der Stadt wissen, daß sie von einem russischen Großfürsten eine stattliche Rente bezog. Sie war, was man als Salondame bezeichnen kann.

Da erzählt man sich schnell allerlei. Daß ihr Mann sie nur geheiratet habe, um sich als Direktor einzukaufen, oder daß sie ihn nur genommen hätte, um unter seiner Intendanz alle feinen Rollen spielen zu können. Sie war wie vom Spielteufel besessen und begnügte sich nicht damit, als Salondame zu glänzen. Sie riß auch Gretchen und Käthchen und Klärchen an sich, die holden Naiven, und überhaupt alles, was die dramatische Weltliteratur an Weiblichem bot.

Oper? Wozu? Sie konnte nicht singen, also sollte Lübeck auf seine Oper verzichten. Der Gatte gehorchte, gab das gesamte Opernensemble nach Rostock, wollte nur noch Meiningen und die Seine verwirklichen – leicht auszurechnen, daß er scheiterte. Nach zwei Jahren wurden dem Paar die Stühle vor die Tür gesetzt. Niemand weiß heute, wie das Leben von Paul Borstorff und seiner schönen Gemahlin weiter verlief. Ob der Großfürst noch Interesse an ihr hatte?

Ein Roman, wie gesagt, mit der Komik und Tragik des Künstlerlebens. Die Geschichte hat eigentlich keine greifbare Anekdotenpointe, aber sie beschäftigt die Phantasie. Beckergrube, über ein Jahrhundert vor unserer Zeit. Fast ein Opernstoff.

Du bist tot — und zwar sofort

1799 war das Jahr der Wandlung. Bis dahin kamen reisende Truppen nach Lübeck, nun wurde ein eigenes Ensemble aufgebaut. Friedrich August Leopold Löwe war der erste Chef; wie fleißig unter dem 23jährigen gearbeitet wurde, zeigt eine Geschichte aus dem Eröffnungsjahr seiner Direktion.

Die Oper „Azur" des Italieners Ferdinand Paër (1771-1839) war auf dem Spielplan; der aus Parma stammende Komponist wirkte als Kapellmeister am Kärntnertortheater in Wien, wo er die meisten seiner fünfzig Opern schrieb; „Leonore" wurde am bekanntesten und regte Beethoven zum „Fidelio"an. „Azur" wurde sogar geprobt, darauf bestand Direktor Löwe. Proben waren damals keineswegs die Regel; gewöhnlich kannten Sängerinnen und Sänger ihre Parts und traten in der Gewißheit auf die Bühne, es werde sich schon etwas Gutes von selbst entwickeln.

„Azur"-Probe; bei dem vorgeschichtlichen Stoff ging es nicht ohne Statisten ab, die als Kriegsmänner böser Mächte den Helden Azur zu bedrängen hatten. Junge Leute gingen gern in die Statisterie, weil es Spaß machte, auf der Bühne zu stehen und weil es auch ein paar Groschen gab. Mit ihnen mußte geprobt werden.

Am Vormittag erklärte der Sänger Vio, der die Titelpartie sang, dem neben ihm stehenden Statisten, daß er ihn abends mit dem Dolch scheinbar erstechen werde und daß der junge Mann danach links in die Kulissen zu taumeln habe. Alles klar. Abends bei der Premiere ergab es sich durch einen Irrtum beim Aufmarschieren, daß ein anderer junger Helfer neben Vio stand. Der Sänger bemerkte die Verwechslung nicht. Als er dem Krieger neben sich das Theatermesser in die Brust rammte, blieb der junge Mann verdattert stehen — er hatte ja die Szene nicht geprobt. Trotz Azurs Stoß kippte er nicht, wie erwartet, aus den Sandalen (Sandalen mußten sein, getreu dem ungeschriebenen Theatergesetz von damals: „Vor Christi Geburt Sandalen, nach Christi Geburt Ritterstiefel").

„So fall er doch endlich!" zischte der Sänger. Der brave Bursche verstand nicht, was zu tun sei. „Herr Vio, ick bün nich de rechte", meinte er mit großen Augen. „Verdammter Kerl! Er soll umfallen!" sagte der Sänger erbost und in Angst davor, die Szene zu schmeißen. Der gute Junge wurde auch böse: „Herr Vio, sin se doch vernünftig, ick bin ja nich de rechte — der Smalfeld, der steiht op de annere Kant!"

Was tun? Vio packte den Widerspenstigen am Kragen und warf ihn entschlossen in die Kulissen. „Du bist tot, und zwar sofort", rief er ihm hinterher. Der Anführer der Statisten, ein Mann mit Erfahrung, sah die Panne und feuerte seine Krieger zu mächtigem Kampfgetümmel an. Da klirrten die Schwerter, da wackelten die Helme, und nur einige wenige im Publikum stellten fest, daß auch ein Trauerspiel mal fröhliche Momente haben kann.

Erinnerung verklärt immer ein bißchen. Jedenfalls schrieb der Schauspieler und spätere Direktor Hintze in einem Rückblick

umfassend: „Die Oper besonders hatte eine so bemerkenswer-
te Höhe erreicht, daß die sonst auf jedes Eigenthümliche so
stolzen Hamburger selbst bei ihren häufigen Besuchen in
Lübeck der Unsrigen ohne Bedenken den Vorzug vor der Ihri-
gen einräumten." Das las man in Lübeck gern.

Een Tuut — un Sie fliegen raus

Den seltenen Fall, daß Schauspieler die Art ihres Sprechens auf
einen Besucher des Theaters abstellen — in Lübeck hat es ihn
gegeben. „Heute etwas lauter, Tante Ida ist da!", hieß es ver-
ständnisvoll und respektlos gleichermaßen. Gemeint war Ida
Boy-Ed. Sie war erstens bei den Schauspielern beliebt, weil sie
das Theater liebte, zweitens war sie die Tochter des Zeitungsverlegers Christian Marquard Ed, der in den ersten Jahrzehnten des Jahrhunderts die „Eisenbahn-Zeitung" herausgab (Vor-
gängerin des „Lübecker Generalanzeigers", Vorvorgängerin
der heutigen „Lübecker Nachrichten"), drittens schrieb sie
sachkundig und in geschliffenem Stil der Berliner Schule die
Theaterkritiken, viertens gehörte sie an die Spitze der Gesellschaft der Stadt — und fünftens war sie schwerhörig.

Sie soll kurz charakterisiert werden — ein Stück Lübeck der Zeit,
die man gern die gute alte nennt. Am 17. April 1852 in Bergedorf
geboren, kam Ida 1865 nach Lübeck, zehn Jahre vor Thomas
Manns Geburt. Ihr Vater, der schwedischen Familie von Edman
entstammend, hatte die von ihm gegründete „Eisenbahn-Zeitung" von Bergedorf, das damals noch teilweise zu Lübeck gehörte, in die Hansestadt verlegt; Große Petersgrube 29. Er war
ein freisinnig-aufgeklärter, literarisch interessierter Mann, der
seinem Blatt nicht nur manchen guten Leitartikel, sondern
gern auch den Fortsetzungsroman schrieb.

Tochter Ida, die sich schriftstellerisch versucht hatte, heiratete
achtzehnjährig überstürzt den Kaufmann Carl Johann Boy. In
schneller Folge kamen vier Kinder, da war an eine sie geistig be-
schäftigende Tätigkeit nicht mehr zu denken. Ihr sieben Jahre
älterer Mann litt an den Folgen einer Kopfoperation in der Kindheit, verstand die Ambitionen seiner Frau überhaupt nicht und
verbot ihr, überhaupt zu schreiben.

Ida Boy-Ed war 26, als sie ihre nach außen so stolze Existenz
hinwarf. Sie gab die drei jüngeren Kinder in die Obhut ihrer
Schwester und floh mit ihrem ältesten Sohn nach Berlin. Eine
Aussteigerin, 1878 in Lübeck — der Skandal ist nur zu erahnen.
Die mutige junge Frau war Stadtgespräch. In Berlin fand sie An-
schluß an literarische Kreise. Rudolf Mosse, der Verleger des
„Berliner Tageblatts", wies ihr die Wege, und im Ungang mit den

gewieften Berliner Feuilletonredakteuren bekam sie Einblicke ins Handwerk des Schreibens. Sie fand in Berlin, was Lübeck ihr nicht geben konnte.

Eine Verwandelte kehrte zurück. Zwar hatte es die Familie Boy geschafft, sie nach Jahren zur Heimkehr zu zwingen, indem sie drohte, ihr den geliebten Sohn zu nehmen. Sie gab auf. Aber es war eine andere, die aus Berlin kam, eine Emanzipierte, eine, die sich befreit hatte. Ida Boy-Ed nahm sich die Freiheit, ihr seelisches Recht zu behaupten und sich künstlerisch zu betätigen. Sie schrieb Romane, die in den Wochenblättern mit Erfolg gedruckt wurden (u.a. „Ein königlicher Kaufmann", eine „Buddenbrooks"-Vorstufe), sie versammelte junge Künstler um sich, ermutigte sie, förderte Begabungen. Der junge Hermann Abendroth gehörte zu ihrem Kreis; der Bildhauer Fritz Behn war ständiger Gast im Hause der schönen, hochgewachsenen Frau; die Größe von Thomas Mann hatte sie als erste erkannt, und sie war lange die einzige in Lübeck, die dessen „Buddenbrooks" öffentlich lobte; herzliche Freundschaft verband sie mit Carl Erb, dem ersten großen Tenor des Theaters an der Beckergrube, dem Lübecker Lohengrin der Eröffnungspremiere.

Verständlich, daß sich die Schauspieler auf lauteres Sprechen einstellten, wenn Ida Boy-Ed kam. Erstens wollten sie der inzwischen zur stattlichen Fünfzigerin herangereiften Dame den Theaterbesuch erfreulich machen — und zweitens wollten sie von der Kritikerin Ida Boy-Ed im doppelten Wortsinn verstanden werden. So war das mit dem Theater damals. Man kannte sich, man schätzte sich, man verstand einander, wirklich. Man befaßte sich auch fröhlich mit Geschehnissen und Persönlichkeiten der Stadt. Da öffnet sich eine Theaterwelt, die einem heute märchenhaft vorkommt.

In der Moislinger Allee gab es ein Vergnügungstheater, das Hansa-Theater. Der Schauspieler, Regisseur und Theaterdichter Ernst Albert war Intendant — ein Entertainer, würde man heute zu so einem Allround-Talent sagen. Man sprach natürlich in Lübeck über Dame Ida und ihre mehreren jungen Freunde von Mann bis Erb, vielleicht wohlwollend, vielleicht auch mit allerlei Hintergedanken. Da Theaterdirektor Albert, der übrigens stets mit Zylinder durch die Stadt ging, derlei Gerüchte nur zu gern aufgriff, vor allem dann, wenn sie der erotischen Phantasie freien Raum gewährten, schrieb er flink eine Posse und gab ihr den Titel „Die Erbtante". 1909 war die Premiere; ein edler Klassiker war das gewiß nicht. Die Lübecker aber verstanden die Anspielung, Albert hatte wochenlang ein volles Haus, man schmunzelte, und wer sich von der guten Gesellschaft aus Gründen der Reputation nicht selbst ins Hansa-Theater traute, ließ sich doch von den Dienstboten ausführlich berichten. Theater auf der Stadtspur, schnell, pfiffig, amüsant — eigentlich waren das schöne Zeiten. Was könnte ein Ernst Albert heutzutage alles schreiben...

„Etwas lauter, Tante Ida ist da" — die Schauspieler an der Bek-kergrube nahmen Rücksicht auf Ida Boy-Ed. Die große Dame saß stets in der ersten Reihe, lehnte aber Hörhilfen ab. Wenn sie in die Marienkirche ging, um karfreitags die Matthäus-Passion zu hören, war das anders. Reizende Geschichte zum Abschluß des Ida Boy-Ed-Kapitels. Sie ging festen Schrittes und voller Er-wartung auf Bachs herrliche Musik durch die Tür an der Seite von St. Marien und hielt ihr respektables Hörrohr unterm Arm. Der Pförtner, ein schlichter Mann, kannte sie nicht, beäugte das gebogene Instrument, bekam Bedenken und meinte vorsichts-halber: „Dat will ick Sie seggen, liebe Froo — een Tut, un Sie fliegen raus!"

Furtwängler mit Bach im Kopf

Die h-Moll-Ouvertüre (BWV 1967) stand auf dem Programm, mit dem sich der junge Wilhelm Furtwängler nach vier Lübecker Jahren im April 1915 verabschieden wollte. Eine Orchestersuite von barockem Glanz, mit einem kunstvollen französischen Ou-vertürenauftakt und einer gewichtigen, beinahe feierlichen Fu-ge inmitten. Das schlägt ein Dirigent nicht nur so herunter. Das will geübt sein.

Mit Bach im Kopf schritt der schlanke, hochgewachsene Diri-gent die Königstraße entlang, fröhlich und in der Erwartung, bei den Lübeckern vor seinem Weggang nach Mannheim noch ein-mal auf Zustimmung zu stoßen — bis ihn ein ebenso großer, aber zwanzig Jahre älterer Stadtpolizist mit langen Schritten von hinten überholte und ihn zum Stehenbleiben aufforderte. Was er denn da mache, wollte der Hüter der Ordnung wissen. Warum er denn die Aufmerksamkeit aller Passanten durch sei-ne merkwürdige Straßengymnastik auf sich lenke.

Es dauerte eine Weile, bis Furtwängler dem Polizisten klarma-chen konnte, daß er in Kopf und Körper ganz gesund sei und nicht etwa Frühsport auf der Straße betreibe, sondern daß er, als Dirigent nämlich, schon mal die Ouvertüre aus der Suite von Bach schlage. Überzeugen konnte er den Polizeimann nicht. Aber als er versprach, das Dirigieren beim Spaziergang durch die Stadt zu unterlassen, durfte er weiterwandern. Die Blicke des Polizisten und ein leichtes Hin und Her des Kopfes folgten ihm lange.

Gut, daß sie so wachsam sind, die Stadtpolizisten. Das konnte auch der Maler Edvard Munch erleben. Er war bei seinem Mä-zen und Freund Dr. Linde zu Besuch und ging allein durch die Stadt, immer auf der Suche nach Motiven. Auf der Mühlenbrük-ke blieb er lange stehen, schaute versonnen aufs Wasser des Mühlenteichs und auf das grüne Ufer vor der Wallstraße. Ein

Polizist beobachtete ihn aus einiger Entfernung, schritt dann auf ihn zu und forderte ihn auf, erst von der Brücke herunterzugehen und sich dann zu legitimieren — er nahm an, der Fremde wolle sich in selbstmörderischer Absicht ins Wasser stürzen. Daß er als Maler von dem Wassermotiv begeistert sei, konnte Munch dem Wachmann nicht begreiflich machen. Munch wurde mit zur Wache genommen und mußte warten, bis Dr. Linde kam und ihn auslöste.

Mai auf dem Markt zur Mitternacht

Wenn der schöne Monat Mai ins Land kommt, schlagen nicht nur die Bäume aus, sondern auch die Meinungen darüber aufeinander, wo der Lübecker Poet Emanuel Geibel (1815-1884) sein berühmtes Gedicht mit dem Titel „Wanderschaft" geschrieben habe. Es ist im Garten der beliebten „Lachswehr" entstanden, sagen die einen; Unsinn, meinen die anderen, der Einfall kam ihm auf einer Wanderung ins Krempelsdorfer Landhaus der befreundeten Familie Nölting.

Jeder kennt die Verse, mit denen der Maienfreude zu poetischem Ausdruck verholfen wird:

Der Mai ist gekommen, die Bäume schlagen aus,
da bleibe, wer Lust hat, mit Sorgen zu Haus ...

Die so ins Wort gefaßte Naturverbundenheit bleibt lebendig, solange Menschen das Erwachen des Frühlings beglückt empfinden und mit Freuden die Wolken am himmlischen Zelt wandern sehen. Dreißig Vertonungen davon sind bekannt; die erste, unnachahmlich schwungvoll von dem aus Osnabrück stammenden komponierenden Pastor Julius Wilhelm Lyra (1822-1882) geschrieben, ist von keiner verdrängt worden.

Uns geht es nicht so sehr um Geibel, sondern um seinen Enkel Jürgen. Geibels einzige Tochter Marie hatte den ehrgeizigen Rechtsanwalt Ferdinand Fehling geheiratet; der alte Herr Geibel hatte die Freude, mehrere Enkelchen aufwachsen zu sehen. Es war ihm aber nicht vergönnt, den begabtesten Enkelsohn noch zu erleben. Als eben dieser Jürgen, der siebente Sohn des Paares Fehling, am 1. März 1885 in Lübeck das Licht der Welt erblickte, lag der Dichter (gestorben am 6. April 1884) schon fast ein Jahr auf dem Burgtorfriedhof.

Aus dem „kleinen Jürgi", wie ihn die Mutter nannte, ist der große, wichtige, schwergewichtige Regisseur Jürgen Fehling geworden, der bedeutendste Theatermann der Hansestadt. Daß er schon als Zehnjähriger dem Theater schöpferisch verbunden war, zeigt ein erhaltenes Schulheft mit einem Stück von elf Akten, das er für sein Puppentheater geschrieben hat; seine Mutter konnte es aufbewahren. Was mag sich der junge Dramatiker gedacht haben, als er im ersten Akt seiner Hauptfigur, „Kilian, ein Bauer", diesen herrlichen Satz zudachte: „Komm, liebes Weib, laß uns in den Wald gehen und die Ehe brechen ..."

Jürgen Fehling hat in über hundert Inszenierungen das Berliner Theaterleben zwischen 1919 und 1952 mitbestimmt und von Barlach bis Shakespeare in phantasievoller Kühnheit den Protest der Menschen gegen die Unvollkommenheit der Welt beschworen.

Als er 75 geworden war, bat die Stadt Lübeck zu einem festlichen Essen in den Ratskeller, und dort hielt Jürgen Fehling eine Tischrede von so persönlicher Art, daß sie hier einmal in voller Länge wiedergegeben werden soll — zumal sie zeigt, daß Lübeck die imaginierende Kraft für den schöpferischen Theatermenschen war. In der Abendstunde des 16. März 1960 sagte Fehling sein Lübeck-Bekenntnis mit der Stimme des Mannes, der zeitlebens mit der Sprache der Dichtung umging:

„Ich verdanke meiner Vaterstadt das Entscheidende meiner Kunst. Ich habe Shakespeare und Schiller und die großen Griechen erlebt — im Bilde Lübecks. Ich war mein Leben lang stolz auf das schöne Lübeck, dessen Kirchen mich segneten und alarmierten. Ich habe Barlach gemacht aus meinem Lübeck heraus. Mein Falstaff ist aus Lübeck, meine Räuber stammen aus dem Lauerholz. Die großen schwarzroten Ziegelsteine der Hanse sind mein Gestein. Das Glockengeläut unserer Kirchen war mir die süßeste Musik. Die Buxtehude-Orgel von St. Marien war die mächtigste Dominante. Wenn ich in Klopstocks Oden vielleicht die merkwürdigsten Töne der mir innewohnenden Musik hörte, wenn nichts in dieser Welt mich erschüttert wie ‚Ach bleib mit Deiner Gnade' oder ‚O Haupt voll Blut und Wunden', so ist das alles — Lübische Heraldik. Der Mensch kommt nie über seine Kindheit hinaus.

Die Silvestergottesdienste in der Marienkirche bildeten meinen Geist, und wenn ich einen seltsamen Jugendweg durchlief — von der Theologie übers Referendarexamen schließlich hin zu Dante, Euripides, Schiller, Shakespeare, Lenz, Kleist, Büchner, Grabbe und Hebbel — so ist das alles Lübeck in mir.

Gönnen Sie mir freundlich dieses späte Liebesbekenntnis. Es ist mein heißer Wunsch: Lübeck möge noch lange bestehen. Der unvergleichlich adlige und elegante Turm der Jakobikirche, der seinen großen Schatten über mein Elternhaus — Königstraße 9 — warf, möge noch lange stehen! Ich trinke — herzlich dankbar — auf Lübeck, das uns alle geheimnisvoll eint."

Die Tischrunde im Ratskeller spürte, daß dies eine beglückende und festliche Stunde war, für Jürgen Fehling und für Lübeck. Glück gibt Gefährten. Es war für alle ein Erlebnis.

Daran schließt ein Erlebnis an, an dem der aus Lübeck stammende Schauspieler Günther Lüders in München beteiligt war und über das er unter Theaterfreunden seiner Vaterstadt berichtet hat.

München, eine alte Weinstube in Schwabing. Jürgen Fehling saß mit Kollegen, Schauspielerinnen und Schauspielern und ein paar Künstlerfreunden zusammen, und da der 1. Mai bevorstand, sagte er in der Runde, daß das wohl bekannteste Mailied von seinem Großvater Geibel stamme. Ob er es denn auswendig könne, fragte einer. Fehling erhob sich, reckte sich und fing mit seinem kraftvollen Bariton an, die Verse aufzusagen. „Wanderschaft" — er sprach das Maiengedicht, als gelte es, einer Ode von Klopstock zu rhetorischem Glanz zu verhelfen. Großer Sprachgestus.

„Frisch auf denn, frisch auf denn in hellem Sonnenstrahl, wohl über die Berge, wohl durch das tiefe Tal ..."

Längst waren alle still im Weinlokal, alle lauschten, viele waren ergriffen. Fehlings Stimme ließ den Frühling mit Geibels Versen zum hellen Klang werden. Als am Ende des Gedichts mit leiser werdender Stimme Herr Vater und Frau Mutter dankbar geehrt wurden — „daß Gott Euch behüt" — , folgte ein langes Schweigen der bisher so redseligen Runde. Günther Lüders meinte bemerkt zu haben, daß sich die eine oder der andere versteckt über die Augen gewischt habe.

Auftritt Fehling. Da hat ein großer Theatermann einmal sich selbst inszeniert.

Festlich, feierlich, dabei auch von jener Fröhlichkeit, wie sie unter Freunden und guten Kollegen lebt, waren die Nächte zum 1. Mai in Lübeck — vor 1933, ehe der erste Maientag zu großen „Aufmärschen", wie das damals hieß, umfunktioniert wurde.

Ältere Lübecker erinnern sich, daß es am Markt eine kleine Künstlerkneipe gab, die „Eule". Dicht gedrängt hockten oder standen Schauspielerinnen und Schauspieler, Sängerinnen und Sänger in lebhaften Gesprächen beieinander, und auf einer anderen Seite des Lokals saßen die Verehrer der Theaterkunst, Ärzte darunter, Anwälte, Kaufleute, mitunter dabei der Reichstagsabgeordnete Dr. Julius Leber, der das Theater liebte. Stets am 30. April war der Raum bis zum Platzen gefüllt. Immer wieder schauten die Theaterleute zur Tür. Nun mußte er eigentlich kommen, der Erwartete — Jürgen Fehling. Endlich. Große Begrüßung. Unter den Künstlern nahm er Platz. Er war mit dem D-Zug aus Berlin gekommen, 19.20 Uhr Abfahrt, kurz vor 22 Uhr Ankunft in Lübeck.

Als die Glocken von St. Marien zwölfmal geschlagen hatten, traten Fehling und viele Freunde auf den Markt. Hans-Peter Mainsberg, der sangesfrohe Bassist des Theaters, gab mit der Laute den Ton, und dann sangen alle ebenso schön wie laut „Der Mai ist gekommen ..."

Mit dem ersten Zug frühmorgens fuhr Jürgen Fehling von Lübeck nach Berlin zurück.

Albert-Rosen und Zylinder

Hofschauspieler Ernst Albert (1865-1936) war einer der bunten Vögel im grauen Alltag. Den Titel hatte er sich aus irgendeiner kleinen Residenz nach Lübeck mitgebracht, da sah man nicht so genau hin. Er putzte ungemein; auch Republikaner hatten es ganz gern, einen Hofschauspieler am Theater zu haben. 27 Spielzeiten war Albert in der Beckergrube präsent, 27 Jahre wurde er umschwärmt.

Er leitete nebenbei das Hansa-Theater — das war damals möglich.

Die Eröffnung des Hauses am 1. Oktober 1908 erlebte er aktiv mit — in Schillers „Demetrius"-Fragment spielte er den Woiwoden von Sendomir (Ernst Stahl-Nachbaur hatte die Titelrolle, Lina Anthes spielte des Woiwoden Tochter Marina, Intendanzrat Kurtscholz inszenierte). Als Ernst Albert 1935 siebzig wurde, schenkte ihm Intendant Bürkner eine Wunschrolle. Was suchte sich der Komödiant aus? Keine Frage — den Striese im „Raub der Sabinerinnen". Es wurde monatelang gespielt.

Ältere Besucher erinnern sich an Albert, wenn das Wort Zylindermann genannt wird. Er trug stets einen schwarzen Zylinder, den er auch nicht abnahm, wenn er auf Schmetterlingsjagd ins Lauerholz ging. Marotte, dachte man. Daß er ein Gelübde erfüllte, wußte kaum jemand in der Stadt.

Ernst Albert hatte sich in seiner Sturm- und Drangzeit den von Bismarck geduckten Sozialisten angeschlossen. Nach einer unerlaubten Demonstration wurde er mit seiner studentischen Gruppe verfolgt. Sie wollten in die Schweiz fliehen. In Lindau am Bodensee gab es eine strenge Kontrolle. Der junge Albert vertraute sich einem Schornsteinfegermeister an, und der nahm ihn als Gehilfen mit Zylinder und Fegeleine mit aufs Schiff über den See. Albert hatte gut Maske gemacht — er kam rußig, aber glücklich nach Rohrschach. Die Fahrgäste des Dampfers werden erstaunt geschaut haben, als auf Schweizer Boden ein junger Schornsteinfeger plötzlich hinkniete. Ernst Albert gelobte, fortan nur noch Zylinder zu tragen.

Dabei blieb er lebenslang. Manche Lübecker Kaufleute überließen dem geschätzten Mimen ihre hohen Hüte, wenn sie sich neue anschafften. Er antwortete gereimt, wenn er gefragt wurde, ob es denn nicht zu teuer sei, immer die nicht eben billigen Zylinder aufzusetzen:

„Ich trag' doch nur zwei Sorten,
die geschenkten und die geschnorrten!"

Die Bürger fanden ihren Zylindermann immer liebenswert. Wenn Ernst Albert — es gab noch die Straßenbahn — ins Naturkundliche Museum wollte, um die Schmetterlinge zu besichtigen, legte er seinen Zylinder auf die Schienen. Die Straßenbahnfahrer wußten Bescheid: Albert möchte mit. Man hielt, der Mime stieg ein, begrüßte Fahrer und Fahrgäste und durfte für die kleine Vorstellung umsonst mit. Gute alte Zeit.

Auf Zeichen der Verehrung dankte er auf seine Weise. Eine Lübeckerin erinnerte sich in reiferem Alter an Begegnungen mit dem Künstler. Albert liebte Blumen, die damals junge Dame auch. In der Pfaffenstraße war ein kleines Blumengeschäft, das seine bunten Angebote auf dem Bürgersteig vorstellte. Albert schaute sich im Frühling gern die Blumen an, das junge Mädchen schaute sich gern den Schauspieler an. Der erkannte die Blicke der Bewunderung, ging in den Laden, kam mit einer einzelnen Rose heraus und überreichte sie seiner hübschen Verehrerin mit Verbeugung. Das kleine Stück Straßentheater wiederholte sich mehrmals, die junge Dame trug eine „Albert-Rose" nach der anderen ins Kämmerchen.

Als sie im Herbst wieder einmal im Geschäft war, bat sie der Blumenhändler höflich darum, endlich die Rosen des Sommers zu bezahlen. Staunende Augen. Die Rosen hatte ihr doch der Künstler einen Sommer lang überreicht, nachdem er vorher stets selbst eine Nase voll Duft genommen hatte. Der Händler lächelte mild. „Ernst Albert", sagte er nur und zuckte mit den Schultern. Der Blumenmann machte ihr einen Sonderpreis für die „Albert-Rosen".

Böse sein konnte sie ihm nicht. So war das halt damals zwischen Theaterleuten und Publikum.

Wenn Bassermann erschüttert ist

„Bei festlich erleuchtetem Hause" — so stand es stets wie eine traditionelle Zauberformel im „Generalanzeiger", wenn ein Gast nach Lübeck kam. Festbeleuchtung war die Ausnahme. Da immer schon gespart werden mußte, durften an normalen Theaterabenden nur die kleinen Lampen Licht ins Große Haus geben. Auch der Kronleuchter strahlte nur aus besonderem Anlaß.

Einen Anlaß fürs festlich erleuchtete Haus gab das Gastspiel von Albert Bassermann. 1929 oder 1930 spielte er in der hauseigenen Inszenierung von Schillers „Don Carlos" an nur einem Abend den spanischen König Philipp II. — es war damals üblich, daß die ganz Großen anreisten, um in einer wichtigen Rolle zu glänzen. Solche Gala-Abende gibt es heute nur noch in der Oper.

Bassermann, damals knapp über sechzig, konnte an der Seite von Elisabeth Bergner 1928 in „Fräulein Else" einen Filmerfolg feiern und war deshalb vielen ein Begriff. Bassermann kommt — die Karten für das Ereignis waren lange vorher ausverkauft. „Man sah Lübecker, die man sonst nicht im Theater sieht", stand später in der Zeitung. Snobs sahen das Ereignis überheblich etwa so: „Bassermann wollen wir erleben, da nehmen wir halt auch die Lübecker Schauspieler in Kauf."

Die echten Theaterbegeisterten hatten sich die Ankunftszeit des Zuges aus Berlin besorgt und standen „am Perron", um den

Künstler aussteigen zu sehen. Er kam in Gehpelz und Zylinder, wurde vom Regisseur und einigen Kollegen empfangen, stieg vor dem Bahnhof in eine Pferdedroschke — und ließ sich zu Niederegger fahren. Dort war ein Tisch reserviert. Ein paar Enthusiasten hatten das Glück, im selben Raum mit dem Verehrten den Kaffee nehmen zu können. So war das mit der Begeisterung vor sechs, sieben Jahrzehnten.

Danach ging es erst ins Hotel „Stadt Hamburg" und anschließend über die Breite Straße ins Theater zur nachmittäglichen Verständigungsprobe mit dem Lübecker Ensemble. Der Schauspieler Egon Günther war dabei und hat in Freundeskreisen darüber berichtet.

Albert Bassermann begrüßte nicht nur die Kolleginnen und Kollegen mit Handschlag, sondern gab auch jedem Bühnenarbeiter die Hand — mit der Bitte um Entschuldigung, daß er ihnen zusätzliche Arbeit zumute. Sprechprobe „Don Carlos", Bassermanns Wünsche wurden selbstverständlich beachtet. Er arbeitete mit Präzision. Dem Darsteller des Grafen von Lerma erklärte er eine bestimmte Szene: „Ich sehe Sie etwas länger an, lieber Herr Kollege, denn ich bin da ganz erschüttert, und ich bitte Sie, nicht gleich weiterzusprechen. Hier kommt Applaus. Ihr Text soll bitte erst dann weitergehen, wenn ich Ihnen fürs Publikum unmerklich mit dem linken Auge zuzwinkere." Lerma stutzte — Applaus hatte es da doch noch nie gegeben.

Er hielt sich an die Anweisung, sprach abends in der Vorstellung an der Stelle wirklich nicht weiter, hätte es auch nicht gekonnt, denn der Applaus brach genau so los, wie Bassermann ihn eingeplant hatte.

Unter Lübecker Theaterleuten wurde Bassermanns außerordentliche Genauigkeit im Umgang mit den Gefühlen des Publikums noch lange bewundernd besprochen; der Ifflandring, meinte man, sei kurz zuvor dem richtigen Mann verliehen worden. In der Zeitung stand zwei Tage nach dem Gastspiel ein Hymnus. Sie wurde Bassermann per Expreß nachgeschickt. Da las er dann auch den schönen Satz: „Bei festlich erleuchtetem Hause ..."

Die Not von Fünfhausen

„Das war eine köstliche Zeit", singt Hans Stadinger mit gefühlvollem Baß und sehnsuchtsvollem Rückblick in Lortzings „Waffenschmied". Waren die alten Zeiten wirklich immer köstlich? Liest man die folgende Lübecker Theatergeschichte, muß man doch sehr an der Berechtigung der volksliedhaften Weisheit zweifeln.

1921. Die Theaterfreunde wollten zu gern neben dem Theater in der Beckergrube eine kleine Bühne für intimere Stücke haben. Wo ein Wille ist, da findet sich ein Weg, und der führte in die Straße mit dem einprägsamen Namen Fünfhausen, von der Beckergrube nur um die Ecke Richtung Mengstraße. Theaterbesucher heute kennen sie gut, weil sie in Fünfhausen zu ermäßigter Gebühr parken können.

Dort bestand in den zwanziger Jahren ein kleines Varieté mit dem theaternahen Namen „Fledermaus", das zum Studio des Stadttheaters umfunktioniert wurde. Am 16. März 1921 wurden die „Kammerspiele am Fünfhausen", wie die Spielstätte großzügig genannt wurde, mit dem Schauspiel „Flamme" von Hans Müller eröffnet. Rolf v. Lossow führte Regie.

Alles ganz schön — häßlich war nur, daß die kleine Bühne keinen eigenen Eingang hatte; Umkleideräume für die auftretenden Damen und Herren gab es auch nicht. Was tun? Die Schauspielerinnen und Schauspieler mußten in den Garderoben der Beckergrube ihre Kostüme anlegen, zogen ihre Mäntel darüber und gingen geschminkt und geschniegelt über die Straße und unten linksherum in die Fünfhausener „Fledermaus", in ihre „Kammerspiele am Fünfhausen". Stets standen junge Enthusiasten am Theaterausgang Beckergrube, um die vorbeihuschenden Theaterleute zu bestaunen — so war das damals.

Die Akteure hasteten stets sehr früh ins kleine Theater, denn wenn das Publikum kam, mußten sie schon hinter der Bühne harren — es gab eben nur einen Eingang.

Man kann ruhig darüber sprechen, daß den Künstlern zugemutet wurde, die Vorstellungen dort durchzuhalten, ohne eine Toilette benutzen zu können. Allein der Gedanke daran ist heutzutage absurd. Für dringende Angelegenheiten stand immerhin ein ausrangierter großer Marmeladeneimer aus Schwartau bereit, in dem einst Pflaumenmus oder Apfelgelee transportiert worden sein mag. Schwierig, wenn die Not gerade in der Pause groß wurde. Wer immer sich mit dem Eimer behelfen mußte, ob junge Liebhaberin oder komische Alte, konnte kaum vermeiden, daß ein plätscherndes Geräusch in den ja so nahen Zuschauerraum drang.

Ernst Günther, in jenen Jahren als Komiker beliebt und wie jeder gute Komiker voller Einfälle, setzte sich in solchen Augenblicken ans Klavier an der Seite der Bühne und übertönte die Töne der Tonne. Daß ihm dabei stets eine witzige Melodie in die Hände kam, läßt sich denken, und man kann erahnen, was es war. Man kennt sie noch heute. Der Refrain heißt „ ...aus dem kleinen Henkeltöppchen".

Die Kundigen im Publikum applaudierten stets lachend. Das war eine köstliche Zeit. Wirklich?

Vier Jahre wurde in Fünfhausen gespielt, die interessanten, geistig lebendigen frühen Zwanziger. Der Wunsch nach „ordentlichen" Kammerspielen wurde immer stärker, und so wurden nach den vier Fünfhausener Jahren mit „Sechs Personen suchen einen Autor" von Luigi Pirandello im Januar 1925 im Marmorsaal an der Beckergrube die „Kammerspiele" eröffnet, die in ihrer neuen Form unter Einbeziehung des Jugendstils auch den Theaterbesuchern wieder komödiantische Freude und intellektuelle Erlebnisse bieten.

Immer nur lächeln

Ein Ruf wie Donnerhall ging dem österreichischen Sänger Richard Tauber voraus. Die Stimmfetischisten waren voller Erwartung, die Sängerinnen und Sänger des Lübecker Hauses freuten sich, mit dem berühmten Tenor zusammen auf der Bühne stehen zu können. „Tauber kommt!" — da freuten sich viele, und viele waren stolz auf ihr Theater. Als der Kartenverkauf begann, wartete eine Menschenschlange die Beckergrube hoch bis zur Breiten Straße darauf, noch Plätze zu erwischen. „Das Land des Lächelns" sollte zum Rahmen für den Verehrten werden.

Tauber war damals zwischen Berlin, München und Wien ständig unterwegs und wurde in den großen Städten fürstlich gefeiert. Er konnte mit seinem kontrollierten langen Atem sein Publikum verzaubern, gerade in den reizvoll fernöstlich kolorierten berühmten Sou-Chong-Arien „Von Apfelblüten einen Kranz" oder „Dein ist mein ganzes Herz".

Einmaliges Gastspiel. Der Gefeierte übernahm für einen Gala-Abend die Partie des Prinzen Sou-Chong in Franz Lehárs opernnahem „Land des Lächelns". Tauber stellte nicht nur seine Stimme aus, sondern wollte auch als Sängerdarsteller glänzen. Er gastierte nie ohne vorherige Verständigungsprobe. Um zehn Uhr vormittags war die Probe angesetzt. Georg Rehkämper, ein langjähriges Ensemblemitglied, war dabei und hat die Geschichte später unter Freunden gern erzählt.

Tauber war überpünktlich zehn vor zehn im Hause, wurde von den Kolleginnen und Kollegen mit Applaus empfangen und begrüßte das Ensemble. Er war ein Theaterarbeiter. Um zehn blickte er auf seine Taschenuhr und meinte: „Wir wollen doch bitte anfangen!" Alles ging auf die vorgezeichneten Plätze, 1. Akt, Salon bei Ferdinand Graf von Lichtenfels in Wien ...

Plötzlich huscht eine Chordame mit etwa fünfminütiger Verspätung in die Szene. Tauber blickt sie verärgert an. „Entschuldige bitte, Richard", sagt sie. Das Ensemble horcht auf. Richard? Aha, soso, naja. Verstohlene Blicke.

Da sagt Tauber den Satz, über den man im Theater und in theaternahen Gesellschaftskreisen der Stadt noch lange leise lächeln wird: „Wenn ich Ihnen schon das Vergnügen bereite, mein Fräulein, mit mir ins Bett zu gehen, bedeutet das noch lange nicht, daß Sie auch nur eine Minute zu spät kommen dürfen!" Die Probe geht weiter, und nicht nur die Chordame mit dem roten Kopf erkennt in Taubers schönem Solo eine Aufforderung: „Immer nur lächeln ..."

Ein Engagement per Telefon

Eine Theatergeschichte aus seligen Zeiten, Lübeck 1925. Intendant Dr. Thur Himmighofen war, ehe er sein Amt in der Beckergrube antrat, Oberspielleiter im Stadttheater Dortmund. Die Theatersekretärin dort hieß Frieda Benkhoff, eine ehrgeizige junge Dame. Als feststand, daß Himmighofen nach Lübeck wechseln würde, faßte sie sich ein Herz — sie wolle nicht mehr die Gagen der Schauspielerinnen ausrechnen, sondern selbst Schauspielerin werden.

"Nehmen Sie Unterricht", sagte der Schauspielchef und schaute sie prüfend an, „warum eigentlich nicht? Gehen Sie zu einem älteren Kollegen, um Sprechtechnik, Aussprache und richtiges Atmen zu lernen und um Rollen zu studieren — und wenn Sie meinen, daß Sie soweit sind, kommen Sie nach Lübeck, da will ich Sie mir mal anhören."

Frieda arbeitete weiter als Sekretärin, lernte nebenbei Rollen, nahm Unterricht und nutzte jede Gelegenheit, um die Schauspielerinnen in der Praxis zu beobachten. Als sie sich sicher fühlte, rief sie in der Lübecker Intendanz an und bat, Herrn Dr. Himmighofen sprechen zu dürfen, sie kenne ihn von Dortmund her. Sie wurde durchgestellt. Er wußte gleich Bescheid, ach ja, die Sekretärin, die Schauspielerin werden wollte. Sie erzählte, daß sie seinen Rat angenommen und gelernt hätte, und ob sie nun nach Lübeck kommen dürfe, um ihm vorzusprechen.

Himmighofen überlegte ein paar Sekunden. „Sprechen Sie mir gleich am Telefon ein paar Rollen vor, Fräulein Frieda", sagte er. Die junge Dame nahm allen Mut zusammen und legte los, sprach alles, was sie einstudiert hatte, mal leise, mal mit großem Ton, mal zärtlich, mal mit Leidenschaft ...

„Sehr gut!" unterbrach der Intendant. „Ausgezeichnet sogar. Lassen Sie mich überlegen ..." Pause. Dann kam Himmighofens Stimme in Dortmund an: „Fräulein Benkhoff, Sie sind engagiert!" Sie kam nach Lübeck, sah sich um und siegte. Sie kletterte in drei Spielzeiten ins Fach der guten Rollen hoch.

Gretchen, Solveig, Johanna, das war sie, wie sich das gehört; aber sie holte sich auch als Schlange in Shaws „Methusalem" Applaus. Von ihrer Lulu in Wedekinds „Erdgeist" (Premiere 27. Mai 1926) sprach Lübeck, teils verzückt, teils verschreckt: „Sie ward geschaffen, Unheil anzustiften,/ zu locken, zu verführen, zu vergiften — ,/ zu morden, ohne daß es einer spürt" (Prolog). Manchen Theaterbesuchern ist ihre feurige Bertha von Bruneck in „Wilhelm Tell" (Premiere 4. Mai 1928) noch in Erinnerung, in hübschem grünen Jagdkostüm, grünem Hut mit Feder auf dem blonden Haar stand sie da — „und frei erklär' ich alle meine Knechte". Lübeck war mal wieder Sprungbrett: Frieda Benkhoff kam über Stuttgart und Düsseldorf in die Theaterhauptstadt Berlin. Dort langte der Film nach ihr. Sie trimmte ihren Vornamen auf chic und drehte ein Lustspiel nach dem anderen. Gelegentlich ist sie in alten Schwarzweißfilmen auf dem Bildschirm zu sehen. Die schnippische Charis in Reinhold Schünzels „Amphitryon"-Film von 1934, die Frau des Merkur-Sosias (Paul Kemp), war ihre schönste Kinorolle (unvergessen ist der Amphitryon-Walzer von Franz Doelle „Hoch aus den Wolken kommt das Glück", der im Funk gelegentlich zu hören ist, wenn Professor Uwe Röhl seine Sendungen macht).
Viele kennen sie: Fita Benkhoff. Mit diesem Namen kam sie zu Ruhm. Aber niemand machte ihr den Ruhm streitig, die einzige deutsche Schauspielerin zu sein, die per Telefon vorsprach und engagiert wurde.

Emil und die Lübecker Detektive

Anfang der dreißiger Jahre bandelte das Theater mit dem Film an. Es wurde Mode, in die Spielhandlung manchmal Filmaufnahmen einzufügen: Bühne plus bewegtes Bild auf der Leinwand. Einer erinnert sich genau: Ernst Günther. Er war zwölf Jahre — „herrliche Jahre", wie er sagt — mit Schauspiel und Operette in der Beckergrube vielseitig aktiv; er lebt als alter Herr in Königstein/Taunus.
"Urlaub vom Alltag" hieß ein Singspiel (Musical, würde man heute dazu sagen); Filmszenen schmiegten sich angenehm in die Handlung (Hauptrolle: Charlotte Zinsser) — Theaterbesucher der reiferen Jahrgänge werden sich erinnern.
Eine Attraktion war Erich Kästners „Emil und die Detektive". Ins Bühnenspiel wurden gefilmte Szenen eingebaut, die des Lokalkolorits wegen in Lübeck aufgenommen worden waren. Ernst Günther hatte die Rolle des Bösewichts, der Emil das Geld klaut. Schauplatz der Geschichte ist ja eigentlich Berlin; aber die Theaterbesucher sollten über Lübeck ins Bild gesetzt werden, worüber sie sich sehr freuten. Also wurde an Ort und Stelle

gedreht. Günther kam mit der damals noch bestehenden Straßenbahn aus Schwartau, wohnte im Hotel „Stadt Hamburg" am Klingenberg, aß bei Niederegger zwei Eier im Glas und wurde, wie es die Handlung verlangt, dauernd von Schülern verfolgt — echten Lübecker Pennälern (erinnert sich jemand?). Auf der Breiten Straße wurde er als der Herr mit dem steifen Hut von den Jungen gestellt und von einem Polizisten festgenommen. Auch der Herr Wachtmeister war ein Lübecker Original, das nahezu jeder kannte.

Bei dem Ereignis war natürlich die Presse dabei; im „Lübecker Generalanzeiger" konnte man die Dreharbeiten tags darauf in Wort und Bild betrachten. Ernst Günther kann heute noch darüber lachen, daß seine Großmama, nachdem sie die Geschichte im Blatt gelesen hatte, entsetzt zu seinen Eltern lief mit der bösen Botschaft: „De Jung iss verhaftet, he hett Geld klaut!" Da war sie aber froh, als sie erfuhr, daß Emil und die Lübecker Detektive nur für den Film tätig waren.

Ernst Günther hat noch eine Erinnerung bewahrt, die mit Thomas Mann zusammenhängt und deswegen hier hergehört. In Thomas Manns Schauspiel „Fiorenza", über das an anderer Stelle berichtet wird, spielte Günther den Andruccio ("ein junger Mann von fraulichem Wesen", hieß die Rollenbezeichnung). Pater Girolamo war eine der Hauptpersonen. Die Schauspieler betonten seinen Namen auf der dritten Silbe: Girolamo. Thomas Mann, der die Generalprobe beobachtete, war verärgert. Er kannte die Italiener und erklärte bei jeder Nennung des Namens, daß er auf der zweiten Silbe zu betonen sei — „Girolamo" rief er vom Parkett her auf die Bühne. Aber eingeübt war eingeübt; nach wochenlangen Proben konnten sich manche Schauspieler nicht mehr so rasch umstellen. Als bei der Premiere einer der Akteure aufgeregt die vierte Silbe betonte — „Girolamo" — soll der Autor in seiner Loge verzweifelt zusammengebrochen sein. Nun gut, das mag übertrieben weitergegeben worden sein. Aber daß Thomas Mann in seiner distinguierten Art wenigstens die Augenbrauen hochgezogen hat, darf man schon vermuten.

Genies sind selten

Es gibt nichts Lebendigeres als eine Erinnerung (Federico Garcia Lorca). Wer das Theater liebt, weiß das, weil große Theaterabende in der Erinnerung lebendig bleiben.

Wenn sich der Schauspieler Krafft-Georg Schulze erinnert, kommt bald der Name Jürgen Fehling zur Sprache — „nach meiner Überzeugung ist der Lübecker der bedeutendste deutsche Regisseur unseres Jahrhunderts". Als Krafft-Georg die

Schauspielschule beendet hatte, durfte er in der unvergessenen Hamburger „Don Carlos"-Inszenierung von Fehling in einer kleinen Rolle mitwirken. Hans-Georg Laubenthal spielte die Titelrolle in Schillers „dramatischem Gedicht", Karl Wüstenhagen war der spanische König Philipp II., die bedeutende Partie des Marquis von Posa lag bei Werner Hinz; in Schillers edler Sprache hatte er die Menschenrechte zu verkünden („Geben Sie Gedankenfreiheit!" — immerhin 1935 von der Bühne gesprochen; das Publikum applaudierte stehend). Krafft-Georg Schulze war glücklich in der Erkenntnis, den richtigen Beruf gewählt zu haben.

Als Fehling 90 Jahre alt geworden wäre (1975), schrieb Schulze dem damaligen Posa einen Brief der Erinnerung und schilderte ihm den großen Eindruck, den die Fehling-Inszenierung auf ihn gemacht hatte. Werner Hinz antwortete und schrieb dem „sehr geehrten Herrn Kollegen Schulze", daß er sich über „einen so schönen Brief" sehr gefreut habe und dankte ihm dafür, daß er über vier Jahrzehnte hinweg diesen so seltenen Theaterabend lebendig bewahrt hatte.

„Genies sind selten" — so faßte Werner Hinz seine Erinnerung an die Arbeit mit Fehling zusammen, und fügte hinzu, daß er oft und mit großer Dankbarkeit „an den großen Sohn Ihrer Stadt" denke.

Es gibt nichts Lebendigeres als eine Erinnerung.

Schwarzer Jahrmarkt — goldner Leuchter

Vor Überraschungen ist man nie sicher. Nichts ist vorauszusehen. Erfolge lassen sich nie planen. Aber gerade diese Unwägbarkeit gehört zur Faszination des Theaters.

In unseren sechziger Jahren fand das Kabarett der Berliner „wilden Zwanziger" in Nachtvorstellungen der Kammerspiele viele Freunde (Tucholsky, Toller, Klaus Mann, um nur drei Autorennamen zu nennen). Lang ist's her, dachte man sich; kürzer ist der Abstand zu den Jahren nach 1945 — denkbar, daß nach zwei Jahrzehnten das Nachkriegskabarett interessant werden könnte. Was gab es damals? Eine Todesnachricht in der Zeitung half auf die Sprünge: Günther Neumann, aktiver, einfallsreicher Chef der Berliner Kabarettisten „Die Insulaner", war gestorben. Karl Vibach hatte ihn gekannt. Wer gehörte noch dazu? Tatjana Sais. Die Berliner Schauspielerin hatte Hugh Carlton Greene geheiratet und lebte mit dem einstigen englischen Controller des Hamburger Rundfunks (NWDR hieß der, Nordwestdeutscher Rundfunk) in London.

Der Kontakt war herzustellen. Tatjana Sais kam sofort nach Lübeck und war begeistert von der Idee, ihr altes Kabarett wieder aufleben zu lassen. Text- und Notenmaterial konnte mit ebensoviel Eifer wie Mühen zusammengetragen werden, Vibachs phänomenales Gedächtnis half, bis es möglich war, ein Programm zu rekonstruieren. „Schwarzer Jahrmarkt" war sein Titel.

Einer der großen Erfolge kam unerwartet. Nach der Lübecker Premiere gab es 25 Minuten Applaus. Aus Berlin war der Kritiker Friedrich Luft angereist und gestand, daß er zeitweilig nichts mehr sehen konnte — er hatte ein paar Tränen der Rührung im Auge, als er sich an die alten Zeiten erinnert fühlte. Seine Besprechung in der „WELT" war ein Hymnus. „Schwarzer Jahrmarkt" wurde von 28 Theatern in der Bundesrepublik nachgespielt, in Berlin im Theater des Westens. Tatjana Sais, Ex-Gattin von Günter Neumann und seine Erbin, spendete von den reichlich fließenden Honoraren dem Lübecker Theater einen edlen Kronleuchter fürs Foyer.

Die kostbaren Lichtquellen sind alle durch Spenden ins Haus gekommen — einige hat der dem Theater stets herzlich verbundene Verleger Charles Coleman gestiftet, das Modehaus Kewitz sowie der Schauspieler Krafft-Georg Schulze.

Die lieben, bösen Kollegen

Einen Jux woll'n sie sich machen, die lieben, die bösen Schauspielerkollegen. Es ist, als forderten sie Anekdoten geradezu heraus, wenn sie ihren Mitspielern mit gezischelten Bemerkungen ins Handwerk pfuschen. Darüber wird in der Kantine gelacht, die hinterlistige Tat spricht sich herum, sie wird als Theateranekdote in der Erinnerung bewahrt.

Amüsant kann es werden, wenn sich die lieben, bösen Kollegen in einem Schwank gegenseitig aus dem Konzept zu bringen versuchen. Das geht erstens unter, wird zweitens, wenn es jemand merkt, als Teil des Textes aufgefaßt — drittens ist es selbstverständlich nicht erlaubt, und deshalb passiert so etwas immer mal dann, wenn der Intendant nicht im Hause ist.

„Floh im Ohr" stand auf dem Programm. Der Schwank des theatererfahrenen Franzosen Georges Feydeau aus der Belle Epoque hat inzwischen klassischen Rang und ist ein Vergnügen für Schauspieler und Publikum. Die Handlung ist nicht zu schildern. Höchstens so: Die Hauptpersonen sind in heiklen Situationen stets dort, wo sie nicht sein dürfen; aber wer sie antrifft, darf eigentlich dort auch nicht sein und vermutet auch nicht, daß die anderen da sind — die wiederum nicht damit rechnen, gerade diesen (diese) zu treffen. Klar? Alles ist komisch, solange es jemand anderem passiert. Textprobe: „Es gibt nichts Verlogeneres als Männer — außer vielleicht Frauen."

Victor de Kowa spielte 1926 in Lübeck als Anfänger die Rolle des gut aussehenden, den Damen aller Preislagen zugeneigten Liebhabers. Hotelzimmer. Der schöne Victor hat (in der Rolle) einen Diener — ein Röllchen, das ein Edelstatist übernehmen mußte, der stolz darauf war, mal etwas sagen zu dürfen. Es klopft. Der Diener schaut in den Flur. „Was ist das für ein Mensch, der da draußen steht?" fragt sein Herr. Sagen muß der Diener: „Gnädiger Herr, er ist ein Blutsauger!" Draußen aber lauern die Kollegen und flüstern ihm zu „Staubsauger! Staubsauger!" Der verwirrte Diener meldet: „Gnädiger Herr, er ist ein Staub ... eh, hm, und Blutsauger!" Victor de Kowa hat den Streich erkannt. „Dann stell den Staubsauger ab und bitte den Blutsauger herein!" Er spricht es so gelassen, als sei es eine Textpointe. Niemand im Publikum bemerkte, daß dies nicht Original Feydeau war. Gute Schauspieler reagieren blitzschnell.

„Götz von Berlichingen", Goethes Schauspiel um den edlen Ritter mit der eisernen Hand, stand im September 1965 auf dem Programm im Großen Haus. Inspizient Georg Stolte, einer der zuverlässigsten Helfer, übernahm kurzfristig eine kleine Rolle; der Schauspieler war erkrankt und der Intendant wollte „Götz" nicht absetzen. Stolte half. War er verständlicherweise unsicher oder hatte ihm vor der Szene jemand einen Streich gespielt — Stolte kündete den Bauern an, gleich komme „Max von Berlichingen". Rudolf Birkemeyer hörte hinter der Bühne das Malheur, ging heraus und rettete den Ruf seiner Rolle, indem er mit dem ihm zu Gebote stehenden dröhnenden Baß zu den Bauern sagte: „Und hier kommt euer Götz von Berlichingen!" Betonung auf Götz; Stolte blickte ihn mit einem Dankeschön im Auge an.

Daß Geistesgegenwart auch knifflige Folgen haben kann, zeigt eine Geschichte, die bei einem Auswärtsgastspiel in Schillers „Kabale und Liebe" passiert ist. Letzter Akt, abends im Hause des Stadtmusikanten Miller. Tochter Luise begleitet Vater Miller mit Kerzenlicht hinaus. Nun kommt eine der tragischsten Szenen des Trauerspiels. Ihr Ferdinand von Walter, noch immer als Folge der Kabale von der doch nur scheinbaren Untreue seiner Luise überzeugt, schüttet Gift ins Glas der Geliebten. Luise kommt zurück, weiß natürlich nicht, was die Zuschauer wissen, und sagt voller lieblicher Unschuld zu ihrem Ferdinand: „Wollen Sie mich akkompagnieren, Herr von Walter, so machen wir einen Gang auf dem ..." (sie muß sagen „Fortepiano", sieht aber, daß auf der fremden Bühne kein Klavier vorhanden ist; sie sieht, daß eine breite Liegestatt am üblichen Klavierplatz steht, schaltet schnell mitten im Satz und vollendet ihr Angebot) „... so machen wir einen Gang auf dem Sofa."

Bei Schiller wird nicht gelacht. Einige im Parkett schmunzelten denn doch. Ausnahmsweise.

Pfrisch auf!

Der aus dem Sudetenland stammende Walter Heidrich, vier Spielzeiten Hausherr in der Beckergrube (1964-1968), achtete sehr auf korrekte deutsche Aussprache. Ein Theatermann der guten alten Schule, ein ideenreicher, mitunter gestrenger Regisseur, der sich am wohlsten fühlte, wenn er inszenierte — und das tat er oft und gern. Das moderne Beiseitesprechen mochte er nicht, Understatement war mit seiner Vorliebe für genaues, kraftvolles Theater nicht zu vereinen. Es gibt einige im Ensemble und viele unter den Besuchern, die gern an die Heidrichzeit zurückdenken.

Heidrich war Intendant der Landesbühne Niedersachsen, ehe er nach Lübeck kam. In Hannover, dem Sitz seines Theaters, hatte er zusammen mit Reinhold Rüdiger etwas sehr Schönes geschaffen — das Sommertheater Herrenhausen: Goldoni, Molière, Shakespeare im Theater der königlichen Gärten, ein Erlebnis unter freiem Himmel, das noch immer viele Menschen anzieht. Heidrich hörte es nicht ungern, wenn man ihn „Hekkenfehling" nannte.

Großes Haus Lübeck: Heidrich inszenierte Goethes „Götz von Berlichingen" als historisches Schauspiel aus der Zeit der Bauernkriege. Er war in seinem Element. 5. Akt, Szene auf freiem Feld, man sieht in der Ferne zwei Dörfer brennen. Der Regisseur ärgerte sich über den Schauspieler Glossmann. Der spielte den Max Stumpf, einen pfalzgräflichen Diener, den die Bauern zu ihrem Hauptmann machen wollen. Doch es gelingt ihm, den Ritter Götz dafür zu gewinnen. Stumpf zu Götz: „Glück zu! Was du auch tust, schon' unsern gnädigen Herrn, den Pfalzgrafen!"

Der Schauspieler sprach schludrig bei den Proben dauernd „Falzgrafen". Heidrich: „Pfalzgrafen! Mit pf vorn, wie Pfaffe, Pferd, Pfingsten, Pfifferling — Pfalzgrafen!" Glossmann versprach Besserung, und um sich das pf anzugewöhnen, sprach er nach der Probe alle F-Wörter mit pf aus. „Mach mal das Pfenster auf", sagte er, „es gibt heut wieder pfrischen Pfisch." Er übte. Die Kollegen hatten Spaß daran. „Pfrisch auf!" sagten sie, „pfall aber nicht über deine Pfüsse".

In der Premiere sprach Glossmann seinen Satz haargenau richtig. Er betonte das pf, dem wachsamen Intendanten zuliebe: „... schon' unsern gnädigen Herrn, den Pfalzgrafen!" Heidrich freute sich. Aber wie erschrocken war er, als Rudolf Birkemeyer, der den Götz spielte, von dem betonten pf so begeistert war, daß er als nächsten Satz der Szene zu seinem Getreuen tiefbewegt und mit mächtigem Schauspielerbaß sagte: „Lerse! Kehr zu meiner Pfrau! Steh ihr bei ..."

Die Szene auf freiem Feld schien zur Schmunzelnummer zu werden. Aber da hatten Goethe und der Regisseur vorgesorgt. Götz, Stumpf und Lerse traten ab, ehe ihr verdrücktes Lachen bemerkt werden konnte. Hinter den Kulissen konnten sie laut lachen — aber leise.

Der böse Böckmann

„Wir spielen immer, wer es weiß, ist klug" — dieses weise Stück Psychologie läßt Hugo von Hofmannsthal 1897 in seinem (vergessenen) Versspiel „Paracelsus" den Titelhelden sagen. Die Weisheit ist allgemeingültig, ist aber für Schauspieler von besonderer Paßform. Eine kleine Geschichte aus der Beckergrube wirkt wie eine Demonstration aus der Praxis dafür.

Gerd Böckmann war 1964/65 in Lübeck engagiert (danach ging er nach Berlin und anschließend ans Wiener Burgtheater; viele Fernsehaufgaben haben ihn bekanntgemacht, u.a. war er Christian Buddenbrook in der elfteiligen Thomas-Mann-Verfilmung 1979 von Regisseur Franz Peter Wirth).

In seiner Lübecker Zeit — Walter Heidrich war Intendant — hatte Böckmann eine Freundin beim Theater, eine junge Dame vom Ballett. Die war einmal so vorwitzig, sich kurz vor Vorstellungsbeginn auf der Bühne auf den Bauch zu legen, den Vorhang anzuheben und neugierig nachzuschauen, ob das Große Haus gefüllt sei.

So etwas geht beim Schlierseer Bauerntheater oder bei der Speeldeel von Sieseby. Das Theater einer Großstadt sollte sich das nicht erlauben. Walter Heidrich ließ die Tänzerin vor dem Ordnungsausschuß erscheinen und war bei der Beurteilung ihrer verbotenen Neugier wohl nicht eben leise. Er spielte gewissermaßen den Staatsanwalt — vielleicht auch, um mal wieder seine Stimme auf Lautstärke zu bringen.

Böckmann kam vormittags zur Probe, hörte von der Verhandlung und wurde so wütend, daß er sich im Betriebsbüro eine Vase griff und losstürmte. „Die zertrümmere ich dem Chef auf dem Kopf!", rief er. Er spielte Empörung. Zwei Kollegen konnten ihn eben noch zurückhalten. Vase und Kopf blieben heil.

Aber die Wut kochte noch. Er ging schnaubend davon. Was würde er anstellen? Wie würde er seine Rolle zu Ende spielen?

"Dem habe ich es aber gegeben", erzählte er wenig später bei der Probe. „Bin zu seinem Zimmer gegangen und habe ihn durchs Schlüsselloch angeschrien." Es folgten alle bösen Schimpfworte, die ein Schauspieler auf Lager hat, wenn er seine Stimme auf lautstark trainieren will.

"Gut so, Gerd", sagte ein älterer Schauspieler. „Das war mal so richtig vom Leder gezogen! Jetzt bist Du's losgeworden!" Und nach einer kleinen Weile des Überlegens: „Gut für die Geschichte war aber auch, daß Du Dich vorher überzeugt hast, daß der Alte nicht im Zimmer war — ich hab's beobachtet!"

Noch einmal Hofmannsthal zur Erläuterung:

„Es war ein Spiel — was sollt es anderes sein.
Was ist nicht Spiel — was wir auf Erden treiben . . ."

Mettins gütige Lüge

Christian Mettin gab von 1951 bis 1959 in der Beckergrube den Ton an. „Intendanten sind manchmal Diplomaten und Schauspieler in einer Person", meinte er, als er sich verabschiedete.

Theaterleute müssen in einer Stadt wie Lübeck die selbstbewußte gehobene Gesellschaft berücksichtigen. Das weiß man, Mettin wußte es. Eine Dame, angejahrt, zum inneren Zirkel gehörend, lag ihm bei jedem gesellschaftlichen Anlaß in den Ohren, er möge doch ihr Stück bitte endlich aufführen. Die Poetin hatte aus der hanseatischen Vergangenheit einen aufgeplusterten Fünfakter herausgeholt.

Normalerweise hätte die Dramaturgie den Auftrag erhalten, das Opus mit geziemender Höflichkeit zurückzuschicken. Mettin, vorsichtig, bat die hochmögende Dame ins Intendantenzimmer. Aber ach, kaum saß sie neben ihm am kleinen Tisch in der Zimmerecke, wo die beiden Sofas aneinanderstoßen, da öffnete sie ihre geräumige Tasche, holte Fläschchen, Röhrchen, silbrig verpackte Tabletten heraus und legte alles griffbereit vor sich hin. Mettin staunte.

„Um Pardon", sagte die Dichterin, „ich bin herzleidend und werde etwas brauchen, wenn Sie mir Erschreckendes zu sagen haben." Der Theaterchef sagte nichts Erschreckendes. Er beantwortete die Erpressung mit einer sanften Notlüge. So ein großes, vielschichtiges Stück brauche eine große, vielschichtige Besetzung, erläuterte er. Die sei im Augenblick nicht vorhanden; er könne sich aber vorstellen, wenn es denn die Mittel erlauben sollten, daß sich in der Zukunft möglicherweise doch einmal die glückliche Gelegenheit ergeben werde, an die dann passende Realisierung des großen Dramas zu denken.

Mehr an höflicher Absage gab die Sprache nicht her. Man trank angeregt eine Tasse Tee. Die Pillen blieben verpackt.

Tote Tante Johanna

Die Szene erschüttert. Johanna, das französische Bauernmädchen aus der von Engländern belagerten Stadt Orleans, das sich zur Befehlshaberin der Franzosen aufschwingt, wird als Ketzerin verurteilt. Tod durch Verbrennen. Am Ende der dramatischen Chronik „Die heilige Johanna" von Shaw zerreißt sie ihre Begnadigung und wird zum Scheiterhaufen geschleppt. Das Publikum im Großen Haus, wo das Werk im September 1966 Premiere hatte, war betroffen.

Der Zufall wollte es, daß gleichzeitig in den Kammerspielen die Komödie „Die tote Tante" von Curt Goetz aufgeführt wurde. Das ist die Geschichte von Herrn Oberlehrer Traugott Nägele, der durch eine pikante Erbschaftsgeschichte in Südamerika ein reicher Mann wird (später verfilmt als „Das Haus in Montevideo").

Zwei brave Besucherinnen treffen sich am Tage nach ihrem Theaterabend in der Beckergrube vor dem Plakat der Goetz-Premiere und tauschen ihre Eindrücke aus. Man war abonniert, ging manchmal ins Theater, ohne genau zu wissen, was auf einen zukommen würde. Sagt die eine mit Blick aufs Plakat versonnen zur anderen: „Also wissen Sie, wenn die junge Frau am Ende nicht verbrannt worden wäre, könnt' man ja ganz und gar nicht verstehen, warum das Stück 'Die tote Tante' heißt . . ."

Wir freuen uns, aber wir lachen nicht

„Publikum im engeren Sinne ist die Gesamtheit der Anwesenden bei einer Darbietung, die ohne Publikum zwecklos wäre." Das ist zwar die hochgeschraubte Sprache der Gesellschaftswissenschaften, aber im Grunde völlig richtig. Schlicht ausgedrückt: „Theater braucht Publikum."

Ein paar Beobachtungen, von Lübecker Theaterleuten erlebt, erlauscht und berichtet, können etwas über das Publikum der Hansestadt aussagen — über ein übrigens durchaus geliebtes Publikum.

Georg Rehkemper gehörte vier volle Jahrzehnte zur Beckergrube, ein einst vielgeliebter Figaro, ein kraftvoller Peter I. in Lortzings „Zar und Zimmermann", lange in vielen Partien gefeiert. Im Alter, als die Stimme nicht mehr so ganz mitmachte, stand er immer noch in kleineren Schauspieleraufgaben auf der Bühne. Gewiß wollte eine auch nicht mehr junge Theaterbesucherin Lobendes über ihn ausdrücken, als sie in der großen Pause zu einer Nachbarin sagte: „Ich seh ihn immer wieder gern, er gehört ja zum eisernen Bestand — er verdirbt ja nie etwas ..."

Anderes Pausengespräch, ebenfalls unter altgedienten Theaterfreundinnen. „Ach schön", seufzte eine der Damen, erfüllt von dem eben Gesehenen. „Mein Mann und ich, wir freuen uns, wenn wir unsere alten Schauspieler sehen — sie sind ja immer dieselben, nur eben die Koschtüme sind anders." Koschtüme statt Kostüme — das ist gut lübsch ausgedrückt; man spricht auch von der Illuschtrierten, die man unterm Krischtalleuchter liest.

Im dritten Rang gehört. „Elektra" von Richard Strauß, Schauplatz ist der Atridenpalast in Mykene. Im Hof des Palastes ist Agamemnon bei der Heimkehr aus dem Trojanischen Krieg von seiner Gattin Klytemnästra und deren Geliebten, Aegisth, erschlagen worden. Die Stimmung ist niederschmetternd. Während Elektra, die Tochter Agamemnons, auf Rache sinnt, sind

Mägde dabei, Blutreste aufzuwischen. Der Regisseur hat natürlich darauf geachtet, daß sie ordentlich singen, nicht aber, daß sie ordentlich wischen. Das aber mißfiel einer Besucherin. Sie beugte sich zu ihrer Nachbarin und sagte kritisch : „So kriegen die das doch nie ab!"

Im Bus der Stadtwerke hörte eine Schauspielerin, wie zwei Damen auf den Sitzen hinter ihr übers Theater sprachen. Abonnentinnen zweifellos. Wann denn ihr nächster Theaterbesuch an der Reihe sei, fragte die eine. Antwort der anderen: „Morgen trifft es mich!"

Die schönste, weil treffendste Geschichte über Lübecker Publikumsreaktionen hat Krafft-Georg Schulze erlebt. Er hatte abends Vorstellung — eine Komödie wurde gegeben — und traf anderentags einen ihm bekannten Herrn, der auch im Theater war. Der lobte die wunderbare Aufführung, dankte für das Erlebnis und berichtete von der Begeisterung des Publikums. Krafft-Georg staunte: „Wir dachten, gestern hätte es eine Sondervorstellung für Einarmige und Stumme gegeben, weil ja kaum Applaus kam und auch die Lacher ausgeblieben sind." Da beruhigte ihn sein Gesprächspartner mit einem Satz, der das Zeug dazu hat, klassisch zu werden: „Wir freuen uns, aber wir lachen nicht!"

Der Vorhang muß hochgehen

Wie gut, daß es Stücke gibt, die mit wenigen Darstellern großes Theater bieten. Der Prager Pavel Kohout schrieb solche Werke. „August August, August" (1969) wurde am bekanntesten. Zirkus als Ort des Welt-Theaters, August (Vorname) August (Nachname), von Beruf August (dummer), will einmal die Lippizaner in der Manege vorführen. Seine Sehnsucht überwindet phantasievoll viele Hindernisse — bis die Macht des Direktors seinen Lebenstraum zerstört.

Die Allegorie wurde im westlichen Europa vielerorts inszeniert, was der Regierung in Prag nicht paßte; Kohout durfte 1979 zwar nach Wien aus- , aber nicht in sein sozialistisches Vaterland zurückreisen.

Intendant Karl Vibach ließ sich Kohouts Spiel um Phantasie und Macht nicht entgehen. Auch das Hamburger Ernst-Deutsch-Theater setzte den dreifachen August auf den Spielplan. Zwei kurzfristige Krankmeldungen brachten die Hamburger plötzlich in Schwierigkeiten (die Vorstellung anderentags war bereits gut gebucht). Was tun? Vibach könnte helfen, seine Schauspieler brauchten nur nach Hamburg zu fahren und in die Dekoration einzusteigen. Also Anruf.

„Vibach" — gleich war jemand am Apparat. Eine junge Stimme zwar, aber offenbar kompetent, zumindest selbstbewußt. Die junge Stimme hatte ganz korrekt gesagt, daß sie die Tochter Vibachs sei, Babette. Auf die Frage, ob ihr Vater mit dem Lübekker Ensemble helfen könne, meinte sie, daß das wohl möglich sei, daß man aber unbedingt im künstlerischen Betriebsbüro in der Beckergrube anrufen müsse. Dort nahm Frau Dietrich, langjährige gute Seele des Hauses und nie verlegen, den Anruf entgegen und erfuhr erstaunt, daß den Hamburgern das Gastspiel von Tochter Vibach bereits so gut wie zugesagt worden sei, Babette mit Namen.

Aber wie staunten erst die Hamburger, als sie erfuhren, daß das mit der Tochter zwar stimme, daß Babette aber ganze acht Jahre alt sei. Als endlich Vater Vibach die ganze Geschichte erfuhr, fragte er bei seinem Kohout-Ensemble an — alle wollten aushelfen und nach Hamburg fahren (wo das kurzfristig angesetzte Gastspiel übrigens ein runder Erfolg wurde). Karl Vibach gab dem Ernst-Deutsch-Theater die erlösende Zusage und fügte hinzu: „Wenn meine Tochter so etwas sagt, wollen wir ihr Versprechen doch einhalten — wir kommen!"

Eine gute Geschichte. Wegen einer zuversichtlichen sehr jungen Dame. Vor allem aber, weil sie zeigt, daß sich Theaterleute helfen, wenn es nur irgend geht. Ihr Grundgesetz hat vier Worte: Der Vorhang muß hochgehen!

Die nackte Helena

Nackt auf der Bühne — das ist heute kein Problem. Niemand fühlt sich provoziert, gestört höchstens dann, wenn ein nackter Körper nicht zum Stück oder zur Inszenierung paßt.

Vor einem Vierteljahrhundert noch war das anders, ganz anders. Vom ersten Erscheinen eines völlig unbekleideten Mädchens auf der Bühne des Großen Hauses wird nun berichtet.

Auftritt Helena. Die schöne Griechin paßt durchaus ins Konzept, sowohl des Stückes als auch der Inszenierung. Es geht um „Faust II", 1971/72 von Karl Vibach inszeniert, eine große Anstrengung des Hauses.

Faust ist auf seiner Lebens- und Erkenntnisreise an den Hof des Kaisers gelangt. Er wird bewundert. Der Kaiser will eine Probe seiner magischen Künste sehen — Faust soll ihm Helena und Paris, die Gestalten aus der griechischen Mythologie, leibhaftig herbeizaubern. Klar, daß Faust das schafft. Aus dem Reich der Mütter, wo die Urbilder aller Erscheinungen wohnen, holt er die Dame in voller Körperlichkeit herbei. Doch als er die junge Schöne umarmen will, gibt es eine kleine Explosion — weg ist sie. Der Volksmund machte aus der Szene das hübsche Verbot: „Das Berühren der Figüren mit den Pfoten ist verboten" — Trivial-Goethe.

In den „Lübecker Nachrichten" suchte das Theater nach einem mutigen Mädchen, das nicht davor zurückschreckt, ein paar Minuten unbeweglich — und unbekleidet auf der Bühne zu stehen. Der Werbeeffekt war größer als das Ergebnis. Zwar meldeten sich Mädchen, doch konnten die meisten von ihrer herben norddeutschen Figur her die Wünsche des Theaters nach einer klassischen Erscheinung nicht erfüllen. Eine wurde als Helena engagiert. Ihr Name ist erhalten — ein Fräulein Berlin, eine sehr hübsche Medizinstudentin.

Sie zog ein ins Theater, zog sich aus und stand einige Sekunden unbeweglich im Zauber ihrer Jugend, bis die Bühnentechnik mit Pulver und Donnerschlag dem schönen Standbild ein Ende setzte. Dann zog sie sich wieder an und ging nach Hause. Fräulein Berlin. Die Stadt sprach von ihrer Helena. Im Großen Saal der Gemeinnützigen wurde eine öffentliche Diskussion darüber veranstaltet, ob nackt zu verabscheuen, ausnahmsweise zu verstehen, vielleicht zu tolerieren oder gar zu begrüßen sei — aus dramaturgischen Gründen, versteht sich. „Bewundert viel und viel gescholten, Helena", wie es bei Goethe an dieser Stelle heißt. Der Saal war voll, die Meinungen wogten. Ergebnis: Wer „Faust II" bis dahin nicht gesehen hatte, ging bestimmt noch in eine Vorstellung.

Ein alter Freund des Theaters erinnert sich, nicht so sehr an die schöne Helena, sondern mehr an die Reaktion seines damals 16jährigen Sohnes. Der durfte mit seiner Klasse des Johanneums in die Hauptprobe gehen und erzählte danach seinen Eltern, wie enttäuschend Goethes „Faust II" für ihn gewesen sei. Warum denn dieses, wollte der in Sachen Goethe beschlagene Vater wissen. Der Sohn gab eine offene Antwort: „Faust nämlich, dieser dumme Mensch, stellte sich dauernd vor Helena — ich konnte von der fast nichts sehen."

Goethe kannte wohl solche Konflikte. Er schrieb in „Faust II":

„Ein altes Wort bewährt sich leider auch an mir:
Daß Glück und Schönheit dauerhaft sich nicht vereint."

Der schwarze dritte Richard

Wenn jemand beschließt, „ein Bösewicht zu werden", ist das von vornherein kein Sympathieträger (wie man im Theater die fröhlichen, gutmütigen, herzlich offenen, eben die sympathischen Darsteller nennt). Der Herzog von Gloster — England, 16. Jahrhundert — hat seinen Lebensplan danach ausgerichtet, böse zu sein. Als Richard III. bestieg er den Thron, nachdem er den amtierenden Herrscher gegen seinen Bruder Clarence aufhetzte und im Tower ermorden ließ. Böse, böse. Er gesteht der begehrten Prinzessin Anna, ihr zuliebe gemordet zu haben, was die Dame erst entsetzt und dann fasziniert. Als er König war, ließ er alle enthaupten, die ihm im Wege standen — da wurde auch Gattin Anna sein Opfer.

Warum so böse? Weil er von Geburt mißgestaltet und ein Ausbund an Häßlichkeit war. Als erklärter Bösewicht ließ er bewußt kein Verbrechen aus, um auf den Thron zu kommen. William Shakespeare hat den buckligen, hinkenden, aber hochintelligenten Mann in den Mittelpunkt eines grandios schaurigen Dramas gestellt: „Richard III." 1968/69 stand es auf dem Programm des Großen Hauses; es war die erste Saison des Intendanten Karl Vibach und seine erste Inszenierung in der Beckergrube. Am 14. September 1968 war Premiere. Vibach wollte einen erstklassigen schauspielerischen Verbrechertypus für die Titelrolle und engagierte einen Wiener Schauspieler, der auf den „dritten Richard" spezialisiert war — einen kleinen, leicht gekrümmten, schwarzhaarigen, scharf blickenden Akteur, einen Bühnenfachmann für menschliche Dunkelheiten.

Vibach hat später berichtet, wie der Gast gewirkt hat. Im Intendantenbüro gab es eine Sekretärin, die noch nicht lange in der Branche war. Der Gast traf zur angebenenen Zeit aus Wien ein und meldete sich, wie es sich gehört, in der Intendanz. Die junge Dame muß entsetzt gewesen sein und gab ihr Entsetzen unter vier Augen ihrem Chef kund.

"Da kommt ein Österreicher, ein Wiener sogar, der einen König spielen soll, und da denkt man doch, daß da ein charmanter, eleganter und schöner Herr kommt — und was ist er? Häßlich, verbogen, mit fast zugewachsenem Gesicht. Das soll ein König sein?" sagte sie, vor Enttäuschung aufgebracht.

Vibach erklärte ihr, daß erstens nicht alle Wiener so aussehen wie Rudolf Prack, daß zweitens die Shakespeare-Rolle so einen Darsteller verlangt — und drittens wußte er, daß er den richtigen Mann nach Lübeck geholt hatte. „Richard III." war der erste große Theatererfolg seiner Intendanz.

Nadja probt im Kaiserhof

Erfolgreiches Theater besteht unter anderem in der Kunst, sich die richtigen Leute ins Haus zu holen. Dafür ein Beispiel: Das Musical „Applaus, Applaus" von Charles Strouse (Musik) und Lee Adams (Text). Premiere im Großen Haus: 4. Mai 1975. Ein großer Stoff, ein Problem, das jeder einmal kennenlernt — seine Rolle abgeben zu müssen, wenn man älter wird. Das anspruchsvolle Musical zeigt die Tragik einer alternden Broadwayschauspielerin, die sich verzweifelt dagegen wehrt, einer jüngeren Kollegin den ersten Platz zu überlassen.

An der Beckergrube begann die Suche nach der Hauptdarstellerin, um die deutsche Erstaufführung von „Applaus, Applaus" zum Ereignis zu machen und den Ruf des Lübecker Theaters als Musical-Spielplatz zu mehren. Proben waren angesetzt, doch die große Rolle war noch unbesetzt. Um arbeiten zu können, wurde die begabte Souffleuse des Hauses, Frau Purwin, gebeten, die Rolle der Diva zu lesen; sie war um die 60 und, nun ja, schwergewichtig, aber das spielte bei der Probenarbeit keine Rolle — Frau Purwin las ihren Part gut.

Endlich war die passende Besetzung gefunden. Sie sollte gut aussehen, nicht mehr so ganz jung sein, singen können und möglichst einen Namen haben. Regieassistent Klaus Peter Bauer hatte die Idee: Margot Hielscher wurde nach Lübeck engagiert.

Sie reiste aus München an, wurde in der Intendanz achtungsvoll empfangen und machte sich sehr bald mit der Kostümbildnerin Ilse-Marianne Wittneben daran, die Stoffe für die Roben auszusuchen, in denen sie glänzen wollte. Das Theater war glücklich. Die Diva war bei der Arbeit, ein bißchen jedenfalls. Doch einmal mußte sie ja zu den Proben auf der Bühne erscheinen. Sie kam, die Kollegen applaudierten artig, die Künstlerin trat an die Rampe, um ihren ersten Song abzuliefern und blickte sich um — „wo bitte ist das Mikrophon?"

Kopfschütteln. Der Regisseur erklärte der Verehrten, daß es auf der Lübecker Bühne gottseidank üblich sei, mit natürlicher Stimme ohne Verstärkung zu singen. „Unmöglich", meinte der Gast. Sie habe, erklärte Margot Hielscher, eine ausgesprochene Mikrophonstimme und könne ohne technische Hilfe nicht auftreten. Da half kein Bitten, es doch mal zu versuchen. Die große Dame rauschte ohne Applaus, Applaus davon. Frau Purwin kletterte wieder aus dem Souffleurkasten.

Kein Problem, meinte der Regieassistent und kam mit dem nächsten Vorschlag: Ilse Werner. Bestens geeignet, fügte er hinzu. Der Regisseur war einverstanden. Doch Frau Purwin brauchte ihren Platz bei den Proben nicht zu verlassen — Ilse Werner hatte andere Verpflichtungen und konnte nicht.

Mady Rahl — endlich war die richtige Dame gefunden; ihre rauchzarte Stimme werde das Publikum zu Applaus, Applaus, Applaus hinreißen, sagte der Regieassistent. Frau Purwin blieb weiter im Amt, weil auch Mady Rahl nicht kommen konnte.

In vierzehn Tagen soll Premiere sein. Was tun? In Frau Purwin keimte eine wilde Hoffnung auf — ob da die Chance ihres Lebens auf sie zukäme? Da rief der Intendant einen Freund in Hamburg an, Bernd Plagemann, der als Pressechef der Deutschen Grammophon mit der spielenden und singenden Prominenz vertraut war. „Bitte Bernd, hilf uns!" hieß es. Plagemann hatte eine Blitzidee: „Nadja Tiller". Er verschaffte sich ihre Telefonnummer.

Die Schauspielerin sonnte sich in Lugano und dachte dort wehmütig an den schon leicht verblaßten Filmruhm ihres „Mädchens Rosemarie". Es war nicht leicht, sie zu erreichen, aber es gelang Vibach und Plagemann gemeinsam. Sie war frei und sagte nach kurzer Bedenkzeit zu — mit einer Bedingung: Noch keine Öffentlichkeit!

Nadja Tiller wollte sich erst in Lübeck mit der Rolle und vor allem mit den Songs vertraut machen, ehe sie endgültig unterschrieb.

Im Hotel „Kaiserhof" gibt es einen schalldichten Raum. Nadja schloß sich mit dem Dirigenten ein, probte und erprobte sich dabei — und kam heraus mit einem freudigen „Ja". Das Theater atmete auf, mit Ausnahme vielleicht von Frau Purwin.

Nadja Tiller lieferte eine herrliche Premiere ab, war eine blendende Erscheinung in den Kostümen, deren Stoffe bereits Kollegin Hielscher ausgesucht hatte (doch das hatte man ihr nicht gesagt), sah in dem Cape des Pelzhauses Otto Dabs umwerfend aus — und bekam Applaus hoch fünf. Lübeck bedeutete für sie das Comeback; die Szene wurde wieder auf sie aufmerksam. Der Kritiker Friedrich Luft kam aus Berlin, um Stück und Star zu besichtigen. „Die Lübecker lüfteten selig ihre Nerze", schrieb er in der „WELT".

Nach der festlichen Aufführung stand ein Rundfunkreporter im Foyer und fragte die Besucher nach ihrer Ansicht. Eine Antwort ist im Gedächtnis geblieben: „Naja, singen kann die Nadja Tiller ja nicht, um ehrlich zu sein — aber die Art und Weise, in der sie nicht singen kann, ist einfach großartig! Ich sage Bravo!"
Auch der Name des Interviewten ist bekannt:
Bernd Plagemann.

Erik Odes Schrecksekunde

Für handfeste Theaterschauspieler ist es ein Anlaß, auf ihren Beruf stolz zu sein, wenn Kollegen mit Fernsehnamen als Gäste kommen und sich herausstellt, daß ihre eigene redliche Bühnenkunst vor Publikum doch solider ist als die geschickte Oberflächlichkeit, wie sie die Kamera verlangt.

Erik Ode kam 1977 in die Beckergrube, um die Hauptrolle in Arthur Millers „Tod eines Handlungsreisenden" zu spielen. Rolf Hädrich inszenierte, damals Leiter des Fernsehspiels beim NDR, angesehener Bearbeiter und Regisseur von literarischen Stoffen für den Bildschirm, u.a. „Fischkonzert" des Isländers Halldor Laxness und „Stechlin" nach Fontanes herrlichem Roman (so etwas gab es einmal im Fernsehen).

Ode, in 97 Folgen als „Kommissar" zu seinem eigenen Markenzeichen geworden, und Hädrich, mit einem Regieerfolg nach dem anderen, waren beide fernseherfahren, aber mit der Theaterarbeit nicht mehr in ähnlicher Kompetenz vertraut. Das Lübecker Ensemble hatte es nicht leicht; die Schauspielerinnen und Schauspieler wollten verständlicherweise mehr als nur Stichwortgeber für den Star sein.

Viele Besucher erinnern sich. Marianne Schubart spielte mit kraftvoller Weiblichkeit die besorgte Frau Linda des gescheiterten Handlungsreisenden Willy Loman, Karlheinz Lemken (Biff) und Lutz B. Riedel (Happy) waren seine Söhne, Dagmar Laurens führte attraktiv die Verlockungen einer Kollegin vor. Ode und Hädrich hatten solide Theaterproben mit ihren langen Abläufen nicht mehr im Arbeitsprogramm, obwohl Ode, Sohn des einst vielbeschäftigten Filmschauspielers Fritz Odemar, selbst Schauspiel und Operette auf der Bühne gespielt hatte. Vom Fernsehen waren sie auf konzentrierte Szenenhäppchen eingestellt und auch darauf, daß nach kurzen Proben alles abgedreht und vergessen war. Gute Schauspieler stellen sich auf alles und alle ein, und so kam das Ensemble des Hauses nach einiger Überraschung auch mit der anderen Probenform zurecht.

Die Schwierigkeiten kamen mit der Premiere. Daß Ode ein Schauspieler eigener Farbe war, bezweifelte niemand. Aber auch ein altgedienter Mime erschrickt, wenn er, seit Jahren publikumsfreie Studios gewohnt, plötzlich vor Publikum steht; die Kammerspiele waren ausverkauft. Ode mußte nachträglich wieder lernen, was Lampenfieber ist. Es muß eine Schrecksekunde für ihn gewesen sein, als der Vorhang zur Seite schwang und er auf der Bühne stand; nur diejenigen im Publikum, die Millers Stück genau kannten, bekamen etwas davon mit.

Szene in der geräumigen Küche der Lomans, Willy und seine Frau Linda, Alltagsgespräche. Aber Ode war so verstört davon, plötzlich viele Zuschauer zu sehen, daß er nicht in seinen Text fand. Die Souffleuse Roswitha Stolte krabbelte fast aus dem Kasten, um ihm zu helfen. Marianne Schubart nahm ihn bei der Hand. Vergeblich. Kein Wort des Textes. Ode versuchte, seine ihn selbst erschreckenden und dadurch verdoppelten Schrecksekunden in den Kulissen zu überstehen und murmelte zur Überraschung aller: „Ich muß rasch noch mal nach Florida ..." Die Bühnengattin hielt ihn fest, die Souffleuse rief, nein brüllte beinahe „Kühlschrank! Kühlschrank!" in die Szene. Vor dem Kühlschrank sollte ein kurzer Dialog kommen.

Rettung! Ode öffnete die Tür des Kühlschranks, schaute hinein, erklärte sogar, er wolle so gern noch ein Stückchen Käse essen, suchte scheinbar, verschaffte sich so, fürs Publikum nicht sichtbar, eine ganz kleine Ruhepause — und hatte plötzlich seinen Text, fand seine Sicherheit, bekam die Rolle in den Griff. Die Aufführung wurde ein Erfolg.

Ode erfüllte die Rolle mit einem spröden, ungelenken Charme und legte sie damit dem Publikum ans Herz. Er schaffte die schwierigen Übergänge vom Keep-smiling des Vertreters in die uneingestandene Verzweiflung des Gescheiterten. Er überzeugte, denn er fand zu seiner eigenen Überraschung zu schauspielerischen Möglichkeiten, die er in 97 Folgen im Fernsehdienst fast vergessen hatte. Sein Lübecker Loman war nicht die 98. Folge; er spielte nicht den überlegenen Vertreter der Ordnung, sondern zeigte die Schwierigkeiten eines alltäglichen unordentlichen Lebens.

Wer genau beobachtete, konnte erkennen, wie er sich verausgabt hatte. Sein herabfallendes linkes Augenlid signalisierte Überanstrengung.

Bei der Premierenfeier im Kreise des Lübecker Ensembles war Erik Ode sehr glücklich.

Wenn das Glück mal vorbeikommt

Glück muß man festhalten, wenn es mal vorbeikommt. Das ist eine Lebensregel, die nicht nur für Komödianten gilt — aber für die besonders. Wir haben ein hübsches Beispiel.

Herbert Lippert aus Wien. Lübecker Opernfreunde erinnern sich an den sympathischen Spieltenor, seiner jungenhaft wirkenden Frische wegen, aber auch wegen der hellen, beweglichen Stimme, die einen Hauch von seiner Wiener Sängerknabenseligkeit behalten hatte. In Brittens Kammeroper „Albert Herring" beispielsweise war Lippert (Premiere 18.Mai 1990) in der Titelrolle zu erleben; Michael Rothacker hatte das fröhliche Frühlingsstück des geschätzten Engländers witzig und geistvoll inszeniert, british-sophisticated.

Schauplatz ist eine Kleinstadt zur Jahrhundertwende (man meinte, mit Olaf Zombecks Bühnenbild ein sanft vergilbtes Bilderbuch aufzuschlagen); Albert Herring, der Simpel des Ortes, wird anstelle einer nicht vorhandenen tugendhaften Jungfrau zum Maienkönig gekürt. Er bekommt einen tüchtigen Schuß Rum in die Limonade und schlägt, vom Geist der Liebe und des Zuckerrohrs beflügelt, über die Stränge.

Die Oper ist auch hier der Anlaß, an die Qualitäten des langjährigen Lübecker Opernchefs zu erinnern. Rothacker bekam für seine szenischen Einfälle reichen Applaus. Kleines Beispiel: Herring beklagt seine von Konventionen umgitterte Jugend und blickt dabei durchs Treppengeländer wie durch tausend Stäbe, und sein Blick ist müde geworden — eine Stelle, die für die Feinarbeit bezeichnend ist.

Brittens Titelfigur war bei Lippert in guten jungen Händen. Seine Stimme hatte anfangs sogar die Farbe des noch nicht Erwachten. Für den Tamino der „Zauberflöte" indes besaß sie noch nicht den von Rothacker gewünschten lyrischen Edelklang. Er konnte sich bei den Proben nicht gegen seinen jungen amerikanischen Kollegen Randy Cooper durchsetzen. Randy sang.

Im Sommer hatte sich der Wiener, inzwischen sorgender Vater dreier Kinder, bei den Bregenzer Bodensee-Festspielen für eine kleine Operettenaufgabe verpflichten lassen — passend, weil sein Lübecker Vertrag nicht verlängert worden war. Und da wehte das Glück vorüber.

Im Parkett am Seeufer saßen zwei Beobachter der Wiener Staatsoper, die gekommen waren, um sich einen Sänger anzuhören und zu prüfen, ob der für ein Engagement geeignet sei. Auftritt Lippert — da vergaßen die Talentsucher den Mann, den sie eigentlich prüfen wollten. Sie hörten den aus Lübeck gekommenen Tenor, horchten auf, blickten sich an, ließen sich nach der Vorstellung in die Garderobe führen und wollten geradeheraus wissen, ob er den Tamino schon gesungen hätte. Ob das das Glück wäre, fragte sich Lippert den Bruchteil einer Sekunde und antwortete mit einem deutlichen „Ja". Womit er ja nicht unrecht hatte; daß er für die Partie als noch nicht ausreichend erachtet worden war, sagte er nicht.

Ob er, vorerst für Nachmittagsvorstellungen, an die Wiener Oper kommen könne, fragten die Herren. Das müßte sich machen lassen, antwortete der Sänger gelassen; innerlich sprang er über Tische und Bänke. Zurück in Lübeck, bat er den erfahrenen Kollegen Bernd Adler, ihm für den Tamino den letzten Schliff zu geben. Er entdeckte mit Freuden, daß einem Künstler auch Fleiß weiterhelfen kann.

Wie eine Feuerwerksrakete stieg er am Opernhimmel hoch. Wiener Staatsoper, Salzburger Festspiele, große Häuser holten den eleganten Tenor, das Publikum von Covent Garden applaudiert ihm jetzt, für Plattenaufnahmen steht er in den Studios. Herbert Lippert ist mitten in der großen Karriere.

Wenn das Glück vorbeikommt, darf man halt nicht kleinlich sein.

Schlag nach bei Shakespeare

„‚Nein' sagt ein Mädchen, weil's die Sitte will, und wünscht', daß es der Freier deut' als ‚Ja'."

Schlag nach bei Shakespeare, und du findest im Lustspiel „Die beiden Veroneser" dieses muntere verbale Liebesvorspiel. In den beiden Lübecker Schauspielerehen, um die es hier geht, haben die Herren erstens richtig gedeutet, und zweitens haben ja auch die Mädchen „Ja" gesagt.

Wo die Liebe hinfällt: Dagmar Laurens und Horst Vinçon, Angelika Draak und Michael Wedekind — zwei Ehepaare (warum sie es nicht mehr sind, soll hier nicht interessieren). Interessanter ist, daß beide Paare Töchter bekommen haben, und noch interessanter, daß sie bei Shakespeare nachschlugen, als deren Vornamen zu suchen waren. Laurens-Vinçon haben eine Julia, Draak-Wedekind eine Viola. Julia ist neben Romeo eine Titelgestalt, weltbekannt, Viola ist die Zwillingsschwester von Sebastian in „Was ihr wollt".

Ob damit Voraussetzungen für Theaterkarrieren geschaffen wurden, wird sich zeigen. „Die ganze Welt ist Bühne" (Shakespeare, „Wie es euch gefällt").

Leitfaden für Irrenpfleger

Ein Haus zu hüten, wie es Intendantenaufgabe ist, muß wohl abenteuerlich sein. Die Herren des Hauses, des Theaters, sehen sich zuweilen wie ...

Aber das soll die folgende Geschichte zeigen. Als der Lübecker Musikkritiker Günter Zschacke mal so im Vorübergehen in der Grabbelkiste eines Antiquariats stöberte, fiel ihm ein Buch mit ungewöhnlichem Titel und noch ungewöhnlicherer Widmung auf. Es hieß „Leitfaden für Irrenpfleger", verfaßt von einem Dr. Ludwig Scholz und offenbar das Standardwerk auf dem Gebiet, denn es war 1930 in Halle an der Saale bereits in der 30. Auflage herausgekommen. Bei der Widmung wurde Zschacke stutzig. Da stand: „An Intendant Siems zu Nutz u. Frommen weitergegeben — Okt. 45 — Kasten".

Zwei Namen aus der Lübecker Theatergeschichte. Otto Kasten, Intendant von 1943 bis zur Schließung 1944, Friedrich Siems, Intendant 1945 bis 1947. Kleiner Spaß unter Kollegen also, der eine hübsche Fortsetzung fand. Denn als sich Siems verabschiedete, schenkte er die 193 wohlmeinden Seiten zur Irrenpflege seinem Nachfolger: „Herrn Dr. Schüler mit herzl. Grüßen weitergegeben — Friedrich Siems" — so die nächste Widmung. Schüler hütete das Haus von 1947 bis 1951. „Herrn Intendant Dr. Mettin als Mentor wärmstens empfohlen. Schüler, 23. 4. 1951" war danach zu lesen. Der Leitfaden ging von Intendant

zu Intendant; keiner wollte den Kettenwitz abreißen lassen. „Herrn Intendant A. Wüstenhöfer zum etwaigen Gebrauch weitergegeben mit herzlichem Toi toi toi! Lübeck, 28. VI. 59. Mettin" folgte in blauer Tinte. Nächste Widmung: „Herrn Intendant Heidrich zum nützlichen Gebrauch und mit den besten Wünschen übergeben — A. Wüstenhöfer, Lübeck, 1. 8. 64."
Schluß. Hatte Walter Heidrich, der Hausherr von 1964 bis 1968, das Buch zornig an die Verantwortlichen geschickt, die seinen Vertrag entgegen der Absprache nicht verlängert hatten? Jedenfalls mußte Karl Vibach als erster „Generalintendant" sein Amt zehn Spielzeiten lang ohne die hilfreichen Ratschläge aus dem „Leitfaden für Irrenpfleger" führen, und auch sein Nachfolger Hans Thoenies konnte sehen, wie er in seinen 13 Spielzeiten ohne die Tips von Dr. Scholz über die Runden kam. Günter Zschacke erkannte die Lücken mit Bedauern, und um an die Traditionsreihe anzuknüpfen, schenkte er den Fund aus der Grabbelkiste dem derzeitigen obersten Theaterpfleger Dietrich von Oertzen. Das Buch (Originalpreis 1930: RM 2,90) hat noch Platz für viele Widmungen.
Ist das nicht eine irre Geschichte?

248

Vierter Teil

Die Freunde
des Theaters

Die Freunde des Theaters

Gesellschaft der Theaterfreunde Lübeck

Das Theater hat viele Freunde — seine Besucher. Nur sie machen es möglich, daß seit 250 Jahren in der Hansestadt regelmäßig gespielt wird, daß seither immer wieder der Vorhang aufgeht. Es gibt bewußte, aktive, ja leidenschaftliche Begleiter und Liebhaber des Theaters. Sie haben sich zusammengeschlossen: Seit dem 16. Juni 1986 besteht die „Gesellschaft der Theaterfreunde Lübeck e. V.". Um den Namen nicht ständig in voller Länge aussprechen oder hinschreiben zu müssen, firmiert sie gern unter „GTL".

Das Theater gab unabgesprochen eine hübsche Hilfestellung zur Gründung. Es eröffnete die Spielzeit 1986/87 mit dem munteren Stück „Bye Bye Show Biz" von Jérome Savary. Das komödiantisch übermütige Werk ist ein Bei-Spiel für die Zauberkraft des Theaters. „Bye Bye Show Biz" spielt unter stellungslosen Schauspielern in Paris, die Tag für Tag auf den Fluren des Arbeitsamtes warten. Die Aussichten auf einen Job sind mies. Da sagt einer: „Erst wenn wir uns selbst aufgeben, sind wir verloren!" In phantasievoller Selbstdarstellung beweisen alle sich und dem Publikum mit einem Streifzug durch die Geschichte des Theaters, daß ihre Begeisterung so frisch ist wie eh und je.

Eine freche Revue, eine Mischung aus Spiel, Tanz, Licht und prallbunter Ausstattung, mit Musik von Barock bis Rock. Der Erfolg war groß. Dagmar Laurens stand als Dompteuse in einer wildbewegten Circus-Szene, Rainer Luxem hatte den Mut, sich in 18 (!) Rollen zu stürzen — am schönsten war er als Clown. Gewiß kein Jahrhundertstück. Aber sprühend vor Einfällen und hochmotiviert in dem Wunsch, Lust auf Theater zu machen. Was in vielen Vorstellungen erlebt wurde, war die durch nichts zu ersetzende Wunderwirkung des lebendigen Spiels. Das Theater antwortete damit selbstbewußt auf die Verkabelung der Welt. Die Menschen — so die Botschaft — brauchen seine Kraft, jeden Abend live.

Für die GTL gab es keine bessere Begleitmusik. Es war von Anfang an so, daß der Schwung, der von der Bühne ausging, den Theaterfreunden gut tat. Dr. Horst Gehrmann, Vorsitzender Richter am Landgericht i. R., wurde von den Gründungsmitgliedern zum Vorsitzenden gewählt, Frau Katja Tollgreve-Beutin packte mit Elan die Öffentlicheitsarbeit an, Rechtsanwalt Dietrich Hörmann und Bezirksdirektor Ingo Petersen kamen als Stellvertreter in den Vorstand, Bankdirektor Werner Bak übernahm die Finanzen und richtete in der Landesbank, Breite Straße 36, ein Eckchen als Geschäftsstelle ein. Frau Lisa Dräger, der damalige Kultursenator Heinz Lund und der damalige Feuilletonchef der „Lübecker Nachrichten" bildeten den künstlerischen Beirat.

„Wir wollen dem Theater das Gefühl geben, daß ihm Freunde zur Seite stehen", hieß es programmatisch. Die „Bürger-

251

initiative für die Bühne" werde dem Theater „ideell und materiell" helfen. Schöne Worte. Doch sie wurden und sie werden verwirklicht – von nun fast 500 organisierten Theaterfreunden. Viel geändert hat sich im Vorstand seither nicht. Richter Gehrmann gab wegen anderer Verpflichtungen seinen Platz an die Unternehmerin Frau Tollgreve-Beutin ab. Mit „Katja", wie sie im engeren Kreis genannt wird, hat die GTL ein blondes Oberhaupt von Temperament und Organisationsfähigkeit. Vielseitige Aktivitäten gab es, gibt es, wird es geben. Ein paar Beispiele. Als die junge Schauspielerin Dorothee Hause, fremd in Lübeck, eine Wohnung suchte, konnten die „Freunde" einspringen: Innenstadt, preisgünstig, alle waren zufrieden. Im Orchesterprobenraum kam es zu amüsanten Vorstellungen der neuengagierten Künstler. Ein Theaterstammtisch führte mehr oder weniger regelmäßig die Mitglieder mit neuen Freunden zusammen, wobei sich auch mancher Künstler blicken ließ. Nach Premieren fanden sich auf GTL-Anregung die Besucher mit den Theaterleuten im Foyer des 1. Rangs zu beliebten Premierenfeiern ein. Im Kassenfoyer wurde ein Informationsstand eingerichtet. Gelegentlich wurden Besuche in auswärtigen Theatern – Hamburg und Schwerin – angeboten. Auf den Altstadtfesten stellten GTL und Künstler die Idee der Theaterfreundschaft gemeinsam vor. Mit der Niederdeutschen Bühne trifft man sich gern zu vorweihnachtlichen Stunden. Plakatwettbewerbe an Lübecker Schulen brachten attraktive Ergebnisse (die schönsten Entwürfe wurden gedruckt). Generalproben konnten besucht werden ...

Kurzum: Die Angebote, dem Theater zu helfen und dabei „Theater zum Anfassen" zu erleben, sind weitgefächert und werden angenommen. Es ist Wunsch und Wille von GTL, sich aktiv fürs Theater einzusetzen; weit über hunderttausend Mark sind dafür bereits zusammengekommen. Eine stolze Bilanz. Es macht Freude, etwas für die Theaterstadt Lübeck zu tun.

Die Theaterfeste bestätigten das. Sie waren (und werden sein) Höhepunkte des GTL-Lebens, gesellschaftliche Ereignisse und die schönste Bestätigung dafür, daß das Theater ein wichtiges Stück der Stadt ist. Mit dem Geld, das dabei in die Kasse floß, wurde ein großes Ziel kraftvoll unterstützt: Die „Jugendstil-Theater-Initiative" der GTL stellte die finanziellen Mittel zur Verfügung, um die Jugendstilelemente im unteren Foyer und in den Wandelgängen des Hauses in der Beckergrube wiederherzustellen und fachgerecht zu ergänzen.

Die Theaterfreunde sehen sich gern als Wiederaufbereitungsanlage für Jugendstilelemente. Sie haben mitgeholfen, eines der in Europa höchst raren Jugendstiltheater zu reaktivieren – es ist schließlich das schönste der wenigen noch erhaltenen Häuser dieser Art.

Theaterfeste. Für viele sind gute Erinnerungen damit verbunden – an die Auftritte der Künstler zum Beispiel, die kabarettistische Talente zeigten, an die zuvor niemand zu glauben gewagt hatte. Und wie schön war im Gedränge des Orchester-Probenraums das Gefühl der Zusammengehörigkeit, wenn Theaterleute, die schon lange in anderen Städten engagiert waren, für die festlichen Stunden nach Lübeck kamen. „Kulissenzauber" hieß das Fest am 12. September 1992. Anfangs führte Dietrich von Oertzen das hochgestimmte Publikum durch ein Opern-, Tanz- und Konzertprogramm, von Mozart bis zu sektseligen Operettenklassikern; Erich Wächter dirigierte, John Grant hatte die tänzerischen Zwischenspiele einstudiert, Michael Goden eine phantasievolle, anspielungsreiche Ausstattung geschaffen. Von der „Fledermaus"-Ouvertüre bis zum „Fair Lady"-Querschnitt kam eine Glanznummer nach der anderen. Eine Mitternachtsshow in den Kammerspielen zeigte große Kleinkunst, und noch lange hielt sich das Fest in vollen Sälen. „Wir haben Lust zu feiern!" hatte der Intendant erklärt — es war ein Stück der Lust, sich in schwierigen Situationen zu behaupten, und man kann rückblickend sagen, daß die so ausgedrückte Durchsetzungskraft viel dazu beitrug, dem Theater über die schweren Jahre hinwegzuhelfen. „Dem Mimen flicht die Nachwelt keine Kränze", zitierte ein Mime den berühmten Schillersatz aus „Wallensteins Lager". Kränze gab es nicht, aber die GTL dankte den Künstlern im Namen des Publikums mit Blumen. Der Reinerlös des ausverkauften Festes betrug 41.110 Mark. Im Foyer ist das Geld zu besichtigen — in den herrlichen Jugendstilstücken, die damit wiederhergestellt wurden. Aktiv und einfallsreich ist die GTL. Sie holte das Petersburger Kindermusiktheater mit einigen Aufführungen der Kinderoper „Die kleine Stadt in der Spieldose" von Sergej Banevich nach Lübeck. Als entschlossene Bürgerinitiative für die Bühne führte sie wichtige Institutionen Lübecks, vom Ärzteverein bis zur Kreishandwerkerschaft, von der Industrie- undf Handelskammer bis zum Deutschen Gewerkschaftsbund, von den drei Logen (Füllhorn, Weltkugel, Weltbrüderkette) bis zum Kiwanis-Club und viele mehr zu einer Podiumsdiskussion in St. Petri zusammen; sie bat die Kultusministerin ins Kirchenschiff und brachte mit dem öffentlichen Gespräch zum Thema „Wozu das Theater?" die noch nicht ganz abgesicherte Sanierung in Schwung.

„Wozu das Theater?" Frau Tollgreve-Beutin in einem Interview: „Das Theater ist wichtig, weil es dem Zuschauenden und Zuhörenden ermöglicht, im Theaterspiel sein Leben und sich selbst zu beobachten. Es bietet vorgespieltes Leben und fordert auf, sich in die auf der Bühne agierenden Personen hineinzuversetzen."

In Gogols „Revisor", 5. Akt, gibt es eine bezeichnende Szene. Dort stellt sich heraus, daß der abgereiste Chlestakow nicht der erwartete Revisor war, sondern ein pfiffiger Betrüger, und nun wird der ehrbare Stadthauptmann schadenfroh ausgelacht; in dieser Situation kippt das Spiel um — der Schauspieler des Stadthauptmanns tritt aus der Rolle, geht an die Rampe und spricht völlig ernst zwei Sätze ins Publikum, die für das Theater aller Zeiten wichtig sind: „Über wen lacht ihr denn? Ihr lacht über euch selbst!"

Theaterring der Gemeinnützigen

„Unser Wunsch ist, daß durch diese Einrichtung eine wirkliche Theatergemeinschaft geschaffen wird und daß wir gleichzeitig unserem Theater helfen", sagte Dr. Christian Mettin, als 1951 der „Theaterring" gegründet wurde. Die Wünsche des damaligen Intendanten sind erfüllt worden. Der Ring, eine Einrichtung der 1789 gegründeten Gesellschaft zur Beförderung gemeinnütziger Tätigkeit, ist zur Theatergemeinschaft geworden, und seine Hilfe fürs Theater wurde mehrfach deutlich.

Prof. Paul Brockhaus gab die Anregung, aus der Gemeinnützigen heraus die Freude der Mitglieder am Theater gewissermaßen zu bündeln. Dr. Rolf Sander, seit Beginn der fürs Theater leidenschaftlich engagierte Leiter des Ringes, gehörte schon 1951 zum Gründungsausschuß, neben Frau Dr. Lotte Esau, Frau G. Thoms, Dr. Behrens, Gustav Lindte, Oberkirchenrat Göbel und Dr. Kalkbrenner jun..

Von Anfang an erfolgreich: Zwei Anrechte in den Kammerspielen waren im Handumdrehen ausgebucht (vier Vorstellungen in der 1. PLatzgruppe kosteten 20 Mark). In den ersten zehn Jahren konnten die Verantwortlichen durchgehend „ausgebucht" in die Bilanzen schreiben — mit Stolz auf der einen, Bedauern auf der anderen Seite; bedauerlich, daß nicht alle, die es wünschten, Anrechte bekommen konnten.

Die Kontakte zwischen Theaterring und Theater waren so, daß Prof. Brockhaus die Uraufführung des Schauspiels „Wenn der Schein zerfällt" von Friedrich Griese mit Erfolg vorschlagen konnte. Ein Ereignis des Theaters und der Zugehörigkeit war die Festaufführung von Schillers „Maria Stuart" am 14. September 1961 zum zehnjährigen Bestehen des Theaterrings; so manche und mancher erinnert sich an das anschließende festliche Beisammensein im Gesellschaftshaus, Königstraße 5-7, mit Erwin Lüddekes „perplex"-Vortrag.

Hinzu kam in der Spielzeit 1961/62 nach einem reinen Schauspiel-Jahrzehnt ein Opernanrecht. Der Theaterring mietete die Hälfte des Großen Hauses und erlebte, daß die ersten drei Platzgruppen schnell ausgebucht waren. Damals begann der Ring, den Lernschwestern des Deutschen Roten Kreuzes Karten für die Weihnachtsoper als Geschenk abzugeben.

Andere Medien, besonders das sich ausweitende Fernsehen, zogen von den sechziger Jahren an mehr Interesse auf sich.

Die Zahl der Schauspielanrechte ging leicht zurück, die Oper indes behielt ihr Publikum. Es war folgerichtig, daß im Oktober 1964 zur 175-Jahrfeier der Gemeinnützigen Verdis „Aida" festlich geboten wurde; Walter Heidrich war eben Intendant geworden.

Als der Theaterring ein Vierteljahrhundert bestand, gab es eine festliche „Tosca" und danach im Gesellschaftshaus „Goethe im Examen" von Egon Friedell mit dem Lübecker Theaterkritiker Jan Herchenröder in der Hauptrolle, der auch als Gast herzlich gefeiert wurde.

Der Theaterring blickte auch mal nach draußen und veranstaltete Theaterfahrten nach Hannover-Herrenhausen, wo im herrlichen Barocktheater unter freiem Himmel die von Reinhold Rüdiger (Heidrichs Nachfolger) glanzvoll inszenierten Händel-Opern erlebt wurden.

Als Karl Vibach Intendant war, kam das Studio zum Angebot hinzu. Der Theaterring machte mit und war u.a. von dem Diskussionsstück „Abel, wo ist dein Bruder" des Russen Julius Edlis beeindruckt. Die Mitglieder sahen sich nicht etwa als kritiklose Konsumenten. Sie meldeten sich zu Wort, wenn ihnen die Stücke oder — häufiger — die Art ihrer Inszenierung nicht gefiel. Als Beispiel sei das Schauspiel „Victor oder Die Kinder an der Macht" des Franzosen Roger Vitrac genannt, eine surrealistische Groteske, in der das Kind Victor (von einem Erwachsenen gespielt) an seinem 9. Geburtstag beschließt, erwachsen zu werden; ein Stück, das so Rituale der Erwachsenen ins Lächerliche zieht. Das mißfiel. Nach einer Aufführung von Goethes „Faust I" im März 1970 fanden sich über 300 Teilnehmer zum Dienstagsvortrag der Gemeinnützigen ein, bei dem die Inszenierung lebhaft kritisch untersucht wurde.

Das gesellig Festliche spielte wieder die Hauptrolle, als 1971 das zwanzigjährige Bestehen des Theaterrings mit einem Gastspiel von Molières „Schule der Frauen" gefeiert wurde — Günther Lüders war in einer Paraderolle zu sehen; der verehrte Lübecker bekam danach beim Zusammensein mit dem Ensemble für seine lübisch angelegten Rezitationen herzlichen Applaus. Als nach der Weihnachtsoper 1971, „Figaros Hochzeit", am 27. Dezember zu einer weihnachtlichen Nachfeier gebeten wurde, kamen über 360 Mitglieder im Gesellschaftshaus zusammen.

Auf und ab und mancherlei Versuche. Der Wunsch des Theaterrings, erstens mehr Klassiker zu spielen, sie zweitens zum Wiedererkennen zu inszenieren und drittens die Schönheit der Sprache nicht zu vernachlässigen, fand öffentliche Aufmerksamkeit. Theaterbus, Theater-Taxis, Sonderkontingente für Aufführungen außer Anrecht, Kartenumtausch und Selbstverlängerung der Anrechte — dies alles zeigt, daß der Theaterring für Neuerungen aller Art aufgeschlossen war.

Ein paar Zahlen: In der Spielzeit 1986/87 zählte der Theaterring 406 Opern- und 408 Schauspielanrechte. Als das Theater

1987/88 die Preise anhob, sanken die Zahlen auf 349 bzw. 370.

Als die Gemeinnützige 200 Jahre bestand, wurde das mit einer würdigen Premiere von Gotthold Ephraim Lessings „Emilia Galotti" gefeiert (die Kammerspiele waren ausverkauft), dem von Horst Vinçon subtil inszenierten Stück von Bürgerstolz und absolutistischer Willkür. „Vorhang auf!" heißt es Abend für Abend im Theater; aus festlichem Anlaß hieß es diesmal „Vorhang zu!" — weil so das Geschenk des Theaterrings an das Theater präsentiert wurde, ein neuer Vorhang für die Kammerspiele, samtiges Goldgelb. Dr. Sander erinnerte dabei an unvergessene Aufführungen der Gründerjahre, so an den masurischen „Zauberer Gottes" von Paul Fechtner und die elegant-hintergründige „Cocktailparty" von Thomas Stearns Eliot. Und „weil sich unsere Theaterbesucher insgesamt beschenkt fühlen" (Sander), gab es als weitere Gabe ein Lichtstellwerk für die Studiobühne mit 99 vorprogrammierbaren Einstellungen (Gesamtwert 10000 Mark).

Die angesammelten Überschüsse des Theaterrings sind dem Theater zugute gekommen. Theatergerecht waren auch die anderen Festgaben, so, als mit 1000 Mark die gefährdete Schultheaterwoche 1982 gerettet wurde oder als der Theatergruppe der Thomas-Mann-Schule 1986 eine Theaterreise nach England, ebenfalls 1000 Mark, gespendet wurden.

Der Theaterring der Gemeinnützigen ist dem von Dr. Mettin gesetzten Gründungsmotto treu geblieben. Und indem er dem Haus die Wünsche seiner im Grundzug konservativ eingestellten Mitglieder zur Kenntnis gibt (und damit auch die eines Teiles der Besucher überhaupt), ist er aktiv am Lübecker Theaterleben beteiligt.

Lübecker Besucherring

Als der „Lübecker Besucherring" (LBR) im Februar des Jahres 1989 seinen 40. Geburtstag im Großen Haus feierte, rief ihm der damalige Intendant Hans Thoenies in seiner Festrede einen Gruß zu, der das Verhältnis der Besucherorganisation zum Theater knapp und treffend kennzeichnete:
„Hallo, Partner!"

Als eine besondere Art Partnerschaft ist die für beide Seiten so glückliche Zusammenarbeit zu sehen. Denn der LBR besorgt seinen Mitgliedern nicht nur regelmäßig Karten, sondern bringt sie auch zum Theater. Das geschieht in der Hauptsache mit Autobussen, und damit ist gesagt, daß das LBR-Arbeitsgebiet in den kleineren Städten und in den ländlichen Gebieten im weiten Kreis um Lübeck liegt.

Eine schöne Aufgabe. Es gehört erstens großes Organisationstalent dazu; zweitens ist es erforderlich, die Menschen vor Ort
vom Theater zu überzeugen; drittens aber haben die LBR-Ver-
antwortlichen mit viel Gespür für die geäußerten oder auch nur
erfühlten Wünsche ihrer Besuchergruppen die passenden
Stücke aus dem Spielplan herauszusuchen, die Menschen kun-
dig darüber zu informieren und nicht zuletzt auch dem Theater
von den Erwartungen zu berichten, um so den Theatermachern die Spielplangestaltung etwas zu erleichtern. „Hallo,
Partner!" — hier ist die freundschaftliche Zusammenarbeit die
Grundlage des guten Funktionierens.

Und es funktioniert gut. Lübeck hat auf diesem Gebiet eine Vor-
reiterrolle — besser gesagt: eine Vorfahrerrolle. Denn es wird ja
gefahren. Aus vielen Landstrichen Schleswig-Holsteins werden
die Besuchergruppen in die Spielstätten der Beckergrube
gefahren. Der „Erfinder" dieser schönen Art, Menschen aus
theaterfernen Gebieten ins Theater zu bringen und ihnen das
Spiel der Bühne so in doppelter Weise nahezubringen, war Dr.
Otto Kasten, Lübecks letzter Intendant in den Kriegszeiten
(1943/44). Sein 1949 verwirklichtes Lübecker Experiment war
so erfolgreich, daß er danach von mehreren Theaterstädten im
Bundesgebiet gebeten wurde, das Lübecker Modell bei ihnen
nachzuarbeiten. Einige Jahre nach seiner Lübecker Schöpfung
hat Dr. Kasten die Entstehung des LBR in lockerer Form selbst
beschrieben:

„Um diese Zeit (erste Nachkriegsjahre) radelte ein Mann
namens Otto Kasten mit seiner Frau Tag für Tag in die schönen
Wälder in Lübecks Umgebung zum ‚Pilze-Schießen'. Er mochte
sie schon immer gut leiden, diese lustigen kleinen Leute auf
dem Waldesboden, und in jenen Wochen besonders, da er sich
die teuren Sachen auf dem Gemüsemarkt nicht leisten konnte.
Und eines Tages nun, da er gerade die ersten Halimasche in
den Korb pflückte, bekam seine Frau einen Mordsschreck,
denn dieser Mann rief plötzlich ganz laut: ‚Ich hab's!' Und das
war die Zeugungsstunde des ‚Besucherringes', und solches
geschah im Kannbruch hinter Kronsforde."

„Es folgten", schrieb er weiter, „schwierige Wochen und Monate
— ein langwieriges Rechnen und Planen". Vor allem war es nicht
leicht, die Öffentlichkeit von seiner Idee zu überzeugen — „die
Menschen waren sehr ungläubig". Damals waren es die Mitglieder einer „Notgemeinschaft zur Erhaltung des Lübecker
Theaters", die sich zusammengetan hatte, um das nach der
Währungsreform finanziell gefährdete Haus in der Beckergrube zu erhalten. Dr. Otto Kasten schrieb: „Unter diesen waren
es besonders der rechtskundige Richard Niemann, genannt
‚Onkel Ritsch', der musikbeflissene Erwin Lüddeke, genannt
‚Ernst Robert', und, last not least, der Erkenntnisse und Kunst-
verstand verbindende Gerhard Halle, die sich an der Wiege
versammelten".

Der LBR-Gründervater sprach von seinem Werk gern als von einem Kindlein: „Es war auch Lübecks ‚guter Geist', der so hochverdiente Senator Kalkbrenner, der den Kleinen wohlwollend tätschelte. Und diese also nahmen das Kind bei der Hand und lehrten es gehen, und dann begann es sehr schnell zu laufen und wenig später schon zu rennen. Und in den späten Januartagen des Jahres 1949 bekam es seinen ersten Anzug, stieg stolz aus einem Omnibus und ging ohne Schüchternheit in das große Haus in der Beckergrube und ist seitdem von dort nicht mehr zu vertreiben."

In seiner heiteren Darstellung hat Dr. Otto Kasten amüsant heruntergespielt, welche große Überzeugungsarbeit in jenen ohnehin schwierigen Jahren erforderlich war, um die maßgebenden Frauen und Männer in der Hansestadt und stärker noch in den umliegenden Städten und Gemeinden von seiner Idee zu überzeugen. Er sagte in seiner bescheidenen Art nichts über die finanziellen und organisatorischen Probleme, die zu lösen waren, bis die ersten Autobusse mit den ländlichen Beschergruppen vor dem Theater halten konnten, um die Menschen in Schauspiel und Oper zu entlassen — um nach den Vorstellungen wieder für die Heimfahrt bereitzustehen.

Das Fest 1989 konnte der Gründer nicht erleben; wenige Wochen zuvor, am 8. Januar 1989, war Dr. Otto Kasten 86jährig gestorben.

Beim 40. Geburtstag gab es einen älteren Herrn, der das Wort ergriff, um dem LBR die Glückwünsche des Deutschen Bühnenvereins und der Intendanten der deutschen Theater zu überbringen. Das war Arnold Petersen, der Intendant des Nationaltheaters Mannheim. Für diese Aufgabe war er der Richtige, denn er hatte als junger Dramaturg den Beginn seiner Theaterlaufbahn in Lübeck erlebt, in der Beckergrube zum ersten Male Regie geführt und hier auch die ersten Rollen gespielt.

Gratulant Petersen sagte, die Aufgaben des lebensvollen Theaters und der engagierten Besucherorganisationen seien in den Jahrzehnten immer wichtiger geworden — „denn die größer gewordene Freizeit der Menschen darf nicht allein der Vergnügungsindustrie überlassen werden!"

Volksbühne Lübeck

Premiere und Jubiläum gleichzeitig: 1996 zeigt sich das Theater der Hansestadt Lübeck in neuer festlicher Form, 1996 feiert die Volksbühne Lübeck ihren 75. Geburtstag.

Der Anspruch der Volksbühne war stets hoch und lief von Anbeginn auf ein gesellschaftspolitisches Ziel hin. Die Volksbühne sah sich nie als ein bloßer Kartenkaufsverein, nie als Interessenvertretung mit dem einzigen Ehrgeiz, Mengenrabatte herauszuschlagen. Es gibt Volksbühnenorganisationen in Lübeck, Kiel, Flensburg und Rendsburg — da ist also eine durchaus beachtliche Publikumskraft vorhanden. In einer Landesarbeitsgemeinschaft sind die vier örtlichen Gruppen zusammengeschlossen. Wolfgang Krüger, der Landesvorsitzende der schleswig-holsteinischen Volksbühnen, hat das moderne Ziel kürzlich klar formuliert: „Wir bringen uns als Sprecher des Publikums in die kulturpolitische Diskussion ein."

Das bedeutet in der praktischen Arbeit der Volksbühnen zweierlei. Nochmals Wolfgang Krüger: „Wir haben die Kompetenz, unsere Mitglieder gut beratend durch die Spielzeit zu begleiten." Das ist die eine Seite. Die andere benannte der Landesvorsitzende so: „Die Volksbühne will bei den Entscheidungsträgern auf allen Ebenen sowie bei den Verantwortlichen der Theater Sensibilität für die Ansprüche eines mündigen Publikums wecken." Alle Achtung. Das ist wahrlich weit mehr als die Organisation von Theaterbesuchen zu günstigen Preisen.

Die Volksbühne ist geachteter Gesprächspartner, in den Intendantenzimmern und den Dramaturgenbüros ebenso wie in den Räumen der Kultussenatoren und Kulturamtsleiter. Eine volle Mitbestimmung etwa bei der Spielplangestaltung oder bei personellen Veränderungen ist erklärtermaßen nicht möglich. Sie wird auch nicht angestrebt. Erwartet aber wird, daß Ansprüche der Volksbühne im Rahmen der Gegebenheiten und Möglichkeiten bei den Bühnen gehört werden. Das geschieht. Denn die Intendanten wissen nur zu genau, daß die Volksbühne ihnen zuarbeitet. Sie übernimmt Aufgaben, die auch zu einem in modernen Marketingformen denkenden Theater gehören — indem sie breite Schichten der Bevölkerung für das Theater interessiert, bei ihnen Freude am Theater weckt und den Sinn für künstlerische Qualität schärft.

Daß aber selbstverständlich auch die praktischen Seiten eine Rolle spielen, wenn man für acht Mark Jahresbeitrag Mitglied der Volksbühne wird, hat Helmuth Mett, der langjährige Vorsitzende der Volksbühne Lübeck, so ausgesprochen: „Bei uns haben Sie immer Ihren Platz, wenn auch nicht immer in der ersten Reihe." Und er zählt neben der preislichen Vergünstigung auf, daß Volksbühnenmitglieder das Wort „Ausverkauft!" nicht kennen, denn sie brauchen auch bei den gefragtesten Stücken und Inszenierungen nicht nach Karten anzustehen; sie können nach eigener Berufsbelastung und Lebensplanung entscheiden, ob ihnen die Tage in der Woche oder das Wochenende für den Theaterbesuch lieber sind; sie werden durch

Broschüren und Theaterbegleiter der Volksbühne oder in den Geschäftsstellen über die Angebote der Theater informiert und über die ihnen gemäßen Stücke beraten. Und wenn es terminliche Probleme gibt, weiß die Volksbühne auch einen Rat. „Wir sind flexibel", meint Helmuth Mett.

Das alles hat die Volksbühne Lübeck seit 1921 bewiesen. Ihr und ihren vielen Mitgliedern ist zum 75. Geburtstag herzlich zu gratulieren.

Es ist wichtig, auch einmal die wirtschaftliche Kraft so einer Besucherorganisation für das Lübecker Theaterleben zu bedenken. Helmuth Mett hat uns für dieses Theaterbuch die Summen genannt, die von der Volksbühne Lübeck seit der Spielzeit 1958/59 bis zum 1.Halbjahr 1993 überwiesen worden sind. Es kommen beachtliche 6 Millionen zusammen — genau: 6.141.689,65 Mark. Spitzenereignis für die Volksbühne war die Spielzeit 1987/88 mit 290.686,30 Mark.

Da weiß auch jeder Intendant, was seinem Haus an Sympathie und stattlichen Summen zuwächst.

Als der 11. Verbandstag der Volksbühnen Schleswig-Holsteins im Oktober 1995 in der MuK stattfand, faßte Wolfgang Krüger den Wert der Theaterarbeit der Volksbühnen in einem schönen Satz zusammen:

„Es gibt keinen Lohn, aber es lohnt sich!"

Literaturhinweise

(nach Erscheinungsjahren geordnet)

J. v. Magius: Bemerkungen über das Theater in Lübeck. Lübeck 1804 (Neudruck Lübeck 1938).

Carl Stiehl: Geschichte des Theaters in Lübeck. Lübeck 1902.

Zur Eröffnung des Neuen Stadttheaters zu Lübeck am 1. Oktober 1908. Festschrift. Lübeck 1908.

Walter Schlodtmann: Von der Lübeckischen Schauspielbühne in den Jahren 1908 — 1915. Lübeck 1915.

Otto Anthes: Bildnis der Stadt — Geschichte der Freien und Hansestadt Lübeck. Lübeck 1926.

Thomas Mann: Mario und der Zauberer — Ein tragisches Reiseerlebnis. Frankfurt/Main 1930.

Ernst H. Fischer: Lübecker Theater und Theaterleben in frühester Zeit bis zur Mitte des 18. Jahrhunderts. Lübeck 1932.

Robert Ludwig (Hgb.): Jubiläums Almanach der Städtischen Bühnen in Lübeck 1908 — 1938. Lübeck 1938.

Adolf Rey (Zusammenstellung): Rückblick auf die Geschichte des Lübecker Stadttheaters vom 1. Oktober 1908 bis Ende der Spielzeit 1933/34. Lübeck 1939.

Otto Anthes: Lübeck, du seltsam schöne Stadt. Lübeck 1943.

Hans Hellwig: Künstler der Lübecker Bühnen, Lübeck 1946.

Gustav Radbruch: Der innere Weg — Aufriss meines Lebens. Stuttgart 1951.

Gustav Hillard: Worte und Werke um Lübeck. Lübeck 1961.

Gerhart Hauptmann: Das Theater wird bestehen — Rede zum 60jährigen Bestehen der Genossenschaft Deutscher Bühnenangehöriger, 21. September 1931. Centenar-Ausgabe. Frankfurt/Main 1963.

Wilhelm Furtwängler: Briefe. Herausgegeben von Frank Thieß. Wiesbaden 1964.

Erika Mann: Das letzte Jahr — Bericht über meinen Vater. Frankfurt/Main 1968.

Fritz Kortner: Letzten Endes — Fragmente. Herausgegeben von Johanna Kortner. München 1971.

Peter de Mendelssohn: Der Zauberer — Das Leben des Deutschen Schriftstellers Thomas Mann. Frankfurt/Main 1975.

Ida Boy-Ed: Eine Auswahl von Peter de Mendelssohn. Lübeck 1975.

Will Quadflieg: Wir spielen immer. Frankfurt/Main 1976.

Thomas Mann: Essays, Band 3, Musik und Philospohie. Frankfurt/Main 1978.

Gerd Schulte: Harfe und Schleuder. Hannover 1978.

Henning Rischbieter, Jan Berg (Hgb.): Welttheater. Braunschweig 1985.

Bernhard Minetti: Erinnerungen eines Schauspielers. Stuttgart 1986.

Wolfgang Tschechne: Lübeck und seine Künstler — Die Geschichte einer schwierigen Liebe. Lübeck 1987.

Antjekathrin Graßmann (Hgb.): Lübeckische Geschichte. Lübeck 1988.

Günther Zschacke: Lübecker Kinder-Tanztheater Heino Heiden. Lübeck 1988.

Wolfgang Tschechne: Thomas Manns Lübeck. Hamburg 1991.

Gary Taylor: Shakespeare — wie er euch gefällt. Hamburg 1992.

Donald A. Prater: Thomas Mann — Dichter und Weltbürger. München 1995.

Klaus Harpprecht: Thomas Mann. Eine Biographie. Reinbek 1995.

Namenregister

Buchempfehlungen zur Region Lübeck

Kloster Cismar – bei Grömitz an der Ostsee

Der Künstler-Ort mit dem ältesten Flügelaltarschrein der Kunstgeschichte im Kloster und bedeutenden Kunstausstellungen des Landesmuseums. Hier wirkte auch der Schriftenschreiber Hans-Heinrich Path (s. Geschriebene Weisheiten).

Dialog-Verlag

Borchard/Schönle/Wiese

Der älteste Flügelaltarschrein

Cismar und seine Sehenswürdigkeiten

Lübecker Nachrichten: ... Die Autoren des Bandes sind Regierungsbaudirektor Kurt-Wido Borchert, der die Restaurierungsarbeiten am Kloster leitete, der jetzige Gemeindepfarrer in Cismar, Pastor Dr. Volker Schönle und Rektor Ottfried Wiese, ein Kenner der Klostergeschichte... Auch ein Klostergrundriß aus dem 14. Jh. ist in dem Band zu finden...

Mit der Herausgabe dieses Buches ist eine ausgezeichnete Möglichkeit geschaffen worden, dieses schleswig-holsteinische Juwel nicht nur unseren schleswig-holsteinischen Landsleuten, sondern auch den vielen Gästen aus dem In- und Ausland nahezubringen.

Kieler Nachrichten: Wer sich für Geschichte interessiert und hier vor allem für die Geschichte des Klosters in Cismar, hat jetzt Gelegenheit, sich eingehend über dieses historische Bauwerk zu informieren...

Borchard, Schönle, Wiese: „Der älteste Flügelaltarschrein", 40 S., 1 Karte, 34 Abb., br., DM 7,80 (3. Aufl.).

Blicke ins Stormarner Land,
von J. Wergin: enthalten auch eigene Beiträge von Ämtern, Städten und Gemeinden des Kreises. 104 S., 48 Abb., teils farbig. Geschenkband, geb., 21/26 cm, DM 29,80.

Dialog-Verlag

Ulrike Kolenberger-Müller

Dom und Kloster zu Ratzeburg

Dom und Kloster zu Ratzeburg,
von U. Kolenberger-Müller, 41 S.,
1 Karte, 20 Abb., br., DM 7,80

Joachim Wergin u.a.   Der Kreis Stormarn

Blicke ins Stormarner Land

Dialog-Verlag

Walter Hahn   Horst Otto Müller

Blicke ins Herzogtum Lauenburg

Blicke ins Herzogtum Lauenburg,
von Dr. H. O. Müller (Kunsthistoriker) und Walter Hahn (Kameramann), 42 S., 19 Abb., großformatiger Geschenkband auf Kunstdruckpapier, geb. 21/26 cm, DM 19,80.

Dialog-Verlag

„**Geschriebene Weisheiten**" in alter, schöner Schriftkunst, auch als Band II. Jeder Schmuckband enthält 30 Zitate, Sprüche und Weisheiten sowie diverse Abbildungen. Je Band DM 29,80.

Autor Kurt Hofmann vom Brahms-Institut an der Musikhochschule in Lübeck: „Johannes Brahms und Hamburg",
100 S., 30 Abb., br.   DM 24,80

Rundfunk und Presse berichten u. a.:
NZ (Neue Zeitschrift für Musik): . . . Doch obgleich schon bald ersichtlich ist, daß der Autor in der Tat der gängigen Ansicht widerspricht, das zeitweise gespannte Verhältnis des Komponisten zu seiner Vaterstadt sei lediglich Hamburg und seinen Musikverantwortlichen anzulasten, erhält vor allem der erste, wichtigste Teil des ansprechend aufgemachten Buches allgemeine biographisch-psychologische Bedeutung in Sachen Brahms. . .

Solche biographische Aufräumarbeit erscheint wohl nach wie vor notwendig, wird doch – trotz mancher inhaltlich-formaler Neukonzeptionen der Brahms-Biographie beziehungsweise -Monographie – auch immer noch ungerührt an den alten Maschen weitergestrickt.